Aljoscha A. Schwarz / Ronald P. Schweppe

Reiki

Aljoscha A. Schwarz / Ronald P. Schweppe

Reiki

Heilen durch Handauflegen

mvg

Die Deutsche Bibliothek – CIP-Einheitsaufnahme

Schwarz, Aljoscha A.:
Reiki : Heilen durch Handauflegen / Aljoscha A. Schwarz ;
Ronald P. Schweppe. – 2. Aufl. – Landsberg am Lech : mvg-
verl., 1997
(mvg-Paperbacks ; 530)
ISBN 3-478-08530-6
NE: Schweppe, Ronald P.:; GT

Das Papier dieses Taschenbuchs wird möglichst umweltschonend hergestellt und enthält keine optischen Aufheller.

Umschlaggestaltung: Schlotterer & Partner, München
Abbildungen: Marion Schnellbach, Augsburg (Seiten 22, 61)
Kalligraphien: A. Schwarz
Fotos: Wolfgang Pfau, Baldham
Satz: Fotosatz Buck, Kumhausen
Druck- und Bindearbeiten: Presse-Druck Augsburg
Printed in Germany 080 530/397402
ISBN 3-478-08530-6

Inhaltsverzeichnis

Einleitung

„Die Welt braucht Reiki" – so beginnt ein Buch der deutschen Reiki-Meisterin Brigitte Müller. Dem können wir nur zustimmen. Reiki ist *die eine* Lebensenergie, die heilende Kraft der Liebe, ein großes Geschenk an die Menschen. Es kann uns heilen – im ursprünglichen Sinne des Wortes: „ganz machen". Gerade in unserer Zeit sind die Ganzheit, die Einheit zwischen Körper, Seele und Geist, aber auch die Einheit mit der Natur so wichtig.

Der Blick aus einem Fenster mag zunächst sehr schön sein: Man sieht die Berge am Horizont und die Wälder im Vordergrund. Doch wenn man die Augen etwas weiter öffnet, erkennt man mehr. Zwischen Bergen und Wäldern stehen Hochspannungsleitungen, aus Fabriken steigt Rauch empor, der die klare Luft vernebelt, die Wälder, die nicht schon Autobahnen weichen mußten, werden vergiftet. Aber auch den Menschen ergeht es nicht viel besser; auch sie tragen immer mehr Gifte in sich. Materielle Gifte wie Schwermetalle und Chemikalien ebenso wie die seelischen Gifte, Neid, Gier und Selbstsucht. Und dies ist nur, was man in seiner unmittelbaren Umgebung wahrnehmen kann – wobei es „uns" dabei ja noch verhältnismäßig gut geht! Es ist wahr: Die Welt braucht heilende Energie, die heilende Kraft der Liebe – die Welt braucht Reiki!

Aber ist es denn wirklich nötig, der mittlerweile stattlichen Anzahl von Büchern über Reiki noch ein weiteres hinzuzufügen? Wir denken schon.

Erstens meinen wir, daß man überhaupt nicht genug dafür tun kann, Reiki und die Kraft der Liebe in der Welt zu verbreiten, und zweitens hoffen wir, mit diesem Buch ein paar neue Aspekte aufzeigen zu können.

Der Leser weiß nach der Lektüre eines Buches über Reiki, daß dies eine natürliche Heilmethode ist, die auf der Wirkung der allesumfassenden Lebensenergie beruht; und er hat erfahren, wo er diese Methode erlernen kann und auf welche Überlieferungslinie sich die jeweiligen Großmeister berufen.

Was jedoch in den bisher erschienenen Büchern fehlt, ist die praktische Seite: die Möglichkeit, Reiki tatsächlich selbst zu spüren und zum Reiki-Kanal zu werden. Es wird immer wieder auf die Einstimmungen und auf Reiki-Seminare verwiesen sowie darauf, daß die Reiki-Kraft nur derjenige ohne Einschränkungen einsetzen kann, der durch einen Reiki-Meister[1] dazu initiiert wurde. Dieser verfügt über die spezifischen Reiki-Symbole und Mantren, mit denen er den Öffnungsprozeß zum Reiki-Kanal durch die Einstimmungen in einem anderen Menschen initiieren kann. Ein Reiki-Meister kann seinen Schülern natürlich auch viel von seiner Erfahrung mit Reiki und wichtige Einsichten vermitteln.

Doch das Wesen der Reiki-Energie besteht ja geradezu darin, daß sie in jedem von uns wohnt. Reiki ist die *universelle Lebensenergie;* ohne diese Kraft in uns wären wir überhaupt nicht lebensfähig. Das Wahrnehmen und besonders das Einsetzen dieser Kraft bedarf jedoch einiger Übung – *oder* der Einstimmung durch einen Reiki-Meister. Zweiteres ist natürlich der leichtere Weg, aber ist es immer auch der bessere?

Wir möchten mit diesem Buch erstmals verständlich und auch praktisch darstellen, wie man sich allmählich als Reiki-Kanal öffnet – es findet sozusagen eine Reiki-Fern-Einstimmung statt. In gewisser Weise ist dies revolutionär und bedarf deshalb einer besonderen Erklärung. Tatsächlich ist erst heute eine Fern-Einstimmung überhaupt möglich. Dies steht in Zusammenhang mit der globalen Verbreitung und Ausübung von Reiki und insbesondere mit der stark anwachsenden Zahl von Reiki-Meistern, die Einstimmungen durchführen. Die Öffnung des Reiki-Kanals ist heute tatsächlich einfacher als früher – und wird sich auch weiterhin vereinfachen, weil immer mehr Menschen Reiki praktizieren und immer mehr Einstimmungen stattfinden. (Wir werden das im Verlaufe dieses Buches noch eingehender begründen.)

Wir möchten nicht behaupten, daß mit diesem Buch Reiki-Seminare überflüssig oder gar unnötig würden. Das wäre eine völlig

---

[1] Selbstverständlich sind stets beide Geschlechter angesprochen: der Meister/die Meisterin, der Schüler/die Schülerin, der Kursteilnehmer/die Kursteilnehmerin etc.

falsche Konsequenz. Ein Reiki-Meister ist in der Lage, an einem Wochenende eine ganze Gruppe von Menschen zu Reiki-Heilern einzuweihen. Diese Menschen müssen nie vorher etwas mit Heilkunde, Selbsterfahrung, Esoterik oder Reiki selbst zu tun gehabt haben – ja, sie müssen nicht einmal von der Wirklichkeit der Reiki-Kraft überzeugt sein. (Nach dem Seminar werden sie ohnehin die persönliche Erfahrung gemacht haben, daß Reiki „funktioniert"!) Ein Reiki-Meister kann seine Erfahrungen mit Reiki weitergeben, den Umgang mit der Energie erläutern und seine Schüler durch das Vorbild seiner eigenen Möglichkeiten mit Reiki motivieren. – Also: Selbstverständlich sind Reiki-Seminare sinnvoll und wertvoll!

Wir sind lediglich der Überzeugung, daß auch Menschen, die nicht bereit sind, sich ohne weiteres einem Meister – oder einem, der sich dafür hält – anzuvertrauen, die Möglichkeit geboten werden sollte, den ersten Schritt allein zu tun und Reiki vorurteilslos an sich selbst zu erfahren. Jeder Mensch ist anders. Manch einer findet seinen Weg leichter durch einen Lehrer, der ihn führt, ein anderer fühlt sich durch diesen erst einmal eingeengt. Da stimmt es auch nicht grundsätzlich, daß diese Menschen seelisch nicht ausgeglichen und noch nicht reif für Reiki sind. Ganz im Gegenteil – wir haben die Erfahrung gemacht, daß Menschen, die einem Lehrer zunächst einmal kritisch gegenüberstehen, oft sehr sensibel und aufnahmebereit sind. Ein Gespräch kann vielleicht Vertrauen wecken. Aber es bleibt die Tatsache bestehen, daß einige Menschen vorerst still für sich erfahren wollen, was Reiki ist. Diese Menschen können heute das Geschenk von Reiki empfangen, ohne sich an einen Meister wenden zu müssen.

Kritiker mögen bedenken, daß schließlich auch der Wiederentdecker des Reiki, Dr. Mikao Usui, diesen Weg ging. Die Führung des Reiki-Meisters sollte eine Hilfe sein, ein großzügiges Angebot, eine Erleichterung auf dem Weg – nicht aber Forderung und Bedingung.

Schließlich möchten wir auch noch darauf hinweisen, daß viele Suchende und Weise auf der ganzen Welt und zu allen Zeiten oft *gerade* durch eigene Bemühungen „erleuchtet" wurden. Der Umgang mit der Lebensenergie wurde und wird in vielen Lehren unterrichtet – im Yoga der Inder, im Ch'i Kung der Chinesen oder im Wyda der Kelten. Alle Meister dieser Lehren waren und sind auch Heiler und in gewisser Weise Reiki-Meister! Auch die geistigen Heiler aller Kulturen – ob nun im bayerischen Allgäu oder im südamerikanischen Regenwald – heilen letztendlich mit Reiki!

Doch die Reiki-Lehre des Dr. Usui – und das ist der wesentliche Unterschied – hat den einzigartigen Vorteil, daß sie weitergegeben werden kann. Und das auf einfache, geradlinige Art und Weise, die allen Menschen zugute kommt. Deshalb ist es an der Zeit, Reiki jedem verständlich und praktisch näherzubringen. Dazu gehört unserer Ansicht nach auch, die Weitergabe von Reiki nicht mit finanziellen Interessen zu verbinden! Reiki ist die Kraft der Liebe, die nun wirklich nicht käuflich ist.

Wir wollen in diesem Buch vor allem über die wunderbare Kraft von Reiki informieren, daneben aber auch einen Weg aufzeigen, um durch sich selbst, mit Glauben und Vertrauen in eine höhere Macht, zu Reiki zu finden. Anhand der Übungen in Verbindung mit der Fern-Einstimmung, die durch dieses Buch stattfindet, werden Sie zum Reiki-Kanal – das entspricht der Einstimmung zum ersten Reiki-Grad.

Theoretisch ist es natürlich vorstellbar, mit Hilfe der Kenntnis der Lotos-Sutra und intensiver Übung auch höhere Stufen auf dem Reiki-Weg zu erreichen (Dr. Usui wurde dieses Geschenk gegeben!). Den allermeisten Menschen wird es allerdings nicht möglich sein, aus sich selbst heraus zur Reiki-Meisterschaft zu gelangen. Diese höheren Stufen sollten nur mit der Hilfe eines erfahrenen Reiki-Meisters beschritten werden.

Doch der Anfang und das Ende liegen in uns selbst.

Kapitel 1:
Reiki, die umfassende Lebensenergie

Was ist Reiki?

Reiki – wie es in den letzten Jahren bei uns bekannt geworden ist – bezeichnet die uralte Kunst, eine körperliche, geistige und seelische Heilung durch das Auflegen der Hände zu bewirken. Diese alte Heilkunst war schon in vielen alten Kulturen bekannt, ging dann aber weitgehend verloren, bis sie im letzten Jahrhundert von einem japanischen Mönch – Dr. Mikao Usui – wiederentdeckt und weitergegeben wurde.

Mit dem zunehmenden neuen Bewußtsein wächst auch das Bedürfnis und Verständnis für sanfte und naturgemäße Heilmethoden. Und Reiki ist nicht nur eine solche sanfte und natürliche Heilkunst, sondern hat den einmaligen Vorteil, uns sofort, ohne Studium oder Lehre zur Verfügung zu stehen!

In den letzten Jahrzehnten wurden viele wichtige und interessante Möglichkeiten bekannt, auf ganzheitliche Weise die Gesundheit zu fördern, und sie verbreiteten sich mit einer erstaunlichen Geschwindigkeit. Ob nun Bach-Blütentherapie, Hildegard-Medizin, Aroma- oder Farbtherapie – immer mehr wird erkannt, daß es auf die *ganzheitliche* Heilung des Menschen ankommt.

Eine wichtige Methode, deren Bedeutung heute verstärkt offenbar wird, ist Reiki. Es stellt geradezu die Essenz der Heilkunst dar; überdies ist es äußerst leicht zu erlernen und auszuüben, so daß erfreulicherweise immer mehr Menschen Zugang zu Reiki finden.

Hinter Reiki steht aber mehr als nur eine weitere alternative Heilweise. Schon das japanische Wort „Reiki“ (die korrekte Aussprache lautet *Rëi-ki*) beinhaltet mehr, als man sich als Europäer vorstellen kann. Im Japanischen werden viele Wörter nicht durch eine Lautschrift, wie wir sie kennen, repräsentiert, sondern durch *Kanji* – also chinesische Schriftzeichen, die mit einem einzigen Bild die gesamte

Bedeutung eines Begriffes darstellen. Auf den ersten Blick mag dies nicht sehr wichtig erscheinen, aber wenn man sich einmal klarmacht, daß hier allein in der Schrift das ganzheitliche Denken des Ostens Ausdruck findet, so ist dies schon faszinierend. Und diese ganzheitliche Denkweise setzt sich in der umfassenden Bedeutung der einzelnen Wörter fort.

Reiki setzt sich aus zwei Wörtern zusammen, die wieder einen gänzlich neuen Begriff ergeben. „*Rei*" wird meist mit „Seele" oder „Geist" übersetzt; „Ki" trägt die Bedeutung „Verstand", wobei damit nicht unbedingt der rationale Verstand gemeint ist, sondern die lenkende geistige Energie. *Rei-ki* ist also einerseits die Einheit von Geist und Seele und andererseits die lenkende, allesumfassende seelisch-geistige Lebensenergie. Reiki als Lebensweg zur Selbstverwirklichung bezeichnet man als *Reiki-Do*, den Weg des Reiki.

Nun, an diesem kleinen Bcispiel erkennt man schon, daß es nicht gerade einfach ist, ein Konzept aus einer so grundsätzlich unterschiedlichen Sprache wie dem Japanischen mit unseren Worten auszudrücken. Ich kann Ihnen nur empfehlen, selbst Japanisch zu lernen …

Was ist diese Lebenskraft denn nun eigentlich? Es ist gar nicht so leicht, dies in Worte zu fassen. Manchmal wird versucht, diese Energie mit wissenschaftlichen Methoden nachzuweisen und zu erklären. So wird beispielsweise das meßbare elektromagnetische Feld, das den menschlichen Körper, aber auch alle anderen Lebewesen und sogar unbelebte Gegenstände umgibt, oft als Aura und direkte Manifestation der Lebensenergie aufgefaßt. Sicherlich sind solche Untersuchungen recht interessant und nützlich und führen vielleicht irgendwann einmal zu einem neuen, umfassenderen Verständnis der Lebensprozesse im Universum; auch die Erkenntnisse der Wissenschaft sind ein Teil des großen Ganzen – etwas, das in der populären Esoterik leider oft vergessen wird.

Für die praktische Beschäftigung und für das wirklich tiefgehende Verstehen und Fühlen der Bedeutung der Lebensenergie scheinen mir solche Methoden allerdings eher unbrauchbar. So hat ja auch die Erforschung der elektrischen Vorgänge in den Nervenzellen unseres Gehirns zwar in gewisser Weise einen gewaltigen medizinischen Fortschritt gebracht, nicht aber das Wesen unseres Denkens und Fühlens ergründen können. Wie ein Mensch denkt oder fühlt, wird ein gewissenhafter Arzt nicht messen *können* und auch kaum messen *wollen*, sondern in langen Gesprächen mit seinem Patienten intuitiv zu erfahren trachten.

Aus diesen Gründen möchten wir hier auch nicht weiter über wissenschaftliche Vorstellungen hinsichtlich des Wesens und Wirkens der Reiki-Kraft diskutieren, sondern versuchen, durch ein Beispiel Ihre intuitive Vorstellung von der Natur der Lebensenergie anzuregen.

Die Art und Weise, wie Reiki wirkt, läßt sich ganz gut anhand der Schwerkraft erklären. Sie durchdringt alles, und doch spüren wir sie nicht direkt, sondern sehen nur ihre Auswirkungen, wenn zum Beispiel etwas zu Boden fällt. Ohne die Schwerkraft würde das gesamte materielle Universum nicht bestehen können! Nun ist die Schwerkraft im Universum aber nicht überall gleichmäßig vorhanden, sondern wird von der Materie ausgesandt; große Massen strahlen mehr Schwerkraft aus als kleine. (Physiker mögen uns bitte die notwendigen Vereinfachungen verzeihen!)

Erkennen Sie schon die vielen Analogien zur Reiki-Kraft? Auch sie erkennen die meisten von uns nur an den Wirkungen; ohne Reiki gäbe es kein belebtes Universum; Reiki ist nicht überall gleichmäßig verteilt, sondern es gibt starke und weniger starke Reiki-Quellen, die jedoch alle die gleiche Art von Kraft ausüben. (Im Grunde gibt es natürlich nur *eine* Quelle. Doch die Reiki-Ausübenden, die Reiki-Kanäle, wirken ja wie „Quellen von Reiki".)

Jemand, der die Öffnung zum Reiki-Kanal vollzogen hat, gewinnt an „Masse" – durch ihn fließt mehr Lebensenergie als durch einen „ungeöffneten" Menschen. Der Reiki-Ausübende zieht seine Mitmenschen an sich und läßt sie an seinem Schwerefeld teilhaben, bis beide zu einem untrennbaren System gehören: der Gemeinschaft der Menschen.

Wie wirkt Reiki?

Wie gesagt, wollen wir hier keine wissenschaftlichen Untersuchungen anstellen, sondern zeigen, wie mit der Lebensenergie praktisch umzugehen ist, wie man mit Reiki heilen, helfen und wachsen kann. Es ist zwar nicht unbedingt nötig zu wissen, *wie* die Reiki-Kraft wirkt, wenn man von ihr Gebrauch macht – aber interessant ist es doch.

Wir glauben außerdem, daß es sehr wichtig ist, *bewußt* zu leben und zu handeln; es liegt aber auch im Sinne einer solchen Bewußtheit, sich darüber klar zu sein, wie Reiki wirkt. Selbstverständlich ist hier keine wissenschaftliche Erklärung der Wirkung gemeint, sondern eine intuitive Erklärung der energetischen Vorgänge; nur auf dieser Ebene kann Reiki wirklich verstanden werden.

Das Universum ist erfüllt von Lebensenergie, der Reiki-Kraft. Ob wir diese Energie nun „Liebe“, „Gott“, „überbewußte Kraft“, „Ch'i“ oder „Weltgeist“ nennen – es geht eigentlich um Ganzheit; Ganzheit des Bewußtseins, des Menschen, der Natur und nicht zuletzt der Gesundheit. Das freie Fließen der Energie bedeutet Gesundheit, Ganzheit und Erfüllung; Blockaden im Energiefluß verursachen Stillstand, Krankheit und Trennung.

Die Energie strömt im Menschen besonders stark durch bestimmte Bahnen – die Nadis oder Meridiane – und konzentriert sich in bestimmten Zentren – den Chakren. Durch Bewußtseinsübungen, bestimmte Mantras, Symbole, und vor allem eben durch die Kraftübertragung eines Reiki-Meisters können besondere Energiekanäle geöffnet werden, die von den persönlichen negativen Energien weitestgehend unberührt bleiben. Sind diese Kanäle geöffnet, kann der Betreffende in weitaus größerem Maße die universelle Lebensenergie aufnehmen und auch weitergeben, das heißt, er ist in der Lage heilende Energie an andere Menschen weiterzugeben, aber auch sich selbst weiterzuentwickeln und im ganzheitlichen Sinne zu heilen.

Ist der Reiki-Kanal geöffnet, strömt die Lebensenergie *immerwährend* hindurch, er schließt sich nicht wieder – das heißt, man kann Reiki nicht „verlernen“. Reiki steht einem Menschen, der einmal die ersten Einstimmungen erfahren hat, lebenslang zur Verfügung. Selbst wenn jemand Jahre oder gar Jahrzehnte sein Reiki nicht bewußt einsetzt: sein Reiki-Kanal bleibt offen, und er wird in der Lage sein, anderen Reiki zu geben.

Der Energiestrom ist bei einem Reiki-Schüler, der den ersten Grad erlangt hat, noch gewissen Beschränkungen unterworfen. Er kann beispielsweise noch nicht zur Fernheilung eingesetzt werden, und die Dauer einer Reiki-Behandlung nimmt noch sehr viel Zeit in Anspruch. Doch die Energie, die durch den geöffneten Reiki-Kanal fließt, kann weiter intensiviert und verfeinert werden – dies geschieht im zweiten und dritten Reiki-Grad. Der Reiki-Do-Übende kann die Energie über räumliche und zeitliche Entfernungen übertragen und schließlich sogar die Reiki-Kanäle in anderen Menschen öffnen. Diese Tätigkeit bringt natürlich ein hohes Maß an Verantwortung mit sich und sollte nicht ohne wirkliche geistig-seelische Reife ausgeübt werden.

Was macht der Reiki-Gebende eigentlich? Nun, er *gibt* Reiki. Er ist dabei jedoch nicht der eigentliche „Heiler" oder gar ein „Heiliger", sondern eben ein Kanal, ein Medium, das die Aufnahme der universellen Lebensenergie – und damit eine Heilwerdung – erleichtert. Wir heilen nicht mit Reiki, sondern Reiki heilt *durch uns*. Der Reiki-Kanal lenkt lediglich die Kraft auf den Energiebedürftigen, der diese dann aufnimmt oder, besser gesagt, anzieht. Die Energie findet danach ihren Weg zu den Orten der Blockaden, der Krankheiten, ganz von selbst. Der Energiemangel zieht wie ein Vakuum die einströmende Kraft an.

Dies macht verständlich, weshalb man über keine anatomischen oder physiologischen Kenntnisse verfügen muß, um durch Reiki eine Heilung herbeizuführen, und es stellt eines der „Wunder" des Reiki dar: Reiki ist immer dort, wo es gebraucht wird, wo es heilt und wo es Nutzen bringt. Reiki ist nie verloren.

Und noch etwas ist wichtig: Der Reiki-Ausübende verliert durch sein Geben nichts an Energie! Schließlich ist die Reiki-Kraft des Universums die Quelle der Energie, nicht der Gebende selbst. Je mehr Reiki durch ihn hindurch fließt, desto mehr davon steht ihm selbst zur Verfügung. Reiki-Geben bedeutet also auch stets Reiki-Empfangen!

Energie, Kraft, Ströme – dies alles sind nur Worte, die lediglich die wundervolle Realität *andeuten* können. Diese selbst kann nie mit Worten ausreichend geschildert werden. Versuchte man, auf vielen hundert Seiten nur ein einziges Blatt eines Baumes zu beschreiben, so würde es dennoch nicht gelingen, das wunderbare Sein des Blattes zu vermitteln. Worte vermögen dies nicht, nur die *bewußte Erfahrung*.

Worte können lediglich Bilder in uns wecken. Diese tragen wir bereits in uns und sie helfen uns, unsere Welt zu erfassen. Doch die hervorgerufenen Bilder sind nicht das jeweils vorgestellte Objekt selbst! Das Wort „Apfel“ bringt mir das Bild eines Apfels vor Augen. Dieses läßt mich den Geschmack und den Geruch des Apfels ahnen und etwas von seinem Wesen erfassen. Doch das Bild ist nicht der Apfel selbst!

Aus diesem Grunde möchten wir noch einmal betonen: Wenn wir von Energie sprechen, muß dies nicht unbedingt wörtlich genommen werden. Vielleicht finden Sie für sich selbst ja einen besseren Begriff: Liebe, Gott oder das Überbewußte. Doch denken Sie daran: Reiki läßt sich kaum mit Worten erfassen, Reiki ist … eben Reiki!

Was unterscheidet Reiki von anderen Heilmethoden?

Reiki ist bei uns vor allem als Heilweise und weniger als Bewußtheitsweg bekannt geworden. Doch was ist daran so faszinierend, daß so viele Menschen in so kurzer Zeit begonnen haben, damit sich selbst, Freunde und Bekannte zu heilen, daß viele Heilpraktiker damit arbeiten und einige Menschen sich sogar ausschließlich mit der Weitergabe von Reiki befassen?

Nun, der Hauptgrund ist wohl die Einfachheit und Schönheit von Reiki. Man muß nichts (oder kaum etwas) lernen, um es weiterzugeben, man muß nicht in der Lage sein, Krankheiten zu diagnostizieren oder gar Medizin studiert haben, da die Energie ihren Weg selbst findet. Fernheilungen sind damit möglich, und das Geben von Reiki macht Spaß, hilft bei der persönlichen Entwicklung und ist nicht anstrengend.

Dies hört sich einerseits sehr gut, andererseits aber auch bedenklich an – und ist es auch. Reiki ist tatsächlich nur auf den ersten Blick einfach. Der Bewußtseinsweg des Reiki ist ebenso komplex wie andere Wege, beispielsweise Yoga. Er wird lediglich von einer anderen Stelle aus angetreten. Während der spirituell Suchende traditioneller Lehren „am Fuße des Berges“ beginnt und sich allmählich zum Gipfel vorarbeitet, hat der Reiki-Do-Übende die wunderbare Möglichkeit, von einem „Hubschrauber“ an den Gipfel getragen zu werden und von dort aus einen inspirierenden Blick zu wagen. Und der *Weg,* der zum Gipfel führt, ist das eigentliche Ziel – ob er von oben oder von unten beschritten wird, ist dabei letztendlich völlig gleichgültig.

Reiki bietet gerade in unserem skeptischen Zeitalter *die* Chance, erste Schritte auf dem spirituellen Weg zu unternehmen, *ohne* sich zuvor langjährigen bewußtseinserweiternden Praktiken zu unterziehen. Außerdem bietet Reiki sogar demjenigen, der noch nicht bereit ist, sich auf den Weg der Selbstfindung zu begeben, die Möglichkeit, andere Menschen zu heilen und Energie an sie weiterzugeben.

Die Gefahr bei der ganzen Sache besteht darin, sich zu überschätzen und seine Grenzen nicht zu erkennen. Ein verantwortlicher Reiki-Spender muß lernen, sich selbst und seine Grenzen einigermaßen richtig einzuschätzen. Die Reiki-Kraft heilt ohne Wenn und Aber. Die Beziehung zwischen zwei Menschen – auch in einer Reiki-Sitzung – ist jedoch nicht ausschließlich vom Fließen der Energie bestimmt, sondern ebenso von bewußten und unterbewußten, persönlichen und überpersönlichen Faktoren, von Sympathie und Antipathie, von Vertrauen oder Mißtrauen, von Freude oder Trauer. Nicht zuletzt muß jemand, der mit Reiki professionell Krankheiten behandelt, auch über die rechtlichen und persönlichen Voraussetzungen verfügen und sich darüber im klaren sein, welche Grenzen der Reiki-Behandlung in einem konkreten Fall gesetzt sind.

Reiki ist zwar die universelle Lebensenergie, doch vermag sie nicht, jemanden gegen seinen Willen zu durchdringen und zu heilen. Jede Krankheit hat auch ihren Hintergrund und Sinn; eine unreflektierte Behandlung mit Reiki ist ebenso unsinnig wie das wahllose Verabreichen von Medikamenten. Reiki kann zwar Blockaden auflösen, kann aber nicht verhindern, daß sich die langjährigen Lebenserfahrungen eines Menschen letztendlich wieder durchsetzen, wenn er nicht bereit ist, an sich zu arbeiten, sondern sich lediglich „reparieren“ läßt.

Reiki zu geben macht tatsächlich Spaß und kann sehr erfüllend sein; doch der Spaß geht meist verloren, wenn diese wunderbare Gabe kommerziell ausgebeutet wird. Wenn der Lebensunterhalt vom Reiki-Geben abhängt, führt dies irgendwann fast immer dazu, daß andere Aspekte in den Hintergrund treten. Vorsicht: Die universelle Lebensenergie sollte keinesfalls aus Gewinnstreben weitergegeben werden. Reiki ist in seiner Essenz die Kraft der Liebe – und käufliche Liebe bedeutet Prostitution!

Bescheidenheit und Ehrfurcht vor dem Geschenk der Reiki-Kraft sind die besten Voraussetzungen, um auf dem Reiki-Weg – Reiki-Do – glücklicher, erfüllter und zufriedener zu werden. Wer dies beherzigt, wird erfahren, daß Reiki einfach ist, hilft und Spaß macht.

Kapitel 2: Eine kurze Geschichte des Reiki

Wenn Sie sich bereits mit Reiki beschäftigt haben oder sogar schon einige Bücher darüber gelesen haben, kennen Sie vielleicht die Legende der Entdeckung des Dr. Usui, des Neubegründers der uralten Reiki-Lehre. Aber die Geschichte dieser Entdeckung ist so interessant und aufschlußreich, daß sie niemandem vorenthalten werden soll; daher möchten wir sie auch hier erzählen. Wir beginnen also mit der Lebensgeschichte von O-Sensei[1] Usui. Auch wenn seine Wiederentdeckung – worauf dies Wort ja schon hinweist – eigentlich nicht den Anfang einer neuen, sondern den Abschluß einer uralten Geschichte darstellt, so bedeutet dieser dennoch den Beginn einer neuen Zeit – der Kreis schließt sich.

Die Entdeckung des Dr. Usui

Mikao Usui war ein japanischer Mönch, der in der alten Kaiserstadt Kioto lebte. Kioto war schon immer das Zentrum der Kultur und des Buddhismus in Japan. Aber der Mönch Mikao war kein buddhistischer Mönch, sondern ein Christ. Er hatte sich sogar zum Priester weihen lassen und leitete eine kleine christliche Priesterschule.

Dies war nun sehr ungewöhnlich, denn über 200 Jahre lang war das Christentum – wie auch alle anderen ausländischen Einflüsse – von Japan ferngehalten worden. Aber Mikao Usui war ein wahrhaft Suchender, und so sah er in der Religion der Christen die Chance, das zu finden, wonach er immer schon gesucht hatte. Da er in sich auch den Drang fühlte, seinem Glauben zu dienen und ihn zu verbreiten, wurde er Priester.

---

[1] O-Sensei: japanisch, etwa Großer Lehrer

Er versuchte an seiner Schule, jungen Studenten die christliche Lehre nahezubringen; dabei war er voller Überzeugung und Energie. Doch eine Frage eines Schülers sollte sein Leben verändern.

Abb.1: Dr. Mikao Usui

Es war an einem Sonntag, nach dem Gottesdienst. Die Predigt berichtete von den Wundern und Heilungen Jesu – ein Thema, das Meister Usui seinen Schülern gegenüber bisher noch nicht erwähnt hatte. Einer der jungen Studenten wollte sich nicht mit der bloßen Schilderung der Wundertaten zufriedengeben und fragte seinen Lehrer, ob die Worte der Bibel wörtlich zu verstehen seien. Mikao Usui war sehr gläubig und bejahte deshalb die Frage ohne Zögern. Doch das genügte dem Studenten nicht, und er bat ihn, die Heilungen und Wunder zu erklären und ihm zu zeigen, wie man die Kranken heile. Dr. Usui war verwirrt; er konnte seinem Schüler keine befriedigende Antwort geben.

Nun waren und sind die Ehrbegriffe in Japan andere als bei uns, und es bedeutete einen Verlust der Ehre, wenn ein Lehrer die Fragen seiner Schüler nicht beantworten konnte. Meister Usui konnte jene Frage weder seinem Schüler noch sich selbst beantworten. Mikao Usui war ein konsequenter Mensch auf der Suche, der sich keiner Selbsttäuschung hingeben wollte. Ihn drängte es nach stetiger Vervollkommnung an Geist und Seele. Die Konsequenzen, die er als notwendig erachtete, setzte er sofort in die Tat um: Schon am nächsten Tag gab er seine Stelle im Priesterseminar auf und reiste nach Amerika, um dort an der Universität von Chicago Theologie zu studieren. Schließlich promovierte er sogar zum Doktor der Theologie – doch das, was er suchte, hatte er immer noch nicht gefunden. Immer noch wollte er das Geheimnis der in der Bibel überlieferten Wunderheilungen Jesu und seiner Jünger ergründen. Und so kehrte er wieder nach Japan zurück.

Er entsann sich, daß auch von Buddha Heilungen berichtet wurden, und er begann, sich für das Leben des Buddha zu interessieren. Deshalb reiste er durch seine Heimat und suchte viele Zen-Klöster auf, um zunächst die japanischen Übersetzungen der Sutren zu studieren. Als ihn dies nicht weiterbrachte, lernte er Chinesisch, um die viel älteren chinesischen Übersetzungen im Original lesen zu können. Doch auch dies führte ihn nicht ans Ziel. Weder in den chinesischen noch in den christlichen heiligen Schriften fand er einen Hinweis darauf, wie Christus oder Buddha ihre Wunderheilungen bewirkt hatten.

Aber Dr. Usui war kein Mensch, der so schnell aufgab! Was einst möglich war – und davon war er überzeugt –, mußte immer noch möglich sein. So begann er, auch noch Sanskrit – die alte heilige Sprache der Inder – zu studieren, um die Sutren im Original lesen zu können. Schließlich brach er nach Indien und Tibet auf.

Es war das siebte Jahr seiner Suche, und er befand sich wieder einmal in Japan. Da entdeckte er in einem Zen-Kloster 2500 Jahre alte Handschriften eines Schülers des Buddha, die offenbar den Schlüssel zur Antwort auf seine Fragen beinhalteten. Doch Wissen bedeutet lange noch nicht Verstehen. Deshalb sprach Dr. Usui mit dem Abt des buddhistischen Klosters, in dem er gerade lebte. Der alte weise Abt riet ihm, sich für 21 Tage auf den heiligen Berg Kuriyama zurückzuziehen, zu meditieren und zu fasten. Schon am nächsten Morgen brach Dr. Usui auf.

21 Steinchen legte er vor sich hin; jeden Tag nahm er eines fort. Er fastete, betete und meditierte, doch nichts geschah. Der 21. Tag brach

an. Es war noch dunkel, als Meister Usui seine Morgen-Meditation beendete. Noch einmal bat er inständig um Erleuchtung. Da kam mit einem Mal ein strahlend helles Licht auf ihn zu und traf ihn in der Mitte der Stirn, an der Stelle, welche die Inder als das „Dritte Auge" bezeichnen. Er glaubte schon, er sei gestorben, als er Tausende kleiner Bläschen in allen Farben des Regenbogens wahrnahm. Ihm erschienen die Symbole, die er bereits aus der alten Lotos-Sutra kannte, und er sprach: „Ja, ich erinnere mich." – Dr. Usui hatte Reiki wiederentdeckt.

Voller Dankbarkeit sprach er ein Gebet und brach sogleich auf, um den alten Abt aufzusuchen und ihm seine Erlebnisse mitzuteilen. Und obwohl er drei Wochen gefastet hatte, fühlte er sich kräftiger und jünger denn je – dies war das erste Wunder.

Er rannte so schnell er konnte den Berg hinunter. Doch dabei stolperte er über einen Stein und verletzte sich am Zeh. Aus einer großen Wunde drang Blut hervor. Instinktiv legte er seine Hand auf die Verletzung. Nur wenig später war die Blutung gestillt, die Wunde schloß sich und verheilte sofort – darin bestand das zweite Wunder.

Er eilte weiter, bis er schließlich an ein Gasthaus kam und starken Hunger verspürte, was ja nun nach der langen Fastenzeit verständlich war. Allerdings weiß auch jeder, daß man sich nach einer längeren Fastenperiode nur sehr langsam wieder ans Essen gewöhnt und es äußerst gefährlich ist, gleich mit einer vollständigen Mahlzeit zu beginnen. Genau dies tat Dr. Usui aber, obwohl ihn der Besitzer der Gaststätte eindringlich warnte. Doch nach dem Essen erhob sich Dr. Usui gesättigt und ohne irgendwelche Beschwerden – dies war das dritte Wunder.

Während Dr. Usui speiste, berichtete ihm der Gastwirt von der Krankheit seiner Enkelin. Sie hatte schlimme Zahnschmerzen, und ihre Backe war stark angeschwollen. Der Wirt war arm und konnte es sich nicht leisten, seine Enkeltochter zu einem Zahnarzt nach Kioto zu schicken. Dr. Usui legte nur seine Hände auf die schmerzende Stelle, und die Schmerzen und die Schwellung verschwanden nach einigen Minuten – so geschah das vierte Wunder.

Der Tag war kaum angebrochen, und schon hatte sich die Reiki-Kraft *viermal* gezeigt!

Endlich kam Meister Usui im Kloster an. Und wieder konnte er von Reiki Gebrauch machen, denn der alte Abt litt unter schwerer Arthritis und hatte große Schmerzen. Während Dr. Usui ihm von seinen Erlebnissen berichtete, legte er ihm die Hände auf die schmerzenden Gelenke und gab dem Kranken Reiki. Der Abt stellte staunend fest, wie die Schmerzen verschwanden, und riet Dr. Usui weiterzumeditieren.

Nach einiger Zeit im Kloster fühlte Dr. Usui in sich jedoch den Drang, vielen Menschen mit der neuen Kraft zu helfen. Sieben Jahre lang lebte er im Armenviertel von Kioto, um dort den Kranken und Armen zu helfen. Viele wurden vollständig geheilt, und Dr. Usui schickte sie in die Welt, damit sie lernten ein rechtes Leben zu führen. Doch irgendwann bemerkte er, daß viele von ihnen wieder im Armenviertel auftauchten. Als er nachforschte und die Menschen befragte, hörte er, daß ihnen die Arbeit zu anstrengend gewesen war und sie lieber Bettler wären.

Dr. Usui war sehr traurig und verzweifelt. Er erkannte, daß er versäumt hatte, auch den Geist und die Seele der Menschen zu heilen. Er hatte Reiki wahllos gegeben, ungeachtet dessen, ob der Empfangende es wirklich wollte. Seine Arbeit im Armenviertel war ihm sinnlos geworden. Er verließ den Ort, an dem er sieben Jahre lang gewirkt hatte, und ein neuer Lebensabschnitt begann.

Dr. Usui zog nun umher und lehrte Reiki. Aufgrund seiner Erfahrungen stellte er die fünf Lebensregeln des Reiki auf, die er als besonders wichtig für eine wirkliche Heilung erkannt hatte. Ärger, Sorgen, Lieblosigkeit, Unaufrichtigkeit und Undankbarkeit sind die Kräfte, die der Entwicklung der Menschen entgegenstehen. Daher lauten Dr. Usuis fünf Regeln des Reiki-Weges:

1. Gerade an diesem Tag sei ohne Ärger.
2. Gerade an diesem Tag sei ohne Sorge.
3. Gerade an diesem Tag sei liebevoll zu deinem Nächsten.
4. Gerade an diesem Tag verdiene dein Brot ehrenvoll.
5. Gerade an diesem Tag sei dankbar gegen das Leben.

Sein weiteres Leben widmete er der Ausbildung von Reiki-Lehrern. Ganz nach der alten Tradition lebten seine Schüler (aufgrund der streng patriarchalischen Gesellschaft Japans, die sich erst heute langsam wandelt, gab es keine Schülerinnen) mit ihrem Meister und begleiteten ihn auf seinen Reisen.

In den Schülern des Dr. Mikao Usui lebte Reiki weiter und verbreitete sich auf der ganzen Welt.

Die Neubelebung des Reiki in unserer Zeit

Die heutige Wiederentdeckung von Reiki ist zu einem großen Teil das Verdienst des auf Dr. Usui folgenden Großmeisters, Dr. Chujiro Hayashi. Einerseits fand Reiki durch eine seiner Töchter in Korea Verbreitung, andererseits bildete er Frau Hawayo Takata aus, die Reiki im Westen bekannt machte. (Dies kennzeichnet zum Beispiel den Beginn einer neuen Epoche in Japan: Endlich wurde das patriarchalische Element aufgegeben. Reiki wurde von nun an hauptsächlich von Frauen weitergegeben.)

Hawayo Takata war zur Behandlung ihrer Leiden aus Hawaii nach Japan gekommen. Lange Zeit war sie sehr krank gewesen, bis ihr schließlich an der von Dr. Hayashi gegründeten Reiki-Klinik in Tokio das Geschenk der Gesundheit zuteil wurde, nachdem ihr zuvor bereits eine Operation angeraten worden war. Nach der Reiki-Behandlung war diese nicht mehr nötig!

1938 empfing Frau Takata von Dr. Hayashi die Einweihung zur 13. Reiki-Meisterin. Sie war die erste Frau, die den dritten Grad erhielt. Sie kehrte nach Hawaii zurück, gründete dort ein Reiki-Zentrum und legte mit ihren Reisen und Seminaren in den USA und in Kanada den Grundstock zu der heutigen weiten Verbreitung des Reiki im Westen. Ihr Weg war dabei nicht immer leicht– insbesondere in den schwierigen Nachkriegsjahren und während der McCarthy-Ära in den USA, wo alle unkonventionellen und neuen Gedanken unterdrückt wurden. Doch mit Hilfe von Reiki gelang es ihr, auch über die schwersten Zeiten gut hinwegzukommen.

Frau Takata bildete im Laufe der Jahre etwa zwei Dutzend Reiki-Meister aus, die befähigt waren, andere Meister einzuweihen. Unter anderen gehörten auch ihre eigene Enkeltochter Phyllis Lei Furumoto (die Großmeisterin der Reiki Alliance) und Barbara Ray (Präsidentin der T.R.T.A.I., The Radiance Technique Association International) dazu. Gegen Ende des Jahres 1980 schloß Großmeisterin Takata ihre Augen für immer.

Reiki war nun schon fest etabliert. Anfang der achtziger Jahre entstanden die ersten Reiki-Institutionen, um dem wachsenden Bedürfnis nach Information und Kommunikation zwischen der steigenden Zahl der Reiki-Meister und -Schüler gerecht werden zu können. Frau Furumoto gründete die Reiki Alliance und Frau Ray die A.I.R.A. (American International Reiki Association). Beide Vereinigungen trugen stark zur Verbreitung der Reiki-Lehre, besonders in den USA, bei. Aber auch nach Europa sprang der Funke schnell über. Vor allem Lehrer der Reiki Alliance machten Reiki in Europa bekannt.

Heute gibt es in Deutschland in jeder größeren Stadt Reiki-Seminare und meist sogar einen oder mehrere Reiki-Meister, die für die weitere Verbreitung des Segens der Reiki-Energie sorgen.

Schulen und Systeme des Reiki

Es gibt mittlerweile etliche Reiki-Organisationen, die jeweils etwas unterschiedliche Schwerpunkte setzen. Aber im Grunde genommen sind diese Unterschiede von geringer Bedeutung, denn allen geht es um Reiki, die universelle Lebensenergie.

Da Reiki sich so rasant verbreitet, ist schwer zu sagen, wie viele Schulen des Reiki inzwischen existieren. Insbesondere die asiatischen Schulen wirken meist im stillen und sind hierzulande kaum bekannt. Im Westen gibt es heute mindestens sechs Reiki-Organisationen.

Diese sind im übrigen absolut freiwillige Verbindungen von Reiki-Meistern, die gemeinsam auf ein Ziel hinarbeiten wollen. Es ist allerdings völlig unerheblich, ob jemand einer solchen Organisation angehört oder nicht. Es gibt inzwischen auch viele Reiki-Meister, die in keiner Organisation sind; für wechselseitigen Erfahrungsaustausch mit anderen Meistern stellt dies kein Hindernis dar. Man kann auch ohne weiteres in mehreren Organisationen Mitglied sein.

Zwei wichtige Reiki-Organisationen – die Reiki Alliance und die T.R.T.A.I. wollen wir etwas ausführlicher beschreiben. Etwas irritierend wirkt vielleicht, daß die beiden Organisationen nicht exakt dieselben Rituale und Symbole anwenden und auch über eine unterschiedliche Anzahl an Graden verfügen. Menschen, die beide Schulen kennen, berichten jedoch, daß Reiki in beiden Fällen „funktioniert".

Die „Reiki Alliance"

Diese Vereinigung ist wohl die zur Zeit größte. Sie ist vor allem auch in Deutschland am weitesten verbreitet. Die Reiki Alliance wurde 1981 von Phyllis Lei Furumoto, der Enkelin von Großmeisterin Hawayo Takata, gegründet. Frau Furumoto ist die gegenwärtige Großmeisterin dieser Organisation.

Die Reiki Alliance orientiert sich relativ stark an den östlichen Traditionen. Die Meister, die sich an dieses System anlehnen, betrachten Reiki nicht nur als Heilenergie, sondern sehen Reiki-Do als einen Weg, der zur Selbsterkenntnis führt.

Abb. 2: Von der Reiki Alliance verwendete Reiki-Schreibweise

Die A.I.R.A./T.R.T.A.I.

Die A.I.R.A. (American International Reiki Association) wurde ein Jahr später, 1982, von einer weiteren Meister-Schülerin Frau Takatas, von Frau Dr. Barbara Ray, ins Leben gerufen. Sie ist die Präsidentin dieser Vereinigung. Die A.I.R.A. ist vor allem in den USA sehr verbreitet. Seit 1994 heißt die Organisation T.R.T.A.I. (The Radiance Technique Association International).

Im Gegensatz zur Reiki Alliance bemüht sich die T.R.T.A.I. um die wissenschaftliche Erforschung von Reiki und versucht mit viel

Öffentlichkeitsarbeit Reiki bekanntzumachen. Seit 1992 spricht Frau Dr. Ray auch nicht mehr von Reiki, sondern von „Radiance Technique“. In der T.R.T.A.I. werden nicht die ursprünglichen drei, sondern sieben Grade gelehrt.

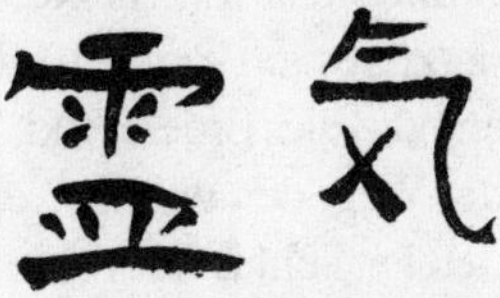

Abb. 3: Von der T.R.T.A.I. verwendete Reiki-Schreibweise

Formen des Reiki in anderen Kulturen

Dr. Usui kommt das Verdienst zu, Reiki wiederentdeckt und unserer Zeit – in der es ganz besonders nötig ist – zugänglich gemacht zu haben. Aber natürlich sind die Wurzeln des Reiki uralt. Offensichtlich war Buddha und seinen Schülern Reiki bekannt. Die wichtigsten Hinweise hatte Dr. Usui ja in alten tibetanischen Sutren gefunden. Ein paar Jahrhunderte später wußten auch Jesus und seine Jünger von Reiki. Und bereits lange vorher hat es in vielen Kulturen Methoden zur Lenkung der Lebensenergie gegeben.

Die universelle Lebensenergie besitzt viele Namen: Bei den Chinesen heißt sie *Qi,* bei den Indern *Prana,* bei den Christen *Heiliger Geist.* Sowohl die chinesischen Qi Gong-Meister als auch die indischen Yogis und die keltischen Druiden lehrten, wie man die Lebensenergie in sich wecken und auf andere Menschen übertragen kann, um Krankheiten zu heilen oder zu lindern. Einmalig an *Reiki* ist und bleibt jedoch, daß es allein über den Reiki-Weg möglich ist, andere Menschen zu Vermittlern der Heilkraft zu machen.

Aus allen Lehren, die sich mit der Lebensenergie beschäftigen, können wir – auch wenn wir bereits die Reiki-Einstimmungen empfangen haben – viel über die Möglichkeiten, das Wesen und die Eigenschaften der Lebensenergie lernen. Wollen wir mehr, als „nur“ Kanal sein und anderen Menschen heilende Energie geben, können wir durch die Verbindung von anderen Methoden mit der Reiki-Kraft viel Gutes erfahren.

Die Bedeutung des Reiki heute

Ist es Zufall, daß sich Reiki seit Mitte der achtziger Jahre so explosionsartig verbreitet hat? Kann man das mit einer Modeerscheinung erklären? Oder sind wir *gerade jetzt* reif für Reiki?

Wir sind sicher, daß letzteres am ehesten zutrifft. Es ist wohl wirklich die Zeit gekommen, da die Erde Reiki braucht! Immer mehr Menschen spüren, daß der Weg, den wir im Westen eingeschlagen haben, nicht der Weisheit letzter Schluß ist. Aber wie so oft, wenn Menschen wissen, *daß* man etwas ändern muß, steht dieser Änderung doch einiges im Wege. Gewohnheiten sind nicht so leicht umzustoßen. Die notwendigen Veränderungen fallen schwer, und die Trägheit ist oft stärker. Dies soll nun überhaupt kein Vorwurf sein. Vielleicht liegt es in der Natur des Menschen und bedarf eines besonders starken Willens oder außergewöhnlicher Ereignisse im eigenen Lebenslauf, um die Trägheit wirklich zu überwinden.

Die Pfade, die zum persönlichen Wachstum führen, sind gerade zu Beginn oft steil und steinig. Die östlichen und westlichen Lehren – ob Yoga, Tai Ch'i, Zen oder Wyda – verlangen vom Schüler von Anfang an volle Hingabe und jahrelange Ausdauer. Doch irgendwann gelangt man so zur „Erleuchtung" oder wie auch immer man das Erlebnis wahrer, intuitiver und universeller Einsicht bezeichnen will. Allerdings bedarf es da schon eines starken Vertrauens und einer ausgeprägten Motivation, um durchzuhalten!

Mit Reiki verhält es sich in dieser Beziehung nicht so. Während andere Lehren langsam und kontinuierlich die Ganzheit des Menschen und seine Einheit mit dem Universum herbeizuführen suchen, gibt Reiki sofort Ausblick auf die Ganzheit. Die Anwendung der universellen Lebensenergie, die in anderen Lehren erst sehr spät erlernt und langsam aufgebaut wird, steht im Reiki am Anfang.

Dies kann man an und für sich weder als gut noch als schlecht bezeichnen; es hat durchaus seinen Sinn, wenn – wie beim Yoga oder Wyda – nicht die Energielenkung gleich am Anfang steht, sondern die körperliche Übung. Es macht also *letztendlich* keinen so großen Unterschied, ob jemand Yoga, Wyda oder Reiki ausübt – solange er sein Leben der Spiritualität und Suche nach Erleuchtung gewidmet hat.

Doch seien wir realistisch: Das trifft für die Mehrzahl der Menschen nicht zu, auch wenn es vielleicht schön wäre. Und hier tritt die besondere Bedeutung von Reiki in Erscheinung. Hier bedarf es eben nicht jahrelanger Übung, und es ist für jeden sehr schnell zu erlernen – ja, eigentlich muß es überhaupt nicht im herkömmlichen Sinne „gelernt" werden. Daher finden auch viele Menschen zu Reiki, die sich noch nicht auf eine intensive Beschäftigung mit „esoterischen Übungen" einlassen wollen oder können.

Es fällt aber auch deshalb leicht, Reiki anzunehmen, weil es mit keiner Weltanschauung und keinem Glauben in Konkurrenz oder Konflikt steht; Reiki ist vollkommen unabhängig von individuellen Anschauungen. Christen, Buddhisten oder Atheisten können von Reiki profitieren und Reiki geben, ohne ihre jeweilige Weltsicht verändern zu müssen; die Wirkungen von Reiki sind offensichtlich.

Aber das alles allein kann den Erfolg von Reiki nicht zufriedenstellend erklären. Wir glauben – und da wird uns wohl jeder, der zumindest den zweiten Reiki-Grad besitzt, zustimmen –, daß die *Ausübung* des Reiki ganz direkt zu seiner *Verbreitung* beiträgt! Vor allem die Menschen, die Reiki zur Fernbehandlung einsetzen oder es direkt in die Welt aussenden, bewirken, daß die Sensibilität für Reiki in der gesamten Menschheit ansteigt.

Die Untersuchungen des britischen Biologen Rupert Sheldrake, der die Theorie des „morphogenetischen Feldes" neu formulierte, bieten Beweise für diese Hypothese[1]. Also können selbst „kopfbetonte" Menschen auf wissenschaftliche Art und Weise nachvollziehen, warum Reiki heute so starke Verbreitung findet und wie es zu erklären ist, daß Reiki immer besser und leichter fließt.

Aber durch Theorien wird sich das Wesen von Reiki letztendlich nicht offenbaren. Wahres Verstehen geht nicht den Weg über die Vernunft. „Man sieht nur mit dem Herzen gut. Die wesentlichen Dinge sind für das Auge unsichtbar", meinte der Schriftsteller Antoine de Saint-Exupéry, der Schöpfer des „Kleinen Prinzen".

---

[1] Wir werden im Kapitel „Die Fern-Einstimmung zum Reiki-Kanal", Seite 75, noch eingehend darauf zu sprechen kommen.

Die Wirkungen von Reiki sind für jeden nachprüfbar, der sich nur darauf einläßt. Fest steht, daß es schon vielen tausend Menschen Kraft und neue Hoffnung gegeben hat und sich immer schneller weiterverbreitet – und das ist gut so, denn wir können es gar nicht oft genug betonen: Unsere Zeit *braucht* das Geschenk von Reiki!

Kapitel 3: Die drei Grade des Reiki

Das traditionelle System von Dr. Usui beinhaltete ursprünglich nur zwei Grade: den ersten, mit dem man zum Reiki-Kanal wird, und den zweiten, mit dem man unter anderem die Fähigkeit zur Fernheilung erlangt. Der dritte Reiki-Grad ist der Meister-Grad, der Menschen in die Lage versetzt, in anderen die Reiki-Kraft zu aktivieren.

Bestimmte Schulen des Reiki gehen noch von weiteren Graden aus. Diese befähigen dann dazu, den jeweils darunter liegenden Grad einstimmen zu können. (Reiki-Meisterin Barbara Ray, die Präsidentin der A.I.R.A./T.R.T.A.I., geht von sieben Reiki-Graden aus.)

Die Aufteilung in Grade beruht auf einigen sinnvollen Gründen. Zunächst sollte der Schüler Erfahrungen im Umgang mit Reiki sammeln, bevor er den zweiten Grad erwirbt. Der dritte Grad führt dann, nach umfangreicher Erfahrung und Selbstfindung, zum dritten Grad, dem Meistergrad. Darüber liegende Grade erscheinen uns eher fragwürdig, zumal in der heutigen Zeit Hierarchien und Einteilungen in Grade zunehmend an Bedeutung verlieren und ein ebenbürtiges Miteinander immer wichtiger wird[1]. Für die Zukunft sehen wir ein Reiki-Do ohne feste Einteilungen in Grade voraus, in dem jeder des anderen Lehrer ist. Doch momentan bedarf man noch des Haltes durch gewisse Strukturen. Die heutige Einteilung in drei Grade erfüllt dennoch ihren Sinn.

Es gibt viele Menschen, die erst durch die Einteilung in unterschiedliche Grade dazu motiviert werden, sich auf den Weg zu innerem Wachstum zu begeben. Andere benötigen jemanden, der sie anleitet und führt, an dem sie sich „festhalten“ können. Das ist auch keineswegs verkehrt; denn durch ein Lehrer-Schüler-Verhältnis ist der Weg klarer vorgezeichnet, und es besteht weniger die Gefahr, Irrwe-

---

[1] vgl. Distel/Wellmann: *Der Geist des Reiki,* Goldmann, München 1995.

ge einzuschlagen. Die Kraft des Vertrauens, die eine Meister-Schüler-Beziehung tragen sollte, kann auch ein wichtiges Hilfsmittel auf dem Weg sein.

Die Reiki-Seminare

Menschen kommen aus ganz unterschiedlichen Gründen zu ihrem ersten Reiki-Seminar. Manche sind einfach neugierig und wollen neue Erfahrungen sammeln. Sie sind vielleicht skeptisch und wollen sehen, „was an Reiki wirklich dran ist". Sie sind am Anfang des Seminars eher distanziert, bis sie dann Reiki erleben.

Andere kommen, weil sie ein Buch über Reiki in die Hand bekommen haben, weil in den Medien darüber berichtet wurde oder weil ihnen Freunde oder Bekannte einen Tip gegeben haben. Tatsächlich kommt sogar der größte Teil der Kursteilnehmer an einem Reiki-Einführungsseminar auf Empfehlung anderer. Das ist besonders deshalb schön, weil es zeigt, daß Reiki empfehlenswert ist. Jemand, der die wunderbare Erfahrung von Reiki gemacht hat, wird geradezu das Bedürfnis verspüren, andere an diesem Segen teilhaben zu lassen – nicht etwa aus einem Missionierungsdrang heraus (obwohl das natürlich auch vorkommt), sondern deshalb, weil sie ihre Freude mit anderen teilen möchten. Geteiltes Reiki ist doppeltes Reiki!

Wieder andere sind an Reiki interessiert, weil sie vielleicht schon erste Erfahrungen damit machen konnten, als ihnen ein Freund oder eine Freundin Reiki gab, als sie die erstaunliche Wirkung der universellen Lebensenergie am eigenen Leib spüren oder die Wirkungen an anderen beobachten konnten.

Viele Menschen, die nach spiritueller Vervollkommnung streben, stoßen irgendwann einmal auf Reiki und kommen in der Hoffnung, daß sie einen „spirituellen Wachstumsschub" erfahren werden. Vielleicht konnten sie auch schon an Freunden oder Bekannten beobachten, daß Reiki deren seelische Entwicklung beschleunigt und sie zu liebevolleren, offeneren und glücklicheren Menschen gemacht hat. Nach einer Reiki-Einstimmung kommen oft die bislang verborgenen, positivsten Seiten einer Persönlichkeit zum Vorschein.

Einer der am häufigsten genannten Gründe für den Besuch eines ersten Reiki-Seminars ist natürlich auch der Wunsch nach einer ganzheitlichen, natürlichen, sanften Heilmethode, die frei von schädlichen Nebenwirkungen ist. Die Menschen haben einfach genug von der ewigen Chemie- und Apparate-Medizin und wollen zumindest einmal *ausprobieren*, ob es nicht in vielen Fällen auch anders geht – und das tut es!

Eine ganz besonders erfreuliche Entwicklung besteht darin, daß immer mehr Menschen aus traditionellen Heilberufen – wie Masseure, Krankengymnasten, Ärzte, Krankenpflegepersonal usw. – den Weg zu einem Reiki-Seminar finden. Offenbar ist auch oder ganz besonders sensiblen Menschen in diesen Berufen klar, daß die Schulmedizin in manchen Bereichen gewisse unübersehbare Mängel aufweist. Zwar stehen die meisten Ärzte hierzulande Reiki noch weitgehend skeptisch gegenüber und tun sich schwer damit, die erstaunlichen Kräfte von Reiki zu akzeptieren, doch interessanterweise habe ich vor zehn Jahren mein erstes Buch über Reiki von einem befreundeten Arzt bekommen! Auf Hawaii begeben sich Reiki-Heiler auch schon einmal ins Krankenhaus, um Reiki zu geben.

Gerade Menschen aus Heilberufen können enorm von Reiki profitieren, da sie sich durch negative Energien, die ihre kranken Patienten ausstrahlen, oft ausgelaugt fühlen. Reiki kann das Fließen negativer Energien praktisch aufheben, was nicht nur dem Behandelnden, sondern auch den Patienten zugute kommt. Auch wenn der Heilkundige keine konkrete Reiki-Behandlung durchführt, wird Reiki seine positive Kraft entfalten. Auf diesen Punkt werden wir später noch zu sprechen kommen.

Es gibt also eine Vielzahl von Gründen, um ein Reiki-Seminar zu besuchen. Aber ganz gleich, warum man dazu kommt: Man wird von Reiki profitieren.

Im folgenden wollen wir beschreiben, wie ein Reiki-Seminar ablaufen kann und was bei den Einstimmungen geschieht. Natürlich wird jeder Reiki-Lehrer seine Seminare individuell gestalten. Es gibt keinen vorgeschriebenen Ablauf; nur das Wesentliche, die Einstimmungen, finden selbstverständlich immer statt.

Die Seminare zum ersten Grad werden meist in Form eines Wochenendseminars abgehalten. Die Dauer ist dabei recht unterschiedlich; es sollten aber mindestens zweimal vier Stunden sein. Wir kennen Reiki-Meister, deren Seminare zweimal acht Stunden dauern. Das verschafft sicherlich eine ganze Menge wertvoller erster Erfahrungen mit Reiki; aber vielleicht fühlen manche Menschen sich auch überfordert. Das Wichtigste am Reiki-Seminar, die Einstimmungen, dauern nur kurze Zeit, daher meinen wir, daß auch eine kürzere Seminardauer einige Vorteile bietet. Aber da jeder Mensch unterschiedlich empfindet und über unterschiedliche Vorkenntnisse verfügt, muß das natürlich jeder für sich selbst entscheiden.

Manchmal wird ein Reiki-Seminar auch als Abendkurs, der sich über eine Woche erstreckt, abgehalten. Vorteilhaft daran ist, daß die Teilnehmer schon während des Seminars umfangreiche Erfahrungen mit der Reiki-Kraft sammeln können. Das setzt allerdings voraus, daß in den ersten beiden Sitzungen bereits die Einstimmungen gegeben werden. Da die Öffnung zum Reiki-Kanal unabhängig von irgendwelchem Wissen oder gar von dem „Glauben" an Reiki ist, funktioniert das natürlich.

Meist befinden sich in einem Kurs auch Menschen, die noch nichts oder kaum etwas über Reiki gehört haben und die deshalb von den Einstimmungen eher befremdet sind. Sie wissen nicht, was das Ganze soll und was mit ihnen geschieht. Wir denken schon, daß es deshalb wichtig ist, einige grundlegende Kenntnisse über Reiki zu vermitteln, bevor die Einstimmungen vorgenommen werden (obwohl, wie gesagt, das Wissen keinen Einfluß auf die Reiki-Kraft hat). Die vier Einstimmungen des ersten Grades müssen aber in jedem Fall an vier (oder weniger) aufeinanderfolgenden Tagen gegeben werden, sonst wird die Öffnung des Reiki-Kanals nicht stattfinden können.

Eine weitere Möglichkeit, ein Reiki-Seminar zum ersten Grad abzuhalten, besteht in Form eines Ferienkurses, der sich über mehrere Tage erstreckt und der die Intensität eines Wochenendseminars mit der längeren Reiki-Erfahrung schon während des Kurses verbindet.

Der Nachteil besteht natürlich in den deutlich höheren Kosten für Räumlichkeiten, Verpflegung und Unterbringung.

Ein Reiki-Wochenendseminar (die häufigste Form) zum ersten Grad kostet zur Zeit ca. 350,– DM.

Nicht selten kommen bei der Anmeldung zu einem Reiki-Seminar oder bei einer Informationsveranstaltung gewisse Ängste zum Vorschein. Häufig wird die Befürchtung geäußert, daß Reiki eine Art Religion oder Sekte sei oder doch zumindest eine bestimmte Religion oder Weltanschauung im Hintergrund stünde. Doch Reiki stellt ausschließlich eine Methode dar, um heilende Energie zu kanalisieren und auszustrahlen.

Es wird kein Guru angebetet, es werden keine Gebote aufgestellt, man muß sich keiner Reiki-Organisation anschließen, niemand muß seine Religion aufgeben oder eine andere annehmen – im Reiki-Seminar wird dem Teilnehmer lediglich die Möglichkeit gegeben, die universelle Lebensenergie, Reiki, aufzunehmen und weiterzugeben. *Nach* einem Reiki-Seminar sind die Befürchtungen ohnehin gegenstandslos; doch es ist ja verständlich, daß ein Teilnehmer *vorher* wissen möchte, was auf ihn zukommt.

Eine andere Angst, die von Reiki-Lehrern ernstgenommen werden sollte, ist die Befürchtung mancher Menschen, sie müßten in einem Reiki-Kurs den anderen Teilnehmern oder dem Lehrer tiefe Einblicke in ihre Persönlichkeit, möglicherweise sogar in intimste Bereiche geben. Sie sorgen sich darum, daß sie völlig fremden Menschen ganz persönliche Erlebnisse ihres Lebens berichten müßten oder daß dies zumindest von ihnen erwartet würde. Sie haben vielleicht von Selbsterfahrungsgruppen und Psychotherapien gehört, in denen solche Dinge mitunter geschehen können. Es gibt ja tatsächlich Veranstaltungen, die eine Art „seelischen Striptease“ durchführen. So sinnvoll intensive Selbsterfahrung und Psychotherapien im Einzelfall sein können: sie gehören *nicht* zu einer Reiki-Einstimmung.

Natürlich spielt bei all diesen Ängsten das Vertrauen in den Reiki-Lehrer eine wichtige Rolle. Jemand, der sich aufgrund einer Annonce in einer Großstadt zu einem Reiki-Seminar anmeldet, kennt in der Regel weder den Lehrer noch die anderen Kursteilnehmer. Verständlicherweise wird so jemand möglicherweise mit etwas größeren Vorbehalten in das Seminar gehen als jemand, der einen Reiki-Lehrer persönlich kennt oder der von einem Reiki-Lehrer eingeweiht wird, der ihm von einem guten Freund empfohlen wurde.

Die Verbindung zu Reiki über eine persönliche Beziehung aufzunehmen stellt wohl den besten Weg dar. Manchmal ist das aber nicht möglich, beispielsweise dann, wenn Sie niemanden kennen, der Reiki praktiziert. Wir würden Ihnen in diesem Fall empfehlen, sich vor dem Seminar eine Reiki-Behandlung von einem Reiki-Lehrer geben zu lassen. Sie werden dann nicht nur die heilende Kraft von Reiki bereits persönlich erfahren haben, sondern Sie werden auch gespürt haben, ob Sie mit dem Lehrer oder der Lehrerin gut auskommen, zu ihm oder ihr Vertrauen aufbauen und sich auf ein Reiki-Seminar bei ihm oder ihr freuen können.

Zuletzt möchten wir noch eine Befürchtung erwähnen, die immer wieder auftaucht: nämlich die Sorge darum, ob Reiki denn wirklich funktioniert, ob nicht allzuviel vom Glauben abhinge oder ob Reiki nicht einfach „Mumpitz" oder Scharlatanerie sei. Solche Skeptiker, die dennoch den Mut haben, sich auf Reiki zumindest einmal einzulassen, befinden sich auf dem richtigen Weg. Sie haben schon gelernt, nicht blindlings alles anzunehmen, was schön klingt, und sie haben sich die Offenheit bewahrt, auch ihre eigenen Zweifel zu hinterfragen. Nach den Einstimmungen haben sich die Zweifel, die Reiki angehen, in den allermeisten Fällen erledigt.

Der erste Grad

Seminare zum ersten Reiki-Grad können ziemlich unterschiedlich verlaufen; bestimmte Inhalte werden jedoch in jedem Fall gelehrt: die Legende der Wiederentdeckung des Reiki, etwas über die weitere Geschichte und meistens auch ein wenig Theorie über die Wirkungsweise von Reiki. Es werden eine Form der Ganzbehandlung, grundlegende Handpositionen und die Selbstbehandlung gezeigt und geübt. Und natürlich finden die Reiki-Einstimmungen und die damit verbundene Öffnung zum Reiki-Kanal statt – das Wichtigste an jedem Reiki-Seminar.

Wie ein Reiki-Seminar im einzelnen verläuft, hängt von der Vorbildung und den Vorlieben des Lehrers und natürlich auch der Teilnehmer ab. Der Kern eines jeden Reiki-Seminars bilden aber immer die Einstimmungen durch den Lehrer, der den Schüler damit zum Reiki-Kanal öffnet.

Damit Sie sich ein Reiki-Seminar besser vorstellen können, wollen wir kurz einen typischen Ablauf eines Wochenendseminars darstellen.

Am Samstagvormittag sind die Teilnehmer natürlich noch ein wenig unsicher. Sehr viel läuft über den Kopf ab, es werden viele Fragen zur Theorie und Wirkungsweise von Reiki gestellt. Diese werden zunächst beantwortet, und außerdem erzählt der Lehrer die Geschichte des Reiki-Systems.

Danach haben die meisten Teilnehmer Lust, endlich etwas praktischer zur Sache zu gehen. Nach einigen entspannenden Übungen, die die Wahrnehmung sensibilisieren, finden die ersten beiden Einstimmungen statt. Dabei kommt meist ein wenig Spannung auf: Was verändert sich? Wird sich überhaupt etwas tun? Was passiert mit mir?

Danach ist die Stimmung viel lockerer und entspannter und vor allem bedeutend emotionaler und herzlicher als zuvor. Die Teilnehmer kommen nun schneller miteinander ins Gespräch und lernen sich besser kennen. Jetzt wird darüber gesprochen, was sich getan hat. Die meisten Teilnehmer berichten über angenehme, warme Empfindungen im Körper und spüren auch ein Wärmegefühl oder ein leichtes Kribbeln in den Händen. Dieses Gefühl ist der Punkt, an dem wir anknüpfen; die Teilnehmer lernen die wichtigsten Handpositionen für die Eigenbehandlung und üben die Sensibilität ihrer Hände.

Zum Abschluß des ersten Seminartages führt jeder eine erste Selbstbehandlung durch (allerdings bislang noch ohne die Reiki-Kraft). Bevor sich alle voneinander bis zum nächsten Tag verabschieden, gibt der Lehrer jedem noch die Möglichkeit, Fragen zu stellen oder Probleme anzusprechen.

Der Sonntag beginnt mit den zwei abschließenden Einstimmungen, die den Schüler zum Reiki-Kanal öffnen. Die vier Einstimmungen des ersten Reiki-Grades bewirken, daß der Schüler in der Lage ist, die Lebenskraft stärker und in größerem Umfang aufzunehmen und durch sich hindurchzuleiten – eine Fähigkeit, die nie mehr verlorengeht. Er ist nun in der Lage, sich selbst und andere beim Heilwerdungsprozeß zu unterstützen.

Wenn der Reiki-Kanal geöffnet wird, erleben viele Menschen diesen Vorgang als ein sehr positives und angenehmes Gefühl. An manchen Stellen des Körpers tritt nicht selten ein Wärmegefühl oder ein Kribbeln auf. Am häufigsten und deutlichsten ist dieses Gefühl in den Händen, durch die nun die Reiki-Kraft gelenkt wird.

Damit die Schüler auch praktisch mit der Reiki-Kraft umgehen können, werden jetzt die Handpositionen für die Reiki-Behandlung gezeigt, und jeder bekommt die Gelegenheit, sich von der Gruppe behandeln zu lassen und natürlich auch selbst zu behandeln.

Zu diesem Zeitpunkt tauchen kaum noch skeptische Fragen auf, da jeder die Reiki-Kraft nun persönlich erfahren durfte. Alle Teilnehmer sind jetzt begeistert und mit ganzem Herzen bei der Sache. Die Fremd- und die Eigenbehandlung wird geübt, und es wird über die Möglichkeiten gesprochen, Reiki zur Persönlichkeitsentwicklung zu nutzen, also darüber, wie die Anwendung von Reiki zu Reiki-Do wird.

Wenn das Seminar langsam ausklingt, herrscht eine sehr angenehme, liebevolle und freudige Atmosphäre, und es fällt schwer, sich nun wieder trennen zu müssen. Bei einem Reiki-Seminar entstehen nicht selten tiefe Freundschaften – auch hier zeigt sich, daß Reiki die Kraft der Liebe ist.

Nach der Einstimmung zum ersten Grad sollte man so oft wie möglich Reiki geben. Die Erfahrung ist sehr wichtig für die eigene Entwicklung – und außerdem ist es auch sehr schön, Reiki zu geben. Aber vor allem ist es so, daß die Reiki-Kraft um so besser fließt, je häufiger man Reiki gibt. Jedes Reiki-Geben ist auch für den Gebenden ein Geschenk.

Die Tage der Reinigung

Nachdem man einen Reiki-Grad empfangen hat – gleichgültig ob es nun der erste oder der Meistergrad ist – erlebt der physische und seelische Leib eine Zeit der Reinigung. Das heißt nun nicht, daß Sie öfter baden müßten. Der Vorgang der Reinigung erfolgt automatisch; es ist eine Art Entschlackung auf körperlicher und seelischer Ebene. Es ist jedoch insofern wichtig, über diese Phase der Selbstreinigung des Körpers und der Seele zu wissen, da man einigen Nutzen daraus ziehen und sie außerdem aktiv unterstützen kann.

Was kann geschehen? Möglicherweise kommen alte Gefühle und Gedanken an die Oberfläche, die endlich aufgelöst werden wollen. Das fällt in der Phase der Reinigung ganz besonders leicht. Es können auch manchmal Ängste oder seltsame Träume auftauchen – doch all dies birgt wichtige Aspekte für die persönliche Entwicklung in sich. Versuchen Sie es einfach zu akzeptieren und loszulassen.

Von manchen Menschen wird die Zeit der Reinigung sogar als ausgesprochen angenehm erlebt. Sie freuen sich beispielsweise darüber, daß sie plötzlich keinen Gefallen mehr an Fast food finden oder daß sie das Rauchen aufgeben können. Tatsächlich fällt es in der Zeit, in der sich Körper und Seele reinigen, besonders leicht, schlechte oder überholte Verhaltensmuster aufzugeben. Nutzen Sie diese Chance!

Wenn Sie die Phänomene der Reinigungszeit als unangenehm oder störend empfinden, können Sie dem leicht entgegenwirken, ohne ihre Gefühle zu unterdrücken. Schließlich sind Sie ja nunmehr Reiki-Kanal und haben damit die Möglichkeit, durch eine Selbstbehandlung wieder in einen harmonischen Zustand zu gelangen. Ohnehin sollten Sie in der Zeit nach dem Reiki-Seminar so viele Selbst- und Fremdbehandlungen wie möglich durchführen.

Die Einstimmungen

Jemand, der noch kein Reiki-Seminar miterlebt hat, möchte nun sicherlich gerne wissen, was denn da eigentlich Geheimnisvolles passiert, wenn der Meister die Reiki-Einstimmungen (die manchmal auch Einweihungen oder Einweisungen genannt werden) gibt.

Das Einstimmungsritual wird geheimgehalten – allerdings nicht etwa deshalb, weil es dabei nicht mit rechten Dingen zugeht, die vor allem Uneingeweihten verborgen werden müßten. Nein, der Grund ist viel einfacher und schöner: Jeder, der die Reiki-Einstimmungen erfahren hat und kennt, empfindet tiefen Respekt vor dieser heiligen Gabe. Die äußerlichen Abläufe des Einstimmungsrituals, die Worte und Bewegungen des Meisters begleiten sozusagen die Einstimmung nur symbolisch – sie sind nicht die eigentliche Einstimmung selbst. Jemand, der nicht Reiki-Meister ist, könnte mit dem Wissen um diese Äußerlichkeiten ohnehin nichts anfangen.

Damit Sie sich trotzdem vorstellen können, was bei einer Einstimmung mit Ihnen geschieht, möchten wir kurz beschreiben, wie sie vor sich geht. Äußerlich gesehen ist der Ablauf etwa folgender: Der Lehrer bittet den Schüler, die Augen zu schließen, um sich besser auf sich selbst konzentrieren zu können und nicht durch die Bewegungen des Lehrers abgelenkt zu werden. Er gibt dann einen starken öffnenden Energiestrom an den Schüler weiter, während er die Symbole anwendet, die Dr. Usui wiederentdeckte. Die Energien werden durch das Einstimmungsritual in Energiezentren im Körper des Schülers geleitet, damit sich der Reiki-Kanal öffnet und Reiki frei fließen kann.

Bei der ersten Einstimmung werden die oberen vier Chakren[1] geöffnet. Diese Öffnung führt in Verbindung mit den Symbolen und dem Einstimmungsritual durch einen Reiki-Meister zur dauerhaften Öffnung und zum Schutz des Reiki-Kanals. Die Energie tritt an den Chakren, den wichtigsten Energiezentren im Körper, ein. Bei der ersten Einstimmung wird das Herzchakra, bei der zweiten das Halschakra, bei der dritten das Stirnchakra und bei der vierten das Kronen- oder Scheitelchakra angesprochen. Auch die Qualität der Chakren wird bei der Einstimmung geändert.

Der einmal geöffnete Reiki-Kanal ist jedoch von den Chakren weitgehend unabhängig. Daher ist die Reiki-Energie auch frei von negativen Schwingungen, und der Reiki-Gebende ist vor negativer zurückströmender Energie geschützt.

Wirklich phantastisch an den Einstimmungen zu den Reiki-Graden ist wohl auch, daß sie nur einmal im Leben empfangen werden müssen und dann immer aktiv bleiben. Selbst wenn jemand jahr-

---

[1] sanskrit: Rad; die Chakren sind Hauptenergiezentren im menschlichen Körper. Näheres dazu finden Sie im folgenden Kapitel ab S. 59.

zehntelang die Reiki-Kraft nicht gebrauchen sollte – der Reiki-Kanal in ihm bleibt offen, und er wird in der Lage sein, sich selbst und anderen Reiki zu geben! Und noch ein wichtiger Punkt: die Öffnung dieser besonderen Energiekanäle bewirkt, daß derjenige, der Reiki gibt, nicht seine eigene Energie verliert; durch die Reiki-Kanäle strömt die *unerschöpfliche* universelle Lebensenergie!

Die Einstimmungen des ersten Grades bewirken neben der Öffnung der Reiki-Energiebahnen noch eine weitere wichtige energetische Veränderung, die zuvor schon angedeutet wurde: Ein Schutz gegen die Übertragung negativer Energien in beide Richtungen – also vom Reiki-Gebenden zum Empfänger und umgekehrt – wird aufgebaut.

Die Einstimmungen zum zweiten und dritten Grad verlaufen prinzipiell ähnlich. Die Reiki-Kraft wird weiter verstärkt, und es wird die Gabe vermittelt, die Energie zu bündeln und an beliebige Orte zu senden. Auch diese Einstimmungen bewirken bleibende positive Veränderungen im Energiekörper des Menschen und können nicht wieder „verlernt" werden.

Das Wesen der Einstimmungen kann man vielleicht verstehen, wenn man den Umgang mit der Energie mit einem Instrument vergleicht: Auf einer verstimmten Geige bringt man in der Regel keine wohlklingende Melodie zustande. Wenn der Musiker sehr geübt ist, kann er durch das richtige Setzen der Finger diese Verstimmung ausgleichen; doch das erfordert hohe Konzentration, und er wird keine sehr virtuosen Stücke spielen können. Erst durch das Stimmen mit den Wirbeln und mit Hilfe der Feinstimmer wird die Geige so eingerichtet, daß sie rein klingt. Die meisten von uns sind – wenn sie noch nicht zum Reiki-Kanal geöffnet wurden – solche „ungestimmten Geigen". Durch langjährige Übung können Menschen diese unreine Stimmung ausgleichen, doch erst mit den Einstimmungen fließt die Energie ungestört.

Der zweite Grad

Bei den meisten Menschen erwacht einige Tage nach dem Reiki-Seminar oder sogar schon während des Seminars zum ersten Grad der

Wunsch, tiefer in Reiki-Do einzusteigen und den zweiten Grad zu erwerben.

Theoretisch ist dies zwar schon nach den 21 Tagen der Reinigung möglich; aber wenn Sie nicht jeden Tag mit Reiki umgehen und persönlich schon recht weit entwickelt sind, sollten Sie sich mindestens zwei bis drei Monate Zeit lassen, bevor Sie sich zu einem Seminar zum zweiten Reiki-Grad anmelden. In jedem Fall sollte aber ein wahres Bedürfnis dazu bestehen und nicht nur der Wunsch, weitere „Tricks" zu beherrschen. Die Versuchung liegt natürlich nahe, wenn Sie in Ihrem ersten Reiki-Seminar von den phantastischen Möglichkeiten des zweiten Grades gehört haben. Sie wissen nun, was Reiki alles bewirken kann. Sollte man nicht auf jeden Fall – trotz der hohen Kosten – den zweiten Reiki-Grad anstreben?

Haben Sie wirklich das innere Bedürfnis, sich zu vervollkommnen? Oder wollen Sie mit dem zweiten Grad Ansehen erwerben oder gar die „Erleuchtung kaufen"? In diesem Fall würden Sie sicherlich enttäuscht werden. Vielleicht wollen Sie dazu beitragen, daß sich Reiki weiterverbreitet, und das können Sie natürlich mit dem zweiten Grad viel besser. Auch die Möglichkeit, sich von den Beschränkungen durch Raum und Zeit zu befreien und Fern-Reiki geben zu können, sowie der verstärkte Fluß der Lebensenergie sind natürlich gute Gründe, den zweiten Grad anzustreben. Doch am wichtigsten ist das innere Bedürfnis, *sich persönlich weiterzuentwickeln* und Reiki-Do auszuüben.

Früher oder später verspüren fast alle Menschen, die die Erfahrungen des ersten Grades gemacht haben, den Wunsch, den zweiten Grad zu erwerben. Lassen Sie diesem Wunsch jedoch Zeit, um zu reifen. Hören Sie auf Ihr inneres Selbst!

Der Ablauf eines Seminars zum zweiten Grad wird ebenfalls in der Regel an einem Wochenende durchgeführt. Natürlich unterscheidet sich dieses Seminar deutlich von dem zum ersten Grad, da alle Teilnehmer nun schon Erfahrungen mit Reiki haben. Die Atmosphäre ist also meist von Anfang an noch positiver und entspannter als in den Einführungsseminaren. Skeptische Fragen und Zweifel sind verständlicherweise viel seltener, da die Erfahrungen mit Reiki ja immerhin so positiv waren, daß die Teilnehmer den Wunsch nach dem zweiten Grad verspürten.

Die Möglichkeiten des zweiten Grades sind allerdings so phantastisch, daß bei manchen Menschen trotzdem Zweifel aufkommen, die sich aber bald legen. Ein anderes Problem ist der Preis eines solchen Seminars zum zweiten Grad: Die großen Reiki-Organisationen haben ihn momentan auf ca. 1200,– DM festgelegt. Da stellt sich natürlich für viele Teilnehmer die Frage, weshalb diese Seminare – die doch kaum länger dauern als die zum ersten Grad – so teuer sein müssen. Diese Frage ist völlig berechtigt, und es gibt keinen wirklich einleuchtenden Grund dafür (außer dem Wunsch des Lehrers, Geld zu verdienen). Auch der zweite Reiki-Grad müßte nicht teurer sein als der erste. Eine ganze Reihe von weniger kommerziell orientierten freien Reiki-Meistern bietet mittlerweile die Einstimmungen zum zweiten Grad wesentlich kostengünstiger an (ca. 800,– DM). Was das Thema „Geld" und Reiki betrifft, so wird hier oft von „Energieaustausch" gesprochen. Inwiefern dieses Konzept auf die Weitergabe von Reiki anzuwenden ist, werden wir später noch eingehend besprechen.

Das Seminar zum zweiten Grad beginnt in der Regel – nach dem Kennenlernen und dem Besprechen eventueller Fragen – gleich mit der Einstimmung.

Dabei wird die Aufnahmefähigkeit für die Lebensenergie noch stärker erhöht. Auch im zweiten Grad tritt eine grundsätzliche Veränderung auf: Der Reiki-Gebende wird in die Lage versetzt, die Lebenskraft in die Ferne zu lenken. Insgesamt sind die Veränderungen, die der zweite Grad mit sich bringt, noch viel einschneidender und wunderbarer als diejenigen, welche man bereits bei den Einstimmungen zum ersten Grad erfahren hat.

Auch die Einstimmung zum zweiten Grad geht so vor sich, daß vom Meister Energie übertragen wird. Im Schüler werden weitere Energiekanäle geöffnet, die ihm von nun an sein ganzes Leben zur Verfügung stehen. Dies geschieht schon zu Beginn des Seminars, damit man sofort mit den neuen Möglichkeiten arbeiten kann.

Während Reiki nach den Einstimmungen zum ersten Grad hauptsächlich über die Hände fließt, strahlt es nun sowohl aus den Händen als auch aus dem Kronenchakra auf dem Mittelpunkt der Schädeldecke. Außerdem wird Reiki durch die Einstimmung zum zweiten Grad gebündelt. Während es im ersten Grad mit einem Licht vergleichbar ist, kommt Reiki im zweiten Grad einem Laserstrahl gleich – ebenfalls Licht, doch konzentriert und viel stärker.

Der zweite Grad ist für die meisten Menschen etwas „anstrengender“, da hier – im Gegensatz zum ersten Grad – auch der Geist und nicht ausschließlich der „Bauch“ gefordert wird; es gibt mehr zu lernen und zu üben.

Am ersten Seminartag werden nach den Einstimmungen die Symbole und deren Namen (Mantras) an die Schüler weitergegeben, die sie auswendig lernen müssen. Wenn alle Teilnehmer mit den „Werkzeugen“ vertraut sind, geht es zunächst einmal darum, ihnen das Notwendige mitzuteilen, damit sie diese auch anwenden können.

Es gibt drei Symbole im zweiten Grad: das Mental-Symbol, das Raum-Zeit-Symbol und das Aktivierungs-Symbol.

Letzteres verstärkt und konzentriert die Reiki-Kraft. Außerdem dient es dazu, die beiden anderen Symbole zu aktivieren.

Das Mental-Symbol, auch „Wächter“ genannt, stellt die Harmonie zwischen Gefühlen und Gedanken her. Mit seiner Hilfe werden die geistig-seelischen Ursachen von Krankheiten aufgelöst.

Das Raum-Zeit-Symbol dient dazu, die Begrenzungen von Raum und Zeit für Reiki aufzuheben. Es wird vor allem bei der Fernbehandlung eingesetzt.

Die Symbole können auf verschiedene Art und Weise eingesetzt werden. Wir zeichnen Sie mit den Händen, sprechen ihre Namen als Mantra oder visualisieren sie.

Am zweiten Tag wird dann die Anwendung geübt. Außerdem geht es natürlich um die besonderen Möglichkeiten des zweiten Grades – die Mentalheilung und die Fernheilung.

Die Möglichkeiten, die der zweite Grad eröffnet, sind geradezu atemberaubend. Wenn Sie nicht wenigstens den ersten Grad gemacht haben, werden Sie wahrscheinlich Zweifel bekommen, ob das Folgende wirklich wörtlich zu verstehen ist. Glauben Sie uns: Es ist so!

Eine vollständige Behandlung mit Reiki dauert etwa eineinhalb Stunden, wenn Sie den ersten Grad innehaben. Mit dem zweiten Grad haben Sie nun die Möglichkeit, viel mehr Reiki-Energie weiterzugeben. Durch die Anwendung des Aktivierungs- bzw. Mental-Symbols verkürzt sich die Behandlungsdauer auf nur zehn bis 15 Minuten!

Trotzdem ist die Wirkung mit dem zweiten Reiki-Grad oft noch intensiver. Der Behandelte spürt häufig ganz deutlich, wie er geradezu von heilsamer Lebensenergie durchflutet wird.

Die vielleicht sensationellste Möglichkeit des zweiten Reiki-Grades ist die neue Fähigkeit, die Reiki-Energie auch über beliebige Entfernung – räumliche und zeitliche – einzusetzen. Die Energie wird dabei nicht im geringsten abgeschwächt! Zu allem Lebenden, von dem man ein inneres Bild in sich trägt, kann eine Verbindung hergestellt werden. So wird es möglich, nicht nur Fernbehandlungen zu geben, sondern man kann im wahrsten Sinne des Wortes die Welt verändern! Davon aber noch später.

Der dritte Grad

Das Bedürfnis, Reiki-Meister zu werden, taucht bei den meisten, die den zweiten Grad innehaben, irgendwann einmal auf. Doch bei vielen verflüchtigt sich dieser Gedanke dann wieder. In einigen wächst dieser Wunsch jedoch immer weiter. Diese Menschen kommen dann vielleicht irgendwann zu der Entscheidung, sich einen Reiki-Meister zu suchen, der sie ausbildet. Es kommt allerdings gar nicht so selten vor, daß das Bedürfnis Reiki-Meister zu werden, auf bestimmten Erwartungen und Vorstellungen beruht, die so nicht zutreffen.

Am häufigsten ist vielleicht die Vorstellung daß ein Reiki-Meister irgendwie weiser, heiliger oder erleuchteter wäre als andere Menschen. Sie oder er *kann* weise, heilig oder erleuchtet sein – aber nicht durch die Einstimmung zum Reiki-Meister. Natürlich *sind* einige Reiki-Meister starke, vielleicht sogar charismatische Persönlichkeiten. Vielleicht (oder sogar wahrscheinlich) hat ihnen Reiki dabei geholfen, ihre Persönlichkeit zu entwickeln. Dazu kommt aber vielmehr, daß Menschen, die sich Reiki-Do völlig widmen, andere zu Reiki-Kanälen öffnen und von ihren Schülern viel Anerkennung erfahren, an ihrer Aufgabe wachsen. Die Einstimmung zum dritten Grad macht nicht aus einem schüchternen, ängstlichen, schwachen Menschen einen starken, selbstbewußten, charismatischen Meister.

Manche nehmen auch an, daß sie durch den Meister-Grad mehr Anerkennung und Zuwendung erfahren werden – was zum Teil zutrifft, aber sicher nicht die einzige Motivation sein sollte. Um Anerkennung und Zuwendung zu bekommen, gibt es direktere Wege als den über einen Titel!

Auch auf der Meister-Ebene ist Reiki-Do übrigens kein Religionsersatz. Manche Menschen glauben, daß sie mit der Reiki-Meisterschaft in eine Art elitäre Priesterschaft aufgenommen würden. Auch diese Erwartung wird sich nicht erfüllen.

Es gibt wohl auch Menschen, die – obwohl sie das natürlich nicht öffentlich zugeben würden – Reiki-Meister werden wollen, weil sie glauben, mit Reiki einen angenehmen Beruf ausüben zu können. Jedes zweite Wochenende ein Reiki-Seminar mit je zehn Teilnehmern, jeder zahlt 350,– DM, macht 3500,– DM zweimal im Monat = 7000,– DM – der Lebensunterhalt scheint gesichert. Eine solche Kalkulation erweist sich allerdings schnell als „Milchmädchenrechnung"; ganz so einfach ist es dann doch nicht.

Wo wir nun schon wieder beim Geld sind: Eine Ausbildung zum Reiki-Meister kostet zur Zeit etwa 20 000,– DM. Auch dieser Preis ist willkürlich gesetzt und beruht nicht auf dem entgegengebrachten Zeit- oder Materialaufwand, sondern wird mit dem Prinzip des Energietausches (vgl. Seite 51) begründet.

Hat sich jemand entschlossen, den Weg des Reiki-Do zu gehen, und möchte nun auch nach gründlicher Überlegung und vor allem nach Befragen seines Herzens und seiner Intuition den dritten Reiki-Grad erwerben, so sollte er sich einen Meister suchen, der wirklich gut zu ihm paßt. Es ist unbedingt notwendig, den Meister, dem man sich anvertraut, persönlich zu kennen und ihm sein ganzes Vertrauen entgegenbringen zu können. Und umgekehrt gilt natürlich dasselbe: Auch der Reiki-Meister sollte seinen Schüler kennen und abschätzen, ob er der richtige Meister für gerade diesen Schüler ist.

Eine weitere Voraussetzung ist, daß der Schüler ausreichende Erfahrungen mit dem zweiten Grad sammeln konnte. Bei häufigem Gebrauch von Reiki sollte das mindestens ein Jahr sein.

Der Weg zum Reiki-Meister nimmt einige Zeit in Anspruch. Ein Wochenendseminar reicht da nicht aus. Es ist vielmehr eine Art Lehre: Der Auszubildende nimmt an Reiki-Seminaren des Meisters als Assistent teil und lernt auf diese Art und Weise ganz praxisbezogen, wie ein gutes Reiki-Seminar aufgebaut ist, wie man am besten mit den Seminarteilnehmern umgeht usw. Im Laufe der Zeit wird man spüren, welche Aspekte einem selbst liegen und was man anders machen will als sein Meister – man entwickelt eine persönliche Vision, die sich stark von den vorgefaßten Vorstellungen vor dem Beginn der Ausbildung unterscheiden wird.

In einer Beziehung wie dieser kommt es beinahe zwangsläufig zu bestimmten Krisen. In der Psychotherapie heißt dieses Phänomen „Übertragung". Der Schüler überträgt nämlich unbewußt seine Lernerfahrungen und Beziehungen zu den Eltern auf den Lehrer. Dabei kommen mitunter recht unangenehme Dinge zum Vorschein. Es entstehen Spannungen zwischen Schüler und Meister, die manchmal sogar zum Abbruch der Ausbildung führen können. Damit dies nicht geschieht, sind Offenheit, Ehrlichkeit und ein gewisses Maß an Bereitschaft zur Selbsterkenntnis notwendig. Die Krisen in der Schüler-Meister-Beziehung können, wenn sie überwunden werden, sehr wichtige Lernerfahrungen darstellen.

Wenn der Anwärter auf den Meister-Grad genügend Erfahrungen gesammelt hat – das dauert in der Regel etwa ein Jahr –, wird sein Ausbilder irgendwann einmal einen Termin für die Meister-Einstimmung vorschlagen. Für den Schüler ist es dann wichtig, ehrlich zu sich zu sein und sich zu fragen, ob er sich auch selbst für reif genug hält. Stimmen beide Meinungen überein, so kann das „große Ereignis" geplant werden.

Der eigentliche Meister-Kurs dauert meist einige Tage. In der Regel gibt der Meister gleich zu Beginn die Einstimmung in den dritten Grad und übergibt das *Dai Komio,* das Meister-Symbol. Durch die Einstimmung in den dritten Reiki-Grad wird die Aufnahme- und Lenkfähigkeit für die Energie so weit verstärkt, daß der Reiki-Schüler zum Meister wird. Er ist nun in der Lage, anderen Menschen auf ihrem Reiki-Weg zu helfen und sie in die Reiki-Kraft einzustimmen.

Im weiteren Verlauf des Seminars werden dann die Einstimmungs-Rituale gelehrt und alle Symbole wiederholt – der zukünftige Reiki-Lehrer muß ja seine „Werkzeuge" sicher beherrschen. Außerdem wird er praktisch auf seine Tätigkeit vorbereitet werden; deshalb wird meist auch noch einmal der Ablauf der Seminare zum ersten und zweiten Grad wiederholt. Abschließend wird die Urkunde verliehen – und der frischgebackene Meister kann seine Lehrtätigkeit aufnehmen.

Meister zu sein heißt jedoch nicht, „heilig" oder „erleuchtet" zu sein. Menschen, die unter diesem Anspruch die Einstimmung zum Meister erhalten, werden eine Menge Enttäuschungen auf ihrem weiteren Weg erleben. Vielleicht haben sie sich vorgestellt, daß sie nun viele Schüler haben werden, ihr weiteres Leben ganz Reiki-Do weihen und Reiki zu ihrem Beruf machen. Doch möglicherweise nehmen nur wenige Schüler an ihren Reiki-Seminaren teil. Es kommt kein Geld herein, und auch die erwartete Anerkennung von den Mitmenschen bleibt weitgehend aus.

Jemand, der die Einstimmung zum dritten Grad erhalten hat, muß sich seinen Schülern aussetzen. Die eigenen Schüler bieten eine Möglichkeit, sich selbst besser kennenzulernen, sie stellen eine Art „Spiegel" dar. Deshalb halten wir auch nichts von der Einstimmung zu einem „abgespeckten" dritten Grad, der zwar die Energie des Meister-Grades übermittelt, aber die Rituale und Symbole nicht weitergibt. Tatsächlich wird auch ein solcher „3A-Grad" gelehrt, der solche Menschen ansprechen soll, die ausschließlich an der persönlichen Entwicklung interessiert sind, aber nicht als Reiki-Meister andere in Reiki einstimmen wollen.

Dies ist unseres Erachtens ein großer Fehler. Reiki lebt davon, daß es weitergegeben wird. Der dritte Grad beinhaltet nicht nur die Fähigkeit, sondern auch die *Aufgabe*, dies zu praktizieren. Natürlich ist das aus der Sicht der Menschen, die diesen Grad anstreben, verständlich: Sie fühlen sich nicht reif oder willens, mit einer Gruppe von Schülern umzugehen. Das ist selbstverständlich zu akzeptieren. Doch wozu dann die Einstimmung in den dritten Grad? Die erhöhte Energie des dritten Grades *muß* sich ausdrücken können; und das ist nicht möglich, wenn der Betreffende keine Schüler in die Reiki-Grade einstimmt. Von diesem 3A-Grad ist also eher abzuraten.

Die Einstimmung zum dritten Grad verleiht die Fähigkeit, Reiki noch weiter zu intensivieren und alle Reiki-Einstimmungen vorzunehmen. Sie bringt uns in Verbindung mit dem „Großen Licht", doch sie macht niemanden automatisch zum erfolgreichen, selbstbewußten und erfüllten Menschen. Reiki kann die Persönlichkeitsentwicklung enorm *unterstützen,* doch die Arbeit an uns selbst kann auch Reiki uns *nicht abnehmen.*

Reiki-Do ist mit dem Erreichen der Meister-Ebene nicht abgeschlossen – es ist ein lebenslanger Weg, der das Ziel in sich trägt.

Das Prinzip des Energietausches

Wieso sind Reiki-Einstimmungen so teuer? Oder sind sie das gar nicht? Im Zusammenhang mit Reiki und Geld ist häufig von „Energietausch" die Rede. Da dieses leidige Thema immer wieder auftaucht und die Argumente zum Teil doch sehr eigentümlich erscheinen, möchten wir hier eine Klärung versuchen.

Wenn von „Energietausch" gesprochen wird, ist grob vereinfacht gemeint: Geben und Nehmen sollte harmonisch ausgeglichen sein. Gibt also ein Reiki-Meister eine Einstimmung, muß der Schüler auch etwas geben. Und das ist in der Regel natürlich Geld:

- für die Einweihung zum ersten Grad ca. 350,– DM
- für die Einweihung zum zweiten Grad ca. 1200,– DM
- für die Einweihung zum dritten Grad ca. 20 000,– DM

Nun kommt es darauf an, wie gut Sie sich finanziell stehen. Dementsprechend werden Sie diese Kosten vermutlich für hoch, sehr hoch oder gar unverschämt ansehen.

Wenn Sie nun aber bedenken, daß die Einweihungen des ersten Grades den Reiki-Kanal in Ihnen dauerhaft öffnen und es Ihnen ermöglichen, sich selbst und andere zu heilen, sollte Ihnen das nicht soviel wert sein wie ein billiger Fernseher? Und wenn Sie an den zweiten Reiki-Grad denken, der Ihnen Mental- und Fernheilungen ermöglicht, sollte Ihnen das nicht soviel wert sein wie ein Kühlschrank? Sind die starken Energien und die nahezu unbegrenzten Möglichkeiten des dritten Grades nicht mindestens soviel wert wie ein Kleinwagen?

Die hohen Kosten, insbesondere für die höheren Grade, sollen eine Prüfung für die Entschlossenheit des Schülers sein und ihn auf eine Bewährungsprobe stellen, heißt es.

Das ist ja nun in gewisser Weise durchaus plausibel: schon O-Sensei Usui konnte bei seinen ersten Versuchen, den Menschen die Lebensenergie zu geben, feststellen, daß etwas, das umsonst ist, von den allermeisten leider nur wenig geschätzt wird. Sein Erlebnis mit den Bettlern von Kioto, die er kostenlos heilte und wieder in die Gesellschaft eingliederte, zeigt diesen Punkt deutlich – denn nur wenige Jahre später fand er ja viele dieser Menschen wiederum als Bettler vor. Usui war sehr traurig darüber und gelangte zu der Erkenntnis, daß ohne Heilung des Geistes, ohne die Vermittlung von Dankbarkeit und Verantwortungsgefühl, keine wahre Heilung möglich ist.

Das Prinzip des Energietausches beruht auf einer durchaus richtigen Beobachtung. Ein Reiki-Schüler sollte also etwas geben, das einen entsprechenden Wert für ihn darstellt, das ihm etwas bedeutet.

Doch gerade das macht auch die Forderung eines bestimmten Geldbetrages für eine Einstimmung sehr fragwürdig. Denn es ist doch vollkommen klar, daß beispielsweise die Kosten von ca. 1200,– DM für eine Studentin eine große Summe darstellen, wogegen diese Summe für einen gutverdienenden Unternehmer praktisch nicht spürbar ist. Wenn es also nicht um das rein Materielle, sondern um den ideellen Wert geht, wenn von Energietausch die Rede ist, dann müßte also jemand, der arm ist, mehr „Energie" geben als der Gutbetuchte. Das wäre doch wirklich paradox.

Es ist doch sehr naiv, anzunehmen, daß eine bestimmte Summe Geld für alle Menschen die gleiche Bedeutung hat. Und das ist ja nicht nur von dem Betrag abhängig, sondern auch von der Erziehung, den früheren Erfahrungen usw. Geld hat für die Nachkriegsgeneration sicherlich eine ganz andere Bedeutung als für jüngere Menschen, die ohne Entbehrungen groß werden durften. Es gibt auch Menschen, denen Geld überhaupt nichts bedeutet – wie soll für diese Menschen Geld dann eine Energie darstellen, die gegen Reiki getauscht wird?

Im übrigen sind wir der Auffassung, daß Geld meist keine positive Energie ist, die man gegen Reiki eintauschen könnte. Geld ist unpersönlich und kann sowohl Positives wie auch Negatives bewirken.

Zum wahren Energietausch gehört aber, daß *persönliche* Energie ausgetauscht wird. Und das ist Geld wohl nur in den seltensten Fällen und auf gar keinen Fall eine konkrete, festgesetzte Summe.

Was auch überhaupt nicht mehr mit dem Energietausch zu erklären ist, sind die hohen Kosten des zweiten und dritten Grades. Wie ein Reiki-Meister geschrieben hat, stellen die hohen Kosten „Gott sei Dank“ eine Hürde dar, die Menschen davon abhält, den zweiten oder gar den Meistergrad anzustreben. Dies ist uns völlig unverständlich und widerspricht unseres Erachtens ganz deutlich den Prinzipien von Reiki. Wem sollte denn damit gedient sein, wenn weniger Menschen in Reiki eingestimmt sind?

Unserer Ansicht nach sollten so viele Menschen wie möglich in Reiki, gerade auch in den zweiten Grad (wegen der Möglichkeit der Fern- und Mentalbehandlung) und den Meister-Grad (damit Reiki sich verbreitet) eingestimmt werden. Wie schon ganz am Anfang gesagt: die Welt braucht Reiki!

Nun heißt das ja nicht, daß eine Reiki-Behandlung *nichts* kosten dürfte oder die Einstimmungen umsonst erfolgen sollten. Unserer Meinung nach sollte für Reiki selbst keinesfalls Geld verlangt werden. Wir übermitteln Reiki ja nur und sind nicht „Reiki-Besitzer“, die ihr Eigentum verkaufen können. Aber selbstverständlich muß ein Heilpraktiker oder Arzt, der Reiki gibt, Geld dafür verlangen. Er läßt sich dabei nicht Reiki bezahlen, sondern seine Zeit, die er aufwendet – damit verdient er sich nun mal seinen Lebensunterhalt. Auch ein Reiki-Meister, der es sich zum Beruf gemacht hat, Reiki weiterzugeben, muß natürlich Geld verlangen. Aber eben nicht für die Einstimmung selbst; seine Zeit kann er selbstverständlich in Rechnung stellen, Reiki aber nicht. Deswegen dürfte eine Einstimmung zum zweiten Grad, die nicht mehr Zeit beansprucht als das Reiki-I-Seminar, auch nicht mehr kosten.

Glücklicherweise gibt es heute immer mehr Meister, die mit Reiki so umgehen, wie es der universellen Lebenskraft, der Kraft der Liebe, angemessen ist.

Wenn wir von Energietausch sprechen, sollten wir nicht an Geld denken, sondern an das Prinzip, das Usui-Sensei erkannte: Erst die Kraft der Dankbarkeit weckt die heilsame Kraft von Reiki. Deshalb sollten wir auch nach jeder Reiki-Behandlung (ob als Reiki-Kanal oder als Empfänger) ein stilles Wort des Dankes an die universelle Lebensenergie sprechen, uns bei Reiki bedanken. Wir geben als „Energie“ unsere tiefe Dankbarkeit an die Quelle der Reiki-Kraft zurück – das bedeutet einen wirklichen Energietausch.

Kapitel 4: Die Fern-Einstimmung zum ersten Grad

Wenn Sie bereit sind, Liebe zu geben, den Menschen und den anderen Lebewesen auf diesem Planeten helfen und Reiki geben wollen, dann besitzen Sie schon die wichtigsten Voraussetzungen. Wenn Sie jemandem sanft die Hände auflegen, geht liebevolle, heilsame, wohltuende Energie von Ihnen aus. Wenn Sie liebevoll leben und handeln, heilen Sie.

Umgekehrt ist es aber leider auch so, daß Sie, wenn Sie negative Gedanken und Gefühle haben, diese ebenfalls aussenden. Es ist eine altbekannte Weisheit: Wie man sät, so erntet man. Senden Sie positive Energien aus, ernten Sie positive Wirkungen, senden Sie negative Energien, so erhalten Sie negative Wirkungen. Sie können damit unter Umständen Ihren Mitmenschen schaden und sie sogar krank machen. Mittlerweile dürfte wohlbekannt sein, daß beispielsweise ein schlechtes Arbeits- oder Familienklima zu körperlichen Beschwerden, den sogenannten psychosomatischen Krankheiten, führen kann.

Wenn Sie jedoch als Reiki-Kanal geöffnet sind – dies geschieht bei den Einstimmungen zum ersten Grad – fließt die Lebensenergie über Sie, ohne dabei von Ihren negativen Energien berührt zu werden. Die Reiki-Kraft ist immer positiv! Das ist das ganz besondere Geschenk des Reiki, dadurch ist dies die einfachste und schönste Heilkunst. Das große Wunder des Reiki besteht in seiner Einfachheit, denn man lernt es nicht mit dem Verstand, sondern mit der Seele.

Sollten Sie noch nicht zumindest den ersten Reiki-Grad besitzen und auch nicht bereit sein, sich von einem Meister in einem Reiki-Seminar einstimmen zu lassen, können Sie in diesem Kapitel lernen, die reine Lebensenergie – Reiki – erstmals in sich zu spüren. Aber auch, wenn Sie bereits Reiki ausüben, können Ihnen die Übungen zu mehr Bewußtheit verhelfen.

Bewußtheit ist in jedem Falle eine unverzichtbare Voraussetzung zur persönlichen Entwicklung, die man ja geradezu als Bewußtwerdungsprozeß bezeichnen kann. Wenn wir diesen Prozeß durch Reiki unterstützen können, ist das eine wunderbare Sache.

Die Theorie der morphogenetischen Felder

Die Fern-Einstimmung, die wir in diesem Buch anbieten, ist in gewisser Weise eine Revolution im System des Reiki. Auf jeden Fall aber bedarf sie der eingehenden Begründung – nicht unbedingt für den, der Reiki ausüben möchte, sicherlich aber für die Reiki-Lehrer und -Meister, die ja den traditionellen Weg gegangen sind. Traditionen haben ihre großen Verdienste, doch sie tendieren mitunter dazu, sich zu verfestigen und keine Entwicklung mehr zuzulassen. Anhänger dieser verfestigten Traditionen verteidigen dann das Althergebrachte, ohne einen Blick auf die neuen Möglichkeiten zu werfen.

Nicht alles Neue ist von Haus aus gut und sinnvoll. Welcher vernünftig denkende Mensch wird schon die modernsten Waffen für einen Fortschritt im eigentlichen Sinne halten oder das Abholzen der Regenwälder als einen wesentlichen Beitrag zur menschlichen Entwicklung bezeichnen?

Genausowenig ist alles bisher Bestehende grundsätzlich gut, bloß weil es schon lange so existiert. Die patriarchalischen Strukturen sind einige tausend Jahre alt, doch das bedeutet nicht, daß man sie nicht in Frage stellen sollte. (Es steckt schon einige Ironie in dem Plädoyer mancher Feministinnen für matriarchalische Strukturen mit der typisch patriarchalischen Begründung, daß das Matriarchat *noch älter* sei als das Patriarchat ...)

Etwas, das sich nicht entwickelt, ist tot. Deshalb kann und sollte sich auch Reiki weiterentwickeln. Doch eine Fern-Einstimmung – sprengt das nicht den Rahmen? Wie soll das überhaupt möglich sein? Aber es stellt sich vielleicht auch die Frage, warum so etwas erst jetzt gemacht wird?

Tatsächlich wäre es noch vor einigen Jahren nicht möglich gewesen, Fern-Einstimmungen durchzuführen. Weshalb das so ist, möchte ich im folgenden kurz erläutern. Dies wird zwar etwas wissenschaftlich; aber es ist nicht von Bedeutung, alles bis ins kleinste nachvollziehen zu können. Wenn es Ihnen nur um die Einstimmung und nicht um die theoretischen Hintergründe geht, können Sie diesen Abschnitt auch überspringen und zum darauffolgenden Teil „Die Chakren" übergehen.

Um zu erklären, wie sich die Formen von Organismen (deren Körper und innere Organe) entwickeln, wurde 1922 von dem russischen Wissenschaftler Alexander Gurvitch das Konzept der „morphogenetischen Felder" formuliert. In den siebziger Jahren wurde dieses Konzept von dem britischen Biologen Rupert Sheldrake wieder aufgegriffen und erweitert. Seine Theorie erklärt in plausibler Weise das immer noch ungeklärte Problem der Morphogenese, also der Formwerdung von lebenden Organismen, aber auch von unbelebten Strukturen, wie zum Beispiel Kristallen. Mit ihr kann auch widerspruchsfrei das Phänomen der Regeneration dargestellt werden.

Nach Sheldrakes Theorie[1] ist ein morphogenetisches Feld für die Form einer Struktur verantwortlich, indem es nämlich diese Form vorgibt, während der wachsende Organismus sie gewissermaßen ausfüllt. Die Form eines aktuellen Feldes entspricht der „Durchschnittsform" der tatsächlichen Form vorhergegangener Felder. Die Wirkung dieser Felder ist *nicht* genetisch vermittelt, sondern wirkt über Zeit und Raum hinweg. Diese Tatsache kann nun die Grundlagen einiger, bisher völlig ungeklärter Phänomene ans Licht bringen.

So vermag diese theoretische Annahme die erstaunliche Beobachtung zu erklären, weshalb chemische Substanzen, die neu hergestellt werden, zunächst nur schwer zu kristallisieren sind, aber mit der Zeit überall auf der Welt immer leichter hergestellt werden können. Dies ist eine Chemikern wohlbekannte Tatsache, für die aber bis heute keine befriedigende Erklärung gefunden werden konnte.

Die Wirkung der morphogenetischen Felder beschränkt sich nun nicht nur auf die aktuelle Formgebung, sondern schlägt sich bei Tieren und Menschen auch in Verhaltensänderungen nieder. Wenn Tieren neue Verhaltensweisen antrainiert wurden, konnte man beobachten, daß es Tieren der gleichen Art überall auf der Erde leichter fiel, das

---

[1] Wen dieses Thema interessiert, dem sei Rupert Sheldrakes Buch *Das schöpferische Universum*, Meyster Verlag, München 1983, empfohlen.

trainierte Verhalten wesentlich schneller zu erlernen. Diese Beobachtungen konnten vor allem an Ratten experimentell bestätigt werden.

Diese Theorie von Feldern, die alles Materielle, Belebte wie auch Unbelebte durchdringen und beeinflussen, kommt den Vorstellungen, auf denen Reiki gründet, erstaunlich nahe.

Das theoretische Konzept der morphogenetischen Felder könnte möglicherweise einen wissenschaftlichen Anhaltspunkt für das Verständnis der Fernheilwirkung im Reiki bieten. Vor allem aber ist es die Begründung (für die, die nach einer Begründung verlangen – die eigene Erfahrung besagt aber immer mehr) für die Möglichkeit der Fern-Einstimmung. Und es macht verständlich, warum diese erst heute besteht.

Tatsächlich haben wir bereits vor fünf Jahren an die Möglichkeit der Fern-Einstimmung gedacht. Doch die Zeit war noch nicht reif dafür. Das *morphogenetische Feld,* das durch die Ausübung der Einstimmungsrituale durch Reiki-Meister gebildet wurde, war noch nicht stark genug. Doch in den letzten Jahren hat sich Reiki ungeheuer weit verbreitet. Tausende von Einstimmungsritualen wurden überall auf der Welt von immer mehr Reiki-Meistern durchgeführt. Gemäß der Theorie der morphogenetischen Felder gehen Einstimmungen immer einfacher vonstatten. Langjährige Reiki-Meister werden diese Beobachtung sicherlich bestätigen können.

Die Fern-Einstimmung geht allerdings nicht so einfach vor sich wie die direkte Einstimmung durch einen Reiki-Meister. Sie bedarf einer mindestens zweiwöchigen Vorbereitungszeit (ca. eine halbe Stunde pro Tag). In dieser Zeit wird die Öffnung zum Reiki-Kanal durch bestimmte Übungen, die das Spüren und Kontrollieren der bereits vorhandenen Energie fördern und schließlich die Chakren öffnen, vorbereitet.

Wem dieser Weg zu mühsam ist oder wer ihn sich nicht zutraut, hat natürlich auch die wesentlich einfachere Möglichkeit, sich von einem Reiki- Meister direkt einstimmen zu lassen. Sicherlich können Sie jedoch in jedem Falle von den folgenden Übungen profitieren, ob Sie nun die Möglichkeit der Fern-Einstimmung nutzen wollen, ob Sie sich direkt von einem Reiki-Lehrer einstimmen lassen möchten oder ob Sie bereits einen Reiki-Grad besitzen.

Die Chakren

Ohne den Fluß der Lebensenergie gäbe es kein Leben. Ein Körper kann belebt oder unbelebt sein, und diesen Unterschied bewirkt das Fließen oder Nichtfließen der Lebensenergie. Wenn ein Lebewesen tot ist, heißt das, daß der Strom der Lebensenergie nicht mehr durch diesen Körper fließt.

Im Osten ist man sich dieser Tatsache schon seit Jahrtausenden bewußt, und viele Generationen haben an der Erforschung des Phänomens Lebensenergie gearbeitet. Dabei fanden sie Gesetzmäßigkeiten, Wirkungen und Möglichkeiten der Verstärkung der Energie. Sie entdeckten, daß die Lebensenergie nicht beliebig durch den Körper strömt, sondern in bestimmten Bahnen fließt. In Indien heißen diese Bahnen *nadis* und aus der chinesischen und japanischen Heilkunde kennen wir sie als *Meridiane,* die eine wichtige Rolle bei der Akupunktur und bei Shiatsu spielen. Auch der Reiki-Kanal ist eine solche Energiebahn – allerdings eine ganz besondere, die über erstaunliche Eigenschaften verfügt.

Außer den Energiebahnen gibt es aber auch einige Stellen im menschlichen Körper, an denen sich die Energie konzentriert und gespeichert wird. Diese Energiezentren heißen *Chakren.* „Chakra" ist ein Wort aus der altindischen Priestersprache Sanskrit und bedeutet soviel wie „Rad"; die Chakren sind nämlich kreis- oder kugelförmig. Man kann sie auch als „Energiewirbel" beschreiben. Diese Stellen existieren auch in den Körpern von Tieren und Pflanzen, allerdings ist dieses Gebiet noch wenig erforscht.

Für Reiki sind nun die Chakren in mehrfacher Hinsicht von Bedeutung. Zunächst einmal sind sie bei den Einstimmungen betroffen. Der geöffnete Reiki-Kanal hängt zwar nicht direkt mit den Chakren zusammen, doch um ihn zu öffnen, müssen die vier obersten Chakren angesprochen werden. Zum zweiten bietet der Ausgleich der Chakren eine der besten Möglichkeiten, Reiki zu geben. Der Energieausgleich der Chakren durch Reiki wirkt sehr stark auf Körper, Geist und Seele und führt sie zur Gesundung.

Der dritte Grund, weshalb wir uns hier mit Chakren befassen wollen, hängt mit dem ersten zusammen. Für die Fern-Einstimmung ist es unerläßlich, die oberen Chakren zu öffnen. Dafür werden wir im folgenden ein paar Übungen anbieten. Die letzte Übung davon, die Lichtpunkt-Meditation setzt dann den Einstimmungsprozeß in Gang.

Doch bleiben wir vorerst noch ein wenig bei der Theorie. Es gibt einige größere und kleinere Energiezentren im Körper. Es ist jedoch nicht nötig, alle Nebenchakren zu kennen; hier geht es vor allem um die sieben Hauptchakren.

Wenn Sie noch nie etwas über Chakren gehört haben, können Sie jetzt gleich, bevor Sie weiterlesen, ein kleines interessantes Experiment durchführen. Schließen Sie die Augen und führen Sie Ihre Hand ganz langsam in etwa zwei Zentimeter Abstand über Ihren gesamten Körper. Achten Sie dabei auf Stellen, die Ihnen wärmer vorkommen, oder bei denen Sie ein Kribbeln in der Hand verspüren. Merken Sie sich diese Stellen und vergleichen Sie sie mit der Zeichnung auf Seite 61, auf der die sieben Chakren eingezeichnet sind. Haben Sie bei sich ähnliche Stellen gespürt? Wenn ja, haben Sie bereits ein gutes Gefühl für „Energie“; wenn nicht, so ist das auch nicht weiter schlimm, denn wir werden Ihnen einige Übungen vorstellen, mit denen Sie lernen können, den Fluß der Energie durch Ihren Körper besser wahrzunehmen.

Wenn Sie das Wahrnehmen des Energieflusses erlernen können, ist es auch möglich zu trainieren, ihn innerhalb gewisser Grenzen zu steuern – was nicht nur Ihre Gesundheit, sondern auch Ihre Lebenskraft, Freude und Ihre Empfindungsfähigkeit stärken wird. Wenn Ihr Reiki-Kanal erst einmal geöffnet ist, werden Sie noch weitaus größeren Einfluß auf den Energiefluß und die Entwicklung der Chakren nehmen können.

Die sieben Chakren liegen auf einer Linie, die vom Schambein bis zum Scheitel verläuft. Sie wirken auf mehreren Ebenen: auf körperlicher, geistiger und seelischer (spiritueller) Ebene. Jedes Chakra versorgt bestimmte Organe mit Energie, ist für bestimmte Gefühls- und Erkenntniszustände verantwortlich und steuert bestimmte Wahrnehmungen. Jedem Chakra ist eine bestimmte Farbe zugeordnet, die seiner energetischen Schwingungsfrequenz entspricht.

Im folgenden finden Sie eine kurze Beschreibung der sieben Chakren. Der Name, unter dem wir das jeweilige Chakra aufgeführt ha-

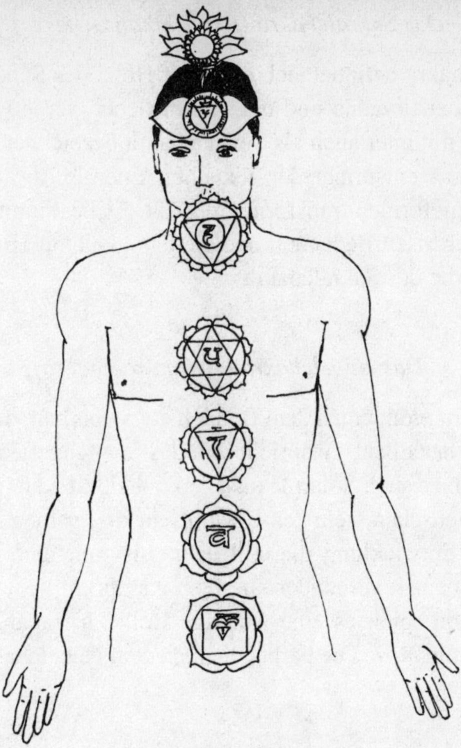

Abb. 4: Die Chakren

ben, ist die deutsche Bezeichnung; der ursprüngliche Sanskrit-Name steht in Klammern dahinter.

Das Wurzelchakra (muladhara-chakra)

Dieses Chakra, das im Dammbereich zwischen After und Genitalien lokalisiert ist, stellt den Sitz der Instinkte, der Triebe und der Vitalität dar. Seine Energie wirkt vor allem auf die überlebenswichtigen Funktionen. Organisch liefert das Wurzelchakra allen Aufbauprozessen im Körper Energie. Im seelischen Bereich bestimmt es das Urvertrauen und die innere Stärke. Die Farbe, die zum Wurzelchakra gehört, ist Rot.

Das Sakralchakra (svadishthana-chakra)

Das Sakralchakra befindet sich etwa auf Höhe des Schambeines. Es ist für die Sexualorgane und das Gefühlsleben verantwortlich, deshalb wird es mitunter auch als Sexualchakra bezeichnet. Die Energie dieses Chakras entspricht der sexuellen Energie, die sich auch in höhere Energieformen transformieren läßt. Es bestimmt das Sexualleben, die Lebenszufriedenheit und die Fähigkeit zur Hingabe. Orange ist die Farbe des Sakralchakras.

Das Nabelchakra (manipura-chakra)

Dieses Chakra ordnet man dem Bereich etwa oberhalb des Nabels zu. Auf organischer Ebene entspricht ihm das Sonnengeflecht (Solarplexus), weshalb es auch Solarplexus-Chakra heißt. Es kennzeichnet die Mitte des Menschen, sein Ich-Bewußtsein und seinen Umgang mit Macht. Die Entwicklung dieses Chakras ist mit dem Gewinn von Kraft und Weisheit verbunden. In allen Kampfkünsten, aber auch in der Meditation spielt es eine wichtige Rolle. In Japan heißt dieses Energiezentrum *hara*. Die Farbe, die man dem Nabelchakra zuordnet, ist Gelb.

Das Herzchakra (anahata-chakra)

Das Herzchakra befindet sich etwa auf Höhe des Herzens. Seine Funktionen im körperlichen Bereich sind Herztätigkeit und Blutkreislauf. Es bestimmt unsere Fähigkeit zu lieben und unser Einfühlungsvermögen in andere Menschen. Die charakteristische Farbe des Herzchakras ist Smaragdgrün.

Das Kehlchakra (vishuddha-chakra)

Dieses Chakra lokalisiert man im Halsbereich, etwas unterhalb des Kehlkopfes. Zu seinen Funktionen gehört die Regulation des Wachstums. Im psychischen Bereich bestimmt es unsere Kommunikationsfähigkeit, den kommunikativen Aspekt unserer Kreativität und das

Bewußtsein unserer eigenen Individualität. Zum Kehlchakra gehört die Farbe Blau.

Das Stirnchakra (ajna-chakra)

Das Stirnchakra wird auch als „Drittes Auge“ bezeichnet. Es befindet sich zwischen den Augenbrauen. Es bestimmt unsere Willensimpulse, unsere Intuition und unsere Intelligenz sowie den schöpferischen Aspekt unserer Kreativität. Im körperlichen Bereich ist es für die Koordination der Hormondrüsen verantwortlich. Die Energie des Stirnchakras korrespondiert mit der Farbe Violett.

Das Kronenchakra (sahasrara-chakra)

Die Stelle oben auf dem Kopf, in der Mitte der Schädeldecke, bezeichnet das Kronen- oder Scheitelchakra. Es ist interessant, daß in vielen Kulturen weise oder heilige Menschen mit einem „Heiligenschein“ dargestellt werden, der genau dem Kronenchakra entspricht. Seine Energie beeinflußt die Koordination aller Lebenvorgänge, seien sie nun körperlicher, geistiger oder seelischer Natur. Es bestimmt unsere Fähigkeit zu höherer Einsicht und Erkenntnis. Dem Scheitelchakra ist keine eigentliche „Farbe“ zugeordnet, sondern es hat die Qualität eines alle Farben reflektierenden Kristalls; mitunter ist der Eindruck auch ein strahlendes Weiß.

Der Fluß der Energie

Bei Reiki (aber auch schon beim „normalen“, unverstärkten Handauflegen) fließt die Energie direkt von einem Körper zum anderen, wobei die Chakren eine bedeutende Rolle spielen. Ein wichtiges Nebenchakra ist das Handchakra in der Mitte der Handfläche. Wenn wir Reiki – vor allem im ersten Grad – durch Handauflegen anwenden, fließt die Energie durch dieses Handchakra.

Wenn wir noch nicht zum Reiki-Kanal geöffnet sind, nehmen wir die Lebensenergie hauptsächlich mit der Atmung auf. Deshalb ist auch die Atmung in so vielen östlichen Gesundheitslehren und Meditationsformen von so großer Bedeutung. Durch bestimmte Atem- und Konzentrationstechniken können wir nämlich unser Energieniveau erhöhen, unsere Gesundheit fördern und zur Öffnung der Chakren beitragen.

Das gilt übrigens auch dann, wenn wir bereits in Reiki eingeweiht sind. Zwar strömt die Energie dann hauptsächlich durch das Kronenchakra in unseren Körper, doch die Atmung bleibt weiterhin ein wichtiger „Motor" für die Verteilung der Energie. Das hat einen ganz einfachen Grund: Die Atmung ist ein natürlicher, körperlicher Vorgang, mit dem wir unser ganzes Leben lang Erfahrungen gesammelt haben und vertraut sind. Mit der Energie, die wir durch das Kronenchakra aufnehmen, sind wir längst nicht so vertraut wie mit der Atmung. Deshalb fällt selbst dann, wenn der größte Teil der Lebensenergie über das Kronenchakra in uns einfließt, die Lenkung der Energie mit Hilfe der Atmung viel leichter.

Für die Heilung mit Reiki ist allerdings die bewußte Lenkung der Energie nicht notwendig, denn diese wird ja vom Reiki-Empfangenden immer genau in dem Maße aufgenommen, wie er sie benötigt. Auch fließt Reiki immer automatisch an die Stellen mit dem niedrigsten Energieniveau. Voraussetzung dafür ist jedoch, daß der spezielle Reiki-Kanal geöffnet ist.

Im Reiki ist die *Kontrolle* der Energie mittels der Atmung in mehrfacher Hinsicht von Bedeutung. Am wichtigsten – und das ist der Hauptgrund dafür, daß wir an dieser Stelle davon sprechen – sind Atem- und Energieübungen zur Vorbereitung auf die Öffnung zum Reiki-Kanal. Die Einstimmung eines Reiki-Meisters öffnet diesen zwar in jedem Fall, doch die bewußte Erfahrung des Schülers wird eine ganz andere sein, wenn er die Energie genau zu spüren vermag. Auch wird sie kräftiger und über eine größere Distanz hin fließen können (in der Regel allerdings ist ohne die Einstimmung zum zweiten Grad keine Fernheilung möglich). Für die Vorbereitung zur Fern-Einstimmung sind die Übungen zum bewußten Spüren der Energie unabdingbar. Im zweiten Grad verbessern sich durch Übungen zur Energiekontrolle die Möglichkeiten der Fern- und Mentalheilung noch weiter.

Wie lerne ich, die Energie in mir zu spüren?

Manche Menschen verfügen einfach über einen natürlichen Sinn für die subtile Lebensenergie. Sie können die Chakren ohne weiteres spüren oder sogar „sehen“. Einige vermögen sogar die feine Energieausstrahlung des menschlichen Körpers (die „Aura“) wahrzunehmen; andere spüren Erdstrahlen und können mittels ihres „Energiesinnes“ Wasseradern oder elektromagnetische Störfelder entdecken. Und es gibt auch Menschen, die ganz natürlich, ohne besondere Vorbereitung, durch Handauflegen heilen können.

Es ist zweifellos eine wunderbare Gabe, wenn man diese Fähigkeit von der Natur mitbekommen hat – doch wir anderen, bei denen dies nicht der Fall ist, müssen nicht traurig sein: *Alle* Menschen besitzen einen Energiesinn, der lediglich weniger stark entwickelt oder verschüttet ist. Durch regelmäßiges Üben können wir jedoch unser Gespür für Energie immer weiter verfeinern.

Wenn man gelernt hat, den Fluß der Lebensenergie in sich selbst und in anderen zu spüren, werden einem plötzlich einige Zusammenhänge klar. Dann kann man nämlich feststellen, daß jede Krankheit, jedes Unwohlsein, jeder Streß und jedes negative Gefühl mit Energieblockaden einhergeht. Langwierige theoretische Erklärungen, weshalb ein Auflösen dieser Blockaden zu Gesundheit und Wohlbefinden führt, werden dann überflüssig, es wird einfach unmittelbar einsichtig.

Außerdem wird deutlich, weshalb positive Gefühle, Gedanken und Heilmethoden wie Akupunktur, Shiatsu oder Qi Gong so heilsam sind – sie lösen die Blockaden nämlich auf. Dies ist das Prinzip vieler sanfter, alternativer Heilmethoden wie der Bachblüten-, der Aroma-, der Farbtherapie, der Gewürzheilkunde, der Homöopathie usw. Auch Reiki gehört dazu, denn durch die stets positive Reiki-Kraft können energetische Blockaden sehr gut aufgelöst werden. Reiki hat darüber hinaus den Vorteil, ganz direkt und ohne Umwege zu wirken.

Aber zurück zum Thema: Wie können Sie lernen, den Fluß der Energie in sich zu spüren? Beginnen wir mit einem kleinen Experiment. Heben Sie die rechte Hand vor Ihren Kopf, so daß die Handfläche zu Ihrer Stirn weist. Was spüren Sie? Höchstwahrscheinlich noch nicht sehr viel.

Nehmen Sie die Hand wieder herunter und legen Sie beide Hände auf Ihren Bauch, die linke über der rechten. Atmen Sie jetzt dreimal tief ein und aus, spüren Sie, wie sich beim Einatmen Ihr Bauch ein wenig nach außen wölbt, und stellen Sie sich vor, der Atem würde durch Ihren Bauch in Ihre Hand fließen und sich dort als warme Energie sammeln. (Sie müssen das jetzt nicht wirklich spüren; es reicht, wenn Sie es sich vorstellen.)

Führen Sie nun wieder Ihre rechte Hand vor Ihre Stirn. Spüren Sie den Unterschied? Aller Wahrscheinlichkeit nach fühlen Sie nun, wie zwischen Ihrer Hand und der Mitte Ihrer Stirn, etwa zwischen den Augenbrauen, Wärme fließt – und zwar nicht diffus, sondern eben ganz genau zwischen der Mitte Ihrer Handfläche (dem Handchakra) und dem Punkt zwischen den Augenbrauen (dem Stirnchakra). Diese Wärmeempfindung (es kann aber auch ein Kribbeln oder ein leichtes Druckgefühl sein) zeigt Ihnen, daß hier Energie fließt.

Aller Voraussicht nach ist es ein ziemlich angenehmes Gefühl. Wiederholen Sie deshalb diese kleine Übung ein paarmal. Übrigens hilft diese Technik recht gut bei Schnupfen und Problemen mit den Nebenhöhlen.

Sollten Sie wider Erwarten keine Veränderung wahrnehmen, machen Sie sich bitte keine Sorgen! Lesen Sie einfach weiter und probieren Sie die vorgeschlagenen Übungen aus. Wenn Sie dann den nächsten Abschnitt „Wie verstärke ich die Energie?" durchgearbeitet haben, kehren Sie noch einmal zu unserem Experiment zurück und versuchen es noch einmal.

Wir haben mit dieser Übung begonnen, weil die Energie am deutlichsten zu spüren ist, wenn sie zwischen zwei Chakren fließt. Wenn Sie nun nicht gerade ein Schlangenmensch sind, ist es deshalb am einfachsten, das Handchakra auf ein anderes Chakra zu legen. (Eine interessante Beobachtung ist, daß Menschen in extremen Situationen, bei Verletzungen oder auch während der Zeit als Fötus, oft eine Stellung einnehmen, bei der alle Chakren möglichst nah beieinander liegen und sich gegenseitig Energie geben können; sie rollen sich in eine „Fötusposition" zusammen. Auch bei einer Umarmung liegen die Chakren – diesmal allerdings von zwei verschiedenen Personen – dicht beieinander.)

Dieses Prinzip wollen wir uns auch im folgenden zunutze machen. Erinnern Sie sich noch, wo die sieben Chakren liegen? Bei unseren Übungen werden wir die vier obersten Chakren ansprechen, die für die Einstimmung wichtig sind. Bei der folgenden Übung geht es zunächst einmal darum, zu spüren, wie Energie von Ihrem Handchakra zu jeweils einem der vier oberen Hauptchakren fließt (wie wir es bereits bei unserem Experiment gemacht haben).

Beginnen Sie, indem Sie Ihre Hände (linke über rechter Hand) auf den Bauch – genauer: auf das Sakralchakra – legen und dreimal tief ein- und ausatmen. Dieses Chakra sendet nämlich in verstärktem Maße Energie aus und vermag besonders, die Handchakren aufzuladen.

Legen Sie anschließend Ihre beiden Hände in umgekehrter Reihenfolge – also die rechte über die linke Hand – auf Ihre Brust, dort, wo sich das Herzchakra befindet. Vielleicht spüren Sie noch nicht so deutlich, wo das Chakra genau ist. Das macht nichts – legen Sie die Hände einfach auf die Mitte Ihrer Brust und beobachten Sie, ob Sie einen Energiefluß (Wärme, Kribbeln, angenehme Spannung) spüren können. Versuchen Sie, nicht zu sehr mit dem Kopf dabeizusein, sondern vertrauen Sie Ihrer Intuition. Wenn Sie das Gefühl haben, die Hände müßten ein wenig anders liegen, ist das ein Zeichen dafür, daß Sie intuitiv bereits den Energiefluß erfassen. Vielleicht spüren Sie die Energie noch nicht direkt, sondern über Ihre Gefühle: Wenn in das Herzchakra Energie strömt, werden Gefühle der Liebe geweckt. Lassen Sie Ihre Hände einige Atemzüge auf Ihrem Herzchakra liegen.

Laden Sie nun wieder Ihre Handchakren auf, indem Sie die Hände in gewohnter Weise auf Ihren Bauch legen und tief atmen.

Legen Sie sich danach Ihre Hände dort um den Hals, wo sich das Kehlchakra befindet. Dabei weisen die Finger zur Halswirbelsäule, und die Handballen berühren sich leicht vor dem Kehlkopf. Versuchen Sie wiederum, den Fluß der Energie zu spüren. Diese kann sich auch in einem stärkeren Kommunikationsbedürfnis ausdrücken – geben Sie dem Gefühl ruhig nach und rufen Sie nach der Übung eine Freundin oder einen Freund an.

Nachdem Sie einige Atemzüge lang der Übung nachgespürt haben, laden Sie wieder Ihre Hände auf. Jetzt wollen wir das Stirnchakra ansprechen. Im Gegensatz zu unserem ersten Experiment nehmen wir diesmal jedoch beide Hände. Bilden Sie mit Ihren Händen eine „Schale“, so als ob Sie mit den Händen Wasser schöpfen wollten. Die Hände werden nicht aufgelegt, sondern bleiben in einem kleinen Abstand (ein bis drei Zentimeter) vor der Stirn bzw. dem Stirnchakra. Hier dürfte es kein großes Problem für Sie sein, den Energiefluß zu spüren. Wenn dem so ist, versuchen Sie doch, sich darauf zu konzentrieren, wo das Chakra genau lokalisiert ist. Vertrauen Sie Ihrer Intuition.

Nun, Sie wissen ja, was jetzt kommt: Sie laden wieder Ihre Handchakren auf, bevor Sie sich dem obersten Chakra, dem Kronenchakra, zuwenden. Legen Sie sich Ihre Hände auf Ihren Kopf und zwar so, daß sich die Fingerspitzen berühren. Seien Sie nicht enttäuscht, wenn Sie hier weniger spüren als bei den anderen Chakren. Das Kronenchakra ist der Sitz der spirituellen Entwicklung und bildet sich erst allmählich. Die Auswirkungen des Energieflusses sind oft deutlicher zu spüren: größere Wachheit, klarere Gedanken und ein besseres Gefühl für den gesamten Körper und die Zusammenhänge zwischen Körper, Geist und Seele.

Wie verstärke ich die Energie?

Auch wenn Sie jetzt bereits den Fluß der Lebensenergie spüren konnten – sofern Sie nicht zu den wenigen Menschen gehören, die eine natürliche Begabung dafür haben, werden die Empfindungen wahrscheinlich noch ein wenig undeutlich gewesen sein.

Es ist schon erstaunlich, wie sehr wir oft unseren eigenen Empfindungen mißtrauen. Zweifel an den Dingen, die nicht meß- und wägbar sind, drängen sich schnell in der Vordergrund und überlagern die Stimme unserer Gefühle und unserer Intuition. Die ist zwar bedauerlich, aber letztendlich nicht von Bedeutung. Wenn wir einen bestimmten Weg gehen – sei es nun der des Yoga, des Glaubens oder Reiki-Do –, ist zunächst einmal das praktische Handeln wichtig. Wenn wir Yoga-Übungen oder die Übungen zum Erspüren der Energie durchführen, kommt es nicht darauf an, daran zu „glauben“. Zunächst werden die Übungen vielleicht einfach relativ mechanisch ausfallen. Doch im Laufe der Zeit wird das Üben zur Gewohnheit, die keiner Konzentration mehr bedarf und unsere Aufmerksamkeit für die unterschwelligen Gefühle, die dabei auftreten, freigibt – die Empfindungen werden immer deutlicher und immer mehr im Bewußtsein verankert.

Die folgenden Übungen dienen der Verstärkung des Energieflusses. Bei der ersten Übung geht es um die Verstärkung der Energie durch den Atem, bei der zweiten spielt die Kraft der Imagination eine Rolle.

Wir haben schon darüber gesprochen, daß der Atem der „Motor" der Energie ist. Deshalb ist ohne Atem auch kein Leben möglich. Wenn wir uns auf eine bestimmte Stelle im Körper konzentrieren, fließt der „Atem" dorthin. Natürlich nicht die Luft, die wir einatmen, sondern die Lebensenergie, die wir mit der Atmung aufnehmen. Wir können mit bestimmten Atemtechniken Schmerzen bekämpfen, Verspannungen und Blockaden auflösen, und wir können die Energiezentren in unserem Körper aufladen. Bei den vorangegangenen Übungen haben wir ja bereits den Atem eingesetzt, um unsere Chakren aufzuladen.

Bei der nun folgenden Übung steht der *kontrollierte Atem* noch mehr im Mittelpunkt. Es geht darum, die Aufladung der Chakren weiter zu verstärken und Blockaden aufzulösen.

Setzen Sie sich mit möglichst geradem Rücken auf den Boden oder auf einen Stuhl. Die Position sollten Sie ohne Anstrengung beibehalten können. Ihre Arme hängen entspannt und locker herab. Atmen Sie einige Male tief durch. Konzentrieren Sie sich nun auf Ihre Handchakren, also auf die Mittelpunkte Ihrer Handflächen. Mit der folgenden Einatmung heben Sie nun ganz langsam Ihre Hände bis in Brusthöhe. Die Bewegung ist dabei mit der Atmung koordiniert – wenn die Hände auf Brusthöhe sind, ist die Einatmung beendet. Die Konzentration liegt die ganze Zeit auf den Handchakren.

Bevor nun die Ausatmung einsetzt, drehen Sie Ihre Handflächen nach unten. Mit der Ausatmung lassen Sie ganz langsam die Hände wieder sinken. Ihre Konzentration folgt dabei der Ausatmung, und Sie stellen sich vor, wie Sie den „Atem" beim Sinkenlassen der Hände in Ihre Handchakren lenken.

Wenn die Arme wieder locker an Ihrer Seite herabhängen, atmen Sie normal weiter und spüren einige Atemzüge lang der Übung nach, bevor Sie sie wiederholen. Führen Sie die Übung drei- bis fünfmal durch. Wenn Sie ein deutliches Wärmegefühl, ein angenehmes Kribbeln oder eine Vibrationsempfindung in den Händen wahrnehmen, fließt die Energie.

Ebenso wie bei den Handchakren gehen wir nun bei den oberen vier Hauptchakren vor. Wir beginnen mit dem Herzchakra. Beim Einatmen konzentrieren Sie sich darauf und heben langsam die Hände, so wie im vorangegangenen Übungsteil. Bei der Ausatmung und beim Sinkenlassen der Hände leiten Sie die Energie in das Herzchakra. Auch diesen Übungsteil wiederholen Sie drei- bis fünfmal. Wenn die Energie frei fließt, spüren Sie Wärme im Brustbereich und Ihre Gefühle nehmen eine positive Tönung an, selbst wenn es Ihnen vielleicht gerade nicht so gut geht. Auch Farbwahrnehmungen können auftreten. Wenn Ihr Herzchakra geöffnet ist, wird die Farbe Grün vorherrschend sein.

Bei den folgenden Chakren – dem Kehl-, dem Stirn- und dem Scheitelchakra – gehen wir auf dieselbe Art und Weise vor. Beim Einatmen wird die Konzentration auf dem betreffenden Chakra gehalten, und bei der Ausatmung wird die Energie in das Chakra gelenkt. Die Koordination der Handbewegungen mit der Atmung ist dabei wichtig: Sie unterstützt die Konzentration, die Harmonie und den Fluß der Energie.

Diese Übungsfolge sollten Sie, wenn Sie die Fern-Einstimmung anstreben, täglich mindestens zweimal durchführen. Da jeder Übungsteil mindestens eine Minute in Anspruch nimmt, dreimal wiederholt werden soll und es insgesamt fünf Übungsteile gibt (die Handchakren und die vier oberen Hauptchakren), benötigen Sie mindestens 15 Minuten für die gesamte Übung. Schneller sollten Sie die Übung unter gar keinen Umständen durchführen. Noch besser ist es, wenn Sie sich eine halbe Stunde Zeit nehmen. Auf jeden Fall sollten Sie ohne Zeitdruck und ungestört arbeiten können.

Wenn es Ihnen gelingt, in allen Chakren deutlich die Energie zu spüren, können Sie mit der folgenden Übung fortfahren. Dabei geht es nun darum, eine Verbindung zwischen den verstärkten Chakren herzustellen. Auch hierbei setzen wir die Atmung ein; der Schwerpunkt liegt jedoch auf der bildlichen Vorstellungskraft, die bei der Übung eingesetzt wird. Diese Visualisationen öffnen mit der Zeit die Verbindung zwischen den Chakren, die daraufhin weiter an Kraft gewinnen und sich gegenseitig zunehmend harmonisieren.

Manche Menschen haben Probleme mit Visualisierungsübungen; sie fragen sich, was denn eine bloße Einbildung bringen soll. Tatsächlich sind bildhafte Vorstellungen aber eine wichtige Art zu denken; allerdings nicht linear und logisch, wie es der Fall ist, wenn wir in Worten denken, sondern ganzheitlich. Bilder sind die Gedanken der rechten Gehirnhälfte. Wenn wir uns etwas „ein-bilden", denken wir ganzheitlich und können wichtige Veränderungen in unserem Körper, in unserem Gefühlsleben und in unserem Unterbewußtsein herbeiführen.

Setzen Sie sich mit geschlossenen Augen bequem und gerade hin. Wenn Sie möchten, können Sie bei dieser Übung aber auch liegen (oder sogar stehen). Wichtig ist, daß Sie in der Position locker und entspannt sein können.

Atmen Sie ruhig und entspannt und stellen Sie sich vor, wie sich eine weiße Kugel aus Licht über Ihrem Kopf (genauer gesagt über dem Kronenchakra) bildet. Beim Einatmen führen Sie der Kugel Energie zu, und beim Ausatmen stellen Sie sich vor, daß Sie nur die verbrauchte Luft ausatmen, aber die Energie in dem weißen Lichtball speichern.

Wenn Sie dies einige Zeit getan haben und Ihre Vorstellung von der Lichtkugel stark und intensiv ist, lassen Sie in Ihrer Vorstellung das Licht ein wenig in Ihre Schädeldecke, ins Kronenchakra, eindringen. Dabei intensiviert sich das Licht weiter und wird kristallklar. Atmen Sie weiter und geben Sie der Kugel aus kristallklarem Licht weiterhin Energie. Bei der Einatmung führen Sie dem Lichtball reine Lebensenergie zu, und mit der Ausatmung geben Sie „Unreinheiten" ab.

Wenn Sie das Gefühl haben, daß die Energie keiner weiteren Reinigung mehr bedarf, lassen Sie den Lichtball tiefer sinken, bis in die Mitte Ihrer Stirn, ins Stirnchakra. Das Licht nimmt dabei eine violette Färbung an. Wiederum versorgen Sie es bei der Einatmung mit reiner Lebensenergie, während Sie sich durch die Ausatmung von „Unreinheiten“ befreien.

Lassen Sie nun die violette Lichtkugel weiter sinken, bis sie im Halsbereich, im Kehlchakra, leuchtet. Beim Sinken in das Kehlchakra verändert sich die Farbe des Lichts in ein strahlendes Himmelblau. Die Atmung scheint nun noch leichter zu fallen, und Sie spüren ein angenehmes, warmes Gefühl in Ihrem Kehlchakra. Beim Einatmen verstärken Sie das blaue Licht, und beim Ausatmen klären Sie es.

Nun lassen Sie die Lichtkugel ins Herzchakra sinken, wobei sich das Blau in ein Smaragdgrün verwandelt. Sie verstärken die Intensität des Lichtes beim Einatmen und klären es beim Ausatmen.

Zuletzt lassen Sie nun das Licht zu beiden Seiten durch Ihre Arme in Ihre Hände strömen, wobei sich die Farbe wieder in ein reines Weiß verwandelt. Mit der Einatmung leiten Sie das Licht in Ihre Hände, und mit der Ausatmung lassen Sie es aus Ihren Händen strömen.

Entspannen Sie sich und spüren Sie der Übung nach. Hat sich etwas verändert? Fühlen Sie sich leichter, wärmer, glücklicher, energiegeladener? Das sind die „Nebenwirkungen“, die mit dieser Übung in den allermeisten Fällen einhergehen. Wenn Sie diese angenehme Erfahrung gemacht haben, werden Sie sich auf die Einstimmung zum Reiki-Kanal freuen können: Dabei wird dieses Gefühl noch intensiver und beständiger sein.

Wenn Sie diese Übung zum ersten Mal ausprobieren, kann es allerdings auch passieren, daß Sie danach erst einmal ziemlich erschöpft sind und sich ein wenig ausgelaugt fühlen. Dennoch sollten Sie sie nach einer kurzen Erholungspause in jedem Fall noch zweimal wiederholen.

Führen Sie die Übung täglich mindestens zweimal aus. Wenn Sie das Gefühl haben, daß die Lichtkugel fast ohne Ihr Zutun entsteht, sobald Sie sich konzentrieren, und wenn die Farben in jedem Chakra entstehen, ohne daß Sie sie bewußt aktivieren müssen – das kann schon am ersten Tag der Fall sein, es mag aber auch ein oder zwei Wochen dauern –, dann sind Sie bereit, die folgende, abschließende Übung „Die Lichtpunkt-Meditation“ zu beginnen. Wenn Sie die Lichtpunkt-Meditation beherrschen, können Sie das Angebot der Fern-Einstimmung nutzen.

Die Lichtpunkt-Meditation

Mit der Lichtpunkt-Meditation geben Sie den oberen vier Chakren einen konzentrierten Energieimpuls, durch den Sie in Berührung mit dem Reiki- Meridian kommen. Dies ist allerdings noch nicht gleichbedeutend mit der Einstimmung. Wenn Sie die Lichtpunkt-Meditation beherrschen, können Sie bereits durch Handauflegen heilen. Allerdings müssen Sie sich dazu stark auf den Vorgang konzentrieren, der Kanal ist noch nicht vor negativen Energien geschützt und er ist natürlich nicht dauerhaft geöffnet.

Doch immerhin können Sie mit Hilfe der Lichtpunkt-Meditation bereits eine Ahnung davon bekommen, wie sich Reiki „anfühlt". Aber vor allem ist die Lichtpunkt-Meditation die unmittelbare Vorbereitung für die Fern-Einstimmung.

Bei der vorangegangenen Übung haben Sie ja bereits Licht visualisiert und dabei die Kraft Ihrer Chakren erhöht. Im Prinzip verläuft die Lichtpunkt-Meditation ganz ähnlich. Doch das Licht, das Sie nun visualisieren sollen, besitzt eine andere Qualität. Es geht darum, die Lichtenergie zu bündeln, so daß ein blendend heller Punkt entsteht. „Blendend hell" ist wirklich wörtlich zu verstehen; die Visualisierung soll einen Lichtpunkt von solcher Intensität erzeugen, daß Sie beim ersten Mal unwillkürlich die Augen fester zusammenkneifen. (Natürlich brauchen Sie dabei keine Angst um Ihre Netzhaut zu haben, denn die Wahrnehmung entsteht ja durch eine Visualisierung, also ausschließlich im Gehirn.)

Ob Ihnen diese Übung nun schwer oder leicht vorkommt, hängt wahrscheinlich hauptsächlich davon ab, ob Sie über ein gutes visuelles Vorstellungsvermögen verfügen, oder ob Ihre Stärke in anderen Sinnesqualitäten liegen. Die Lichtpunkt-Meditation ist jedoch wirklich für jeden durchführbar; vor allem bei Beherrschung der vorangegangenen Übungen.

Vielleicht wissen Sie jetzt gar nicht, wie Sie anfangen sollen. Probieren Sie es doch einmal abends vor dem Einschlafen aus. Schließen Sie die Augen und entspannen Sie sich. Entweder sehen Sie jetzt ein dunkles, nebliges Grau, oder es tauchen einige Bilder vor Ihrem inneren Auge auf; aber auch der nebligste Grauschleier wird ab und zu von leichten Farbtupfern unterbrochen. Versuchen Sie, die Intensität der Farben zu verstärken.

Es gibt mehrere Möglichkeiten, um zu einem Lichtpunkt zu gelangen. Menschen mit einem sehr guten optischen Vorstellungsvermögen können sich einfach einen Laserstrahl vorstellen, und schon haben sie die gesuchte Visualisierung. Für die meisten ist es jedoch etwas schwieriger. Sie können verschiedene Vorstellungen ausprobieren. Experimentieren Sie einfach etwas herum. Zwei Möglichkeiten haben sich als recht gut erwiesen: Die eine besteht darin, sich einen beliebigen verschwommenen Farbtupfer in dem verschwommenen Grau vor dem inneren Auge zu suchen, sich auf diesen intensiv zu konzentrieren und ihn zu „verdichten". Die andere Möglichkeit besteht darin, in einen solchen Farbfleck „hineinzufliegen". Es ist jedenfalls wichtig, daß Sie sich Ihr eigenes Bild suchen!

Geben Sie nicht zu früh auf! Es wird vielleicht eine Weile dauern, doch plötzlich leuchtet der Punkt auf! Manche mögen sich nun vielleicht fragen, wie sie sich denn sicher sein können, ob es „geklappt" hat. Ist der Punkt wirklich leuchtend hell gewesen, oder war er das noch nicht? Glauben Sie mir: Wenn es Ihnen das erste Mal gelingt, einen Lichtpunkt zu visualisieren, dann *sind* Sie sicher! Die Wahrnehmung unterscheidet sich deutlich von anderen vorgestellten Farbbildern. Ein weiteres Charakteristikum der visualisierten Lichtpunkte ist, daß – egal welche Farbe das Licht hat – sie immer als geradezu überwältigend schön empfunden werden. Die typische Reaktion auf eine gelungene Lichtpunkt-Visualisierung ist ein Staunen über die Schönheit und Klarheit der Farbempfindung.

Haben Sie ein wenig Geduld mit sich selbst. Nach spätestens einer Woche (wenn Sie jeden Abend vor dem Einschlafen fünf bis zehn Minuten „trainieren") wird es Ihnen gelingen, einen blendenden Lichtpunkt zu visualisieren.

Bisher haben wir noch kaum über Farben gesprochen. Zunächst einmal ist es ja auch hauptsächlich wichtig, daß Ihnen die Lichtpunkt-Meditation gelingt. Wenn Sie jedoch soweit sind, sollten Sie damit beginnen, sich auf die Farben Grün, Blau, Violett und Weiß zu konzentrieren – und zwar in dieser Reihenfolge. Ihr Ziel bei dieser Übung ist es, diese vier Farben hintereinander für ein paar Sekunden aufleuchten zu lassen. Wenn Ihnen dies gelingt, sind Sie bereit für die Fern-Einstimmung zum ersten Reiki-Grad.

Noch ein paar interessante Anmerkungen zur Lichtpunkt-Meditation, was die dabei ablaufenden Vorgänge im Gehirn angeht. Die strahlende Helligkeit der Lichtpunkte zeigt das Überwinden einer gewissen Barriere an, die uns unser Bewußtsein auferlegt. Wenn wir einen Lichtpunkt visualisieren, entsteht das Licht ja sozusagen direkt im Gehirn. Deshalb sind die Farben auch so überwältigend schön und klar. Bei der Lichtpunkt- Meditation sind wir mit unserem Traumbewußtsein verbunden – gleichzeitig sind wir aber ganz bewußt! Das Gehirn „schaltet um" auf eine andere Ebene. Deshalb wird es Ihnen wahrscheinlich auch passieren, daß Sie – wenn Sie die Lichtpunkt-Meditation abends im Bett durchführen – schon während der Übung einschlafen (was durchaus ein schöner Nebeneffekt sein kann). Weiterentwickelte Formen der Lichtpunkt-Meditation können bei schweren Krankheiten eingesetzt werden – auch ein Zeichen dafür, daß die Lichtpunkt-Meditation Heilenergien weckt und mit Reiki verwandt ist!

Die Fern-Einstimmung zum Reiki-Kanal

Sie haben nun auch die Lichtpunkt-Meditation gemeistert, den schwersten Schritt zur Fern-Einstimmung. Die eigentliche Einstimmung ist jetzt nicht mehr schwer und dauert nur etwa eine Viertelstunde. Sie sollten sich allerdings deutlich mehr Zeit nehmen und sich geistig und körperlich ein wenig auf die Einstimmung vorbereiten.

Sie *müssen* keine besonderen Reinigungsrituale durchführen, meditieren oder fasten. Aber Sie *können* es natürlich tun: Es geht darum, daß Sie entspannt, freudig und mit positiven Gefühlen an die Einstimmung herangehen. *Wie* Ihnen das gelingt, wissen Sie wahrscheinlich selbst am besten.

Wir raten Ihnen, die Fern-Einstimmung an einem Wochenende durchzuführen – aus folgendem Grund: Sie beruht, wie zuvor beschrieben, auf dem Prinzip der Wirkung eines morphogenetischen Feldes, das durch die vielen stattfindenden Einweihungen auf der ganzen Welt aktiviert und intensiviert wird. Erst dadurch sind Fern-Einweihungen möglich. Nun ist es so, daß an Wochenenden die meisten Einweihungen stattfinden. Deshalb ist auch die Fern-Einweihung an einem Wochenende am leichtesten, wenn Sie sich in die verstärkte Energie, die im Umlauf ist, „einklinken".

Wie läuft nun die eigentliche Fern-Einstimmung ab? Äußerlich gesehen ist sie – wie auch die direkten Einstimmungen – ziemlich ereignislos. Doch innerlich werden Sie durch die Einstimmungen zum ersten Reiki-Grad reicher und erfüllter werden. Auf den folgenden Seiten werden Sie immer wieder auf vier japanische *Kanji*-Schriftzeichen stoßen. Diese Symbole helfen Ihnen dabei, den Reiki-Kanal zu öffnen. Ihre Namen und Bedeutungen lauten:

Abb. 5: (jinja no) ai: Tempel der Liebe

Abb. 6: (jinja no) chie: Tempel der Weisheit

Abb. 7: (jinja no) ki: Tempel des Geistes

Abb. 8: (jinja no) itchi: Tempel der Ganzheit

Die Symbole *ai, chie, ki* und *itchi* beziehen sich auf die vier oberen Chakren, die bei den Einstimmungen angesprochen werden. Diese Symbole sollten Sie bei der Fern-Einstimmung zum ersten Grad visualisieren. Sie müssen sie sich also zusammen mit ihren Namen einprägen. Während des Fern-Einstimmungsrituals sprechen Sie dann diese Namen (laut oder innerlich) als Mantren, während Sie Ihre Hände auf das entsprechende Chakra legen und einen Lichtpunkt der mit dem Chakra assoziierten Farbe visualisieren.

Mit dem ersten (grünen) Licht öffnen Sie Ihr Herzchakra, *jinja no ai,* den „Tempel der Liebe". Mit dem zweiten Licht öffnen Sie *jinja no chie,* das Kehlchakra. Mit dem dritten Licht öffnen sie *jinja no ki,* das Stirnchakra, und mit dem vierten (weißen) Lichtpunkt sowie dem Mantra *jinja no itchi* – „Tempel der Ganzheit" – öffnen Sie das Scheitelchakra und werden zum Reiki-Kanal. – Das ist doch gar nicht so schwer!

Fassen wir den Ablauf der Fern-Einstimmung zum ersten Reiki-Grad noch einmal zusammen. Voraussetzung ist, daß Sie die vier Symbole, ihre Namen und die zu den vier oberen Chakren gehörigen Farben kennen und die Lichtpunkt-Meditation beherrschen. Wenn dies der Fall ist, nehmen Sie sich etwas Zeit, sorgen Sie für ungestörte Ruhe und eine angenehme Atmosphäre. Dann können Sie beginnen:

- Schließen Sie die Augen und legen Sie beide Hände auf das Herzchakra.
- Wiederholen Sie laut oder leise das Mantra *jinja no ai*. Visualisieren Sie dabei das Symbol *ai*.
- Versuchen Sie nun, einen *grünen* Lichtpunkt zu visualisieren. Sobald er aufleuchtet, ist Ihr Herzchakra geöffnet.
- Legen Sie beide Hände an den Hals über das Kehlchakra.
- Sprechen Sie das Mantra *jinja no chie* und visualisieren Sie das Symbol chie.
- Visualisieren Sie einen *blauen* Lichtpunkt. Dieser öffnet Ihr Kehlchakra.
- Nun legen Sie die Hände über Ihr Stirnchakra.
- Wiederholen Sie das Mantra *jinja no ki* und visualisieren Sie das Symbol *ki*.
- Dazu visualisieren Sie ein *violettes* Licht, mit dem Sie Ihr Stirnchakra öffnen.
- Jetzt legen Sie die Hände auf Ihren Kopf über das Kronenchakra.
- Sie sprechen das Mantra *jinja no itchi* und visualisieren das Symbol *itchi.*
- Visualisieren Sie nun ein *weißes* Licht. Dadurch öffnet sich nun auch Ihr Kronenchakra.

Sie spüren jetzt, wie sich die geöffneten Chakren verbinden und eine neue Qualität der Energie durch Sie hindurchfließt – die Reiki-Kraft[1]. Sie sind nun Reiki-Kanal und können die Energie über Ihre Hände ausstrahlen! Sie aktivieren die Kraft ganz einfach, indem Sie daran denken – mehr ist nicht notwendig.

Geben Sie in den nächsten Tagen sich selbst und anderen so oft wie möglich Reiki und machen Sie Gebrauch von der wunderbaren Kraft.

[1] Sorgen Sie sich nicht darum, daß Sie die richtige Farbe treffen. Wenn Sie die Farbe eines Chakras auch nur *ungefähr* visualisieren, wird das entsprechende Chakra seine Farbe „automatisch“ anziehen.

Kapitel 5: Heilung durch Reiki

Rechtliche und persönliche Voraussetzungen

Wenn Sie Ihre Freunde und Bekannte mit Reiki behandeln wollen, so steht dem eigentlich nichts im Wege. Alles, was Sie benötigen, ist der Wunsch, anderen Menschen zu helfen und die Einstimmung in Reiki (oder die Fern-Einstimmung). Weder sind medizinische Vorkenntnisse Voraussetzung dafür, noch ist es notwendig, daß Sie um die Diagnose wissen oder sie sogar selbst stellen. Reiki fließt von selbst an die Stellen, an denen es benötigt wird.

Dennoch sollten Sie sich stets bewußt sein, daß Sie durch eine Behandlung auch immer eine gewisse Verantwortung übernehmen. Wenn sich jemand mit der Bitte um Hilfe an Sie wendet, bringt er Ihnen ein Vertrauen entgegen, dem Sie gerecht werden sollten.

Dies gilt natürlich ganz besonders dann, wenn Sie beruflich mit Reiki kranke Menschen behandeln oder wenn Sie selbst Reiki-Seminare geben. Dann haben Sie sogar eine Verantwortung übernommen, die Sie sich ja immerhin bezahlen lassen. Ihre Patienten oder Schüler haben ein Recht darauf, daß Sie persönlich alles tun, was in Ihrer Macht steht.

Natürlich kann das nicht bedeuten, daß Sie ein großer Weiser und Heiliger sein müssen; ebensowenig heißt es, daß jede Krankheit und jedes Problem, das Sie behandeln, sofort verschwindet. Es ist auch normal, daß Sie während der ersten Reiki-Seminare, die Sie abhalten, weniger entspannt und erfahren sind als nach einigen Jahren der Praxis. Wirklich wichtig ist das Wissen um die eigenen Grenzen, um die Grenzen von Reiki und vor allem das aufrichtige Bemühen sowie das Interesse an den Menschen, mit denen Sie umgehen.

Sinnvollerweise setzt auch die Rechtsprechung hier gewisse Grenzen. Nicht jeder darf nach Belieben berufsmäßig heilkundlich tätig sein. Nun mag man darüber streiten, ob im Fall von Reiki irgendwelche rechtliche Beschränkungen gerechtfertigt sind. *Kennen* sollte man die Rechtslage aber auf jeden Fall.

Wenn Sie Reiki in Kursen und Seminaren weitervermitteln wollen, gibt es keinerlei juristische Bedenken. Allerdings dürfen Sie keinesfalls Krankheiten diagnostizieren oder behandeln! Aber das ist ja auch nicht das Ziel eines Reiki-Kurses. Wenn ein Teilnehmer unter Beschwerden leidet, wird ihm der Kurs ohnehin guttun, da er in dieser Zeit viel Reiki bekommt. Wenn seine Beschwerden sich dann lindern, ist das natürlich ein begrüßenswerter Nebeneffekt; doch das Seminar darf nicht als heilkundliche Behandlung angekündigt werden, selbst dann nicht, wenn Sie Heilpraktiker sein sollten (Verbot der Ausübung der Heilkunde im Umherziehen).

Wenn Sie Reiki in einer Praxis zur Behandlung von Beschwerden und – auch psychischer – Krankheiten einsetzen wollen, können Sie dies nur tun, wenn Sie entweder Arzt, Psychologe oder Heilpraktiker sind. Dies ist auch insofern sinnvoll, als jemand, den Menschen mit den unterschiedlichsten Krankheiten, Beschwerden und Problemen aufsuchen, wenigstens über einige diagnostische Grundkenntnisse verfügen sollte. Zwar ist für den Einsatz von Reiki kein medizinisches Wissen nötig, doch manche Probleme bedürfen unbedingt einer symptomatischen Behandlung, die Reiki nicht leisten kann.

Die Voraussetzungen für eine Tätigkeit als Arzt sind ein mit dem Staatsexamen abgeschlossenes Studium der Humanmedizin und die Approbation, die Zulassung als Arzt; der Doktortitel ist keine Bedingung dafür.

Als Psychologe müssen Sie an einer Hochschule das Studium der Psychologie mit der Diplomprüfung abgeschlossen haben. Ein Diplom-Psychologe kann dann auf dem zuständigen Gesundheitsamt die „Erlaubnis zur Ausübung der Heilkunde durch Diplom-Psychologen" beantragen. Verständlicherweise ist dabei die Erlaubnis auf die Anwendung psychotherapeutischer Methoden beschränkt. Reiki, das nach den schulmedizinischen Kriterien wissenschaftlich nicht nachweisbar ist, kann ein Psychologe auch ohne weiteres als ein psychotherapeutisches Verfahren deklarieren und anwenden.

Heilpraktiker wird man, indem man sich der „Heilpraktikerprüfung" des Gesundheitsamtes stellt. Bei Bestehen wird die „Erlaubnis zur beruflichen Ausübung der Heilkunde ohne Bestallung" erteilt. Weitere Voraussetzungen sind ein Mindestalter von 25 Jahren und ein einwandfreier Leumund. Der Heilpraktiker unterliegt im Gegensatz zum Arzt einigen Beschränkungen:

- Er darf die Heilkunde nicht im Umherziehen oder bei Vorträgen ausüben.
- Er darf keine zahnheilkundlichen Behandlungen vornehmen.
- Er darf keine Geschlechtskrankheiten oder Leiden der Geschlechtsorgane behandeln oder untersuchen.
- Er darf keine übertragbaren Krankheiten behandeln, die im Bundesseuchenschutzgesetz in den §§ 3 und 45 genannt sind (dazu gehören auch die Kinderkrankheiten, Masern, Röteln usw.).

Bei der Wahl seiner Heilverfahren ist der Heilpraktiker theoretisch frei und kann selbstverständlich Reiki als Behandlungsmethode einsetzen. Die meisten professionellen Reiki-Therapeuten sind Heilpraktiker.

Die Vorbereitungen des Behandelnden

Für eine Reiki-Behandlung sind eigentlich keine großen Vorbereitungen nötig. Sie könnten also gerade von einem anstrengenden Einkauf nach Hause kommen, einen leichten Schnupfen und klebrige Hände von den Hustenbonbons haben und noch dazu eine ziemliche Wut auf Ihren Vorgesetzten mit sich herumschleppen – und trotzdem steht einer sofortigen Reiki-Behandlung nichts im Wege! Wir sagen es noch einmal: Reiki fließt immer – und stets positiv –, wenn der Reiki-Kanal einmal durch die Einstimmungen des ersten Grades geöffnet worden ist.

Dennoch empfehlen wir Ihnen, nicht so wie oben beschrieben in eine Reiki-Sitzung zu gehen. Dafür gibt es mehrere Gründe:

- Da man bei einer Reiki-Behandlung andere Menschen berührt, sollten allein schon aus hygienischen Gründen die Hände vor der Behandlung gewaschen werden.
- Wenn man selbst gerade an einer ansteckenden Krankheit leidet, sollte man nicht behandeln, um den anderen nicht zu gefährden –

selbst wenn Reiki die Ansteckungsgefahr zwar mindert, aber eben auch nicht immer verhindern kann.

- Während einer Reiki-Behandlung sollte der Behandelnde entspannt und ruhig sein, da Reiki dann nicht nur stärker fließt, sondern auch vom Klienten besser wahrgenommen wird.
- Wenn negative Gefühle vorherrschen, sollte nicht behandelt werden; Reiki selbst ist zwar immer positiv, aber über psychologische Mechanismen und die Körpersprache kann sich eine negative Stimmung auf den Klienten übertragen.

Natürlich ist es nicht nötig, daß sich der Behandelnde absolut glücklich fühlt, vollkommen entspannt und kerngesund ist – sonst könnten wohl nur sehr wenige Menschen Reiki geben. Doch sollten wir versuchen, eine Reiki-Sitzung so angenehm wie möglich – sowohl für unseren Klienten, als auch für uns selbst – zu gestalten. Um dies zu erreichen, können wir uns vor einer Behandlung eine Viertelstunde Zeit nehmen und:

- meditieren;
- eine Entspannungsübung machen;
- eine Atemübung durchführen;
- uns dehnen und strecken oder Yoga üben;
- singen oder musizieren (oder auch Musik hören);
- die Behandlung schon einmal im Geist durchgehen;
- Chakren (und Handchakren) stärken[1];
- uns duschen und bequeme Kleidung anziehen.

Wichtig ist, daß Sie sich wohlfühlen, wenn Sie jemanden behandeln, und daß Sie mit dem Gefühl und der Aussicht an die Behandlung herangehen, daß auch Sie selbst sich danach besser fühlen werden. Sie selbst wissen wahrscheinlich genau, wie Sie das für sich erreichen können, und deshalb wollen wir es bei den oben genannten Tips belassen.

Bisher haben wir von der persönlichen Vorbereitung gesprochen. Man kann zusätzlich auch die äußeren Umstände der Reiki-Behandlung angenehmer gestalten:

---

[1] Vgl. die Übung ab Seite 108.

- Der Behandlungsraum sollte vorher kurz gelüftet werden.
- Die Zimmertemperatur sollte so warm sein, daß der Klient auch nach einer Stunde stillen Liegens nicht ausgekühlt ist. Halten Sie eine Decke bereit.
- Sorgen Sie dafür, daß Sie während der Behandlung nicht gestört werden. Stecken Sie das Telefon aus, schalten Sie die Türklingel ab und hängen Sie ein Schild „Bitte nicht stören – Reiki" an die Tür des Behandlungszimmers.
- Schaffen Sie mit leiser Musik, warmem, nicht zu grellem Licht und ätherischen Duftölen (z.B. Neroli für körperlich-geistig-seelische Harmonie; Kiefer gegen Selbsttäuschungen; Myrrhe für die Intuition) eine angenehme Atmosphäre.

Die Vorbereitung des Klienten

Auch für den Klienten gilt, daß er sich nicht unbedingt auf die Behandlung vorbereiten muß. (Von diesem zu verlangen, gesund, entspannt und mit positiven Gefühlen in die Behandlung zu gehen, wäre ja geradezu absurd!) Eine Vorbereitung halten wir jedoch durchaus für nützlich, und zwar in Form der Aufklärung und Information über die Behandlung durch den Reiki-Geber. Wenn Sie häufig oder sogar professionell mit Reiki behandeln, ist es wohl am sinnvollsten, ein Informationsblatt auszuarbeiten, das Sie dann vervielfältigen können und immer bereithalten.

Vermeiden Sie dabei esoterische oder heilkundliche Fachausdrücke, erklären Sie nur kurz den Ablauf der Behandlung, wie lange sie dauert, und weisen Sie darauf hin, daß der Klient bequeme Kleidung tragen und möglichst ein bis zwei Stunden vor der Behandlung keine Mahlzeit einnehmen sollte.

Die Reiki-Behandlung

In den Seminaren zum ersten Reiki-Grad wird meistens eine Grundbehandlung für den gesamten Körper gezeigt und geübt, bei der die Hände des Behandlers 20 verschiedene Positionen einnehmen. Dabei werden die Körpervorder- und rückseite vom Kopf bis zu den Füßen behandelt.

Diese Behandlungsform bietet insbesondere für den Reiki-Neuling einige Vorteile. Sie stellt sicher, daß sich der Behandelnde auf möglichst viele Körperstellen konzentriert und dabei lernt, die energetischen Vorgänge besser wahrzunehmen. Der Reiki-Empfänger spürt durch den häufigen Wechsel der Positionen, daß der Behandelnde bei der Sache ist und systematisch vorgeht. Dadurch daß so viele Körperstellen berührt werden, findet auch der für den Energiefluß noch nicht so sensible Reiki-Schüler mit Sicherheit einen für Reiki besonders durchlässigen Bereich.

Im folgenden sollen kurz die traditionellen Positionen einer Reiki-Behandlung beschrieben werden. Wir haben uns dabei relativ kurz gefaßt, da unserer Ansicht nach die Positionen nicht das Entscheidende sind; Reiki fließt schließlich ohnehin immer dorthin, wo es benötigt wird. Der Behandelnde sollte seiner Intuition so weit wie möglich vertrauen.

Für Fortgeschrittene (aber auch für alle interessierten Neulinge) möchten wir jedoch eine andere, noch effektivere und intensivere Möglichkeit einer Reiki-Behandlung eingehend beschreiben, die sich auf energetisch besonders aktive Stellen, u.a. die Chakren, konzentriert.

Die traditionelle Reiki-Ganzbehandlung

Die Hände werden hierbei für jeweils fünf Minuten auf die unten beschriebenen Körperstellen aufgelegt; bitte geben Sie jedoch Ihrer Intuition die Chance, Ihre Hände auch anderswohin zu führen.

Der Klient liegt auf dem Rücken, der Behandelnde steht am Kopfende:

1. Augen:
Die Hände des Behandelnden liegen mit den Handballen auf der Stirn und mit den Fingern auf den Wangen des Klienten.

2. Schläfen:
Die Hände werden an der Seite des Kopfes aufgelegt, so daß sich die

Schläfen unter den Fingern und die Handballen auf dem Schädeldach befinden. Die Finger weisen zum Kinn.

3. Ohren:
Aus der vorangegangenen Position rutschen die Hände ein wenig nach unten und vorne, so daß die Handballen die Ohren bedecken.

4. Hinterkopf:
Die Hände bilden eine Schale, in der der Hinterkopf liegt.

5. Schädeldecke:
Beide Hände werden quer über die Schädeldecke gelegt, wobei die Handballen auf der linken Seite liegen und die Fingerspitzen nach rechts weisen. Die Scheitellinie sollte die Hände in der Mitte kreuzen.

6. Obere Brust (Thymus):
Die Hände liegen auf der oberen Brust, so daß die Zeigefinger dem Verlauf des Schlüsselbeins folgen.

Der Behandelnde wechselt nun von der Kopfposition an die linke Seite des Klienten.

7. Brustbein:
Die rechte Hand liegt quer auf der oberen Brust, die Handaußenkante am Halsansatz; die linke Hand liegt über dem Brustbein, so daß die Finger zum Hals weisen.

8. Leber:
Die Hände liegen nebeneinander über der Leber, also auf der rechten Seite; die linke Hand unterhalb des Rippenbogens, die rechte auf den unteren Rippen.

9. Linke Seite:
Aus der vorangegangenen Position rutschen die Hände einfach auf die linke Seite hinüber.

10. Bauch:
Die Hände gleiten nun zur Mitte des Körpers. Die Fingerspitzen liegen dabei über der Leber, die rechte Handfläche über dem Solarplexus, die linke über dem Nabel.

11. Unterbauch:
Die Hände liegen in einer T-Stellung auf dem Unterleib, so daß die

Finger der rechten und der Ballen der linken Hand knapp oberhalb des Schambeins liegen.

Der Klient legt sich nun auf den Bauch; der Behandelnde behält seine Position bei.

12. Schultern:
Beide Hände liegen auf den Schultergelenken.

13. Halswirbelsäule:
Die rechte Hand liegt auf dem unteren Hinterkopf, die linke Hand auf der unteren Halswirbelsäule.

14. Schulterblätter:
Die Hände des Behandelnden liegen auf den Schulterblättern auf.

15. Nieren:
Die Hände liegen auf den Nieren, ca. eine Handbreit unterhalb der Schulterblätter.

16. Hüfte:
Die Hände liegen etwa zur Hälfte auf dem Gesäß.

17. Kreuzbein:
Die Stellung der Hände ähnelt der V-Stellung aus Position 11: Die rechte Hand liegt dabei quer über dem Kreuzbein, während die linke auf dem Steißbein liegt.

18. Oberschenkel:
Die Hände liegen auf den Oberschenkeln, knapp unterhalb des Gesäßes.

19. Kniekehlen:
Die Hände liegen auf den Kniekehlen des Klienten.

20. Fußsohlen:
Die Hände liegen flach auf den Fußsohlen, so daß die Finger mit den Zehen abschließen.

Die Behandlungsdauer beträgt etwa eineinhalb Stunden, wenn Sie den ersten Grad haben; mit der verstärkten Kraft des zweiten Grades und der Anwendung des Kraft-Symbols verkürzt sich die Behandlung auf ca. 20 Minuten. Die Hände des Behandelnden verweilen dann für jeweils eine Minute in jeder Position.

Denken Sie jedoch daran, daß auch diese Zeitangaben lediglich Orientierungshilfen sind und keine Vorschriften. Wenn Sie spüren, daß eine bestimmte Stelle sehr viel Energie benötigt, sollten Sie nicht aus Zeitgründen die Position wechseln, sondern so lange dort Reiki geben, bis Sie das Gefühl haben, daß eine gewisse Harmonie hergestellt ist.

Die Energie-Behandlung

Wir haben zuvor schon angedeutet, daß es eine sehr effektive Methode gibt, Reiki zu geben, nämlich indem man sich bei der Behandlung auf Körperstellen konzentriert, die für die Energie besonders aufnahmefähig sind. Das sind zum einen die Chakren, zum anderen bestimmte besondere Bereiche, beispielsweise die Füße (an denen sich die Energiekanäle der Fußreflexzonen öffnen).

Bei der Energie-Behandlung werden den Klienten die Hände nicht aufgelegt, sondern in einem Abstand vom Körper gehalten, der wenige Millimeter bis Zentimeter beträgt. Jeder Körper – so auch der menschliche – ist von einem elektromagnetischen Feld (Aura) umgeben, in der Energie – auch die Reiki-Energie – besonders gut fließt. Wenn die Hände Reiki in dieses Feld abgeben, kann es intensiver wirken, deshalb ist ein leichter Abstand der Hände auch bei der traditionellen Behandlungsweise im Prinzip empfehlenswert:

Der Vorteil des direkten Handauflegens besteht darin, daß der Klient den Kontakt besser wahrnimmt, was für die psychologische Komponente einer jeden Behandlung wichtig ist. Wenn der Reiki-Geber jedoch sehr erfahren und für die Energie gut durchlässig ist oder wenn er bereits den zweiten Reiki-Grad besitzt, wird der Energiestrom mit einigem Abstand für den Klienten deutlich wahrzunehmen sein. Außerdem muß, wenn die Hände nicht direkt aufliegen, nicht auf Hautverletzungen oder Hautkrankheiten geachtet werden. Eigentlich sollte man in diesem Fall nie die Hände direkt auflegen.

Wir haben schon des öfteren von der Bedeutung der Intuition gesprochen: Auch was den Abstand Ihrer Hände zum Körper des Reiki-Empfängers betrifft, empfehlen wir Ihnen, Ihrer Intuition zu folgen.

Die wichtigsten Energiezentren sind die Chakren, über die Sie bereits in dem entsprechenden Kapitel ab Seite 59 einiges erfahren haben. Es gibt nun zwei Möglichkeiten einer Reiki-Behandlung der Chakren. Die erste, grundlegende Methode besteht darin, die Chakren zu stärken und ihre Energie zu verfeinern. Dabei bilden die Hände eine hohle Halbkugel, die nach dem Prinzip eines Parabolspiegels die Reiki-Energie der Handchakren bündelt und verstärkt. Dabei gibt es zwei Varianten: Entweder liegen die Hände an Daumen und Zeigefingern aneinander (Foto):

oder die linke liegt über der rechten Hand (Foto):

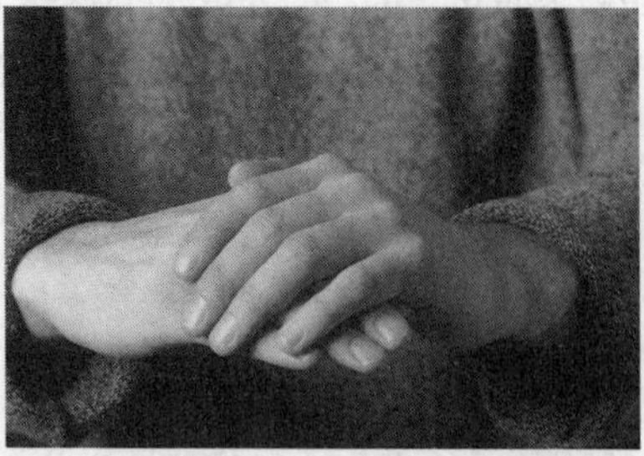

Probieren Sie aber ruhig auch andere Möglichkeiten aus und versuchen Sie zu spüren, welche Haltung Ihnen am ehesten zusagt.

Die Positionen

1. Scheitelchakra
2. **Stirnchakra** (Foto)

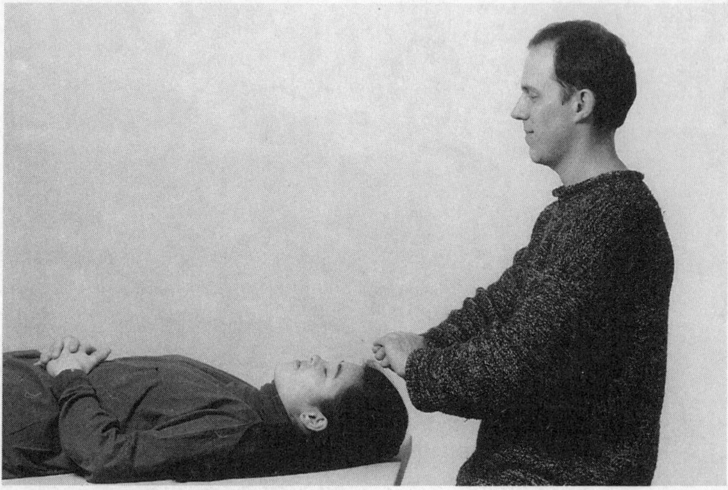

3. Kehlchakra
4. **Herzchakra** (Foto)

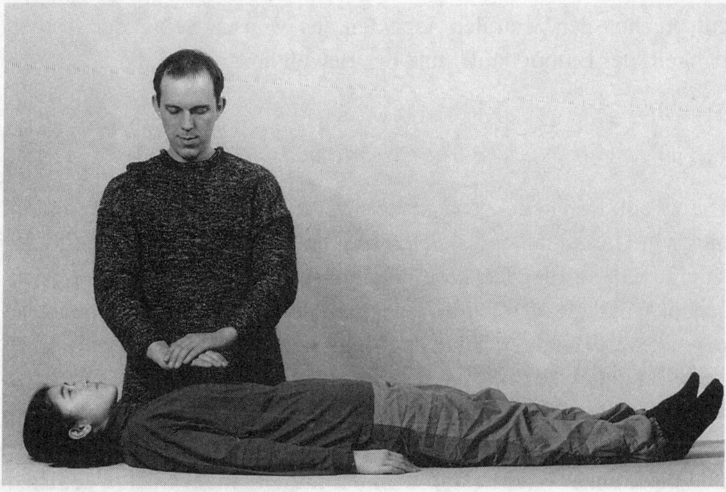

5. Nabelchakra
6. **Sakralchakra** (Foto)
7. Wurzelchakra

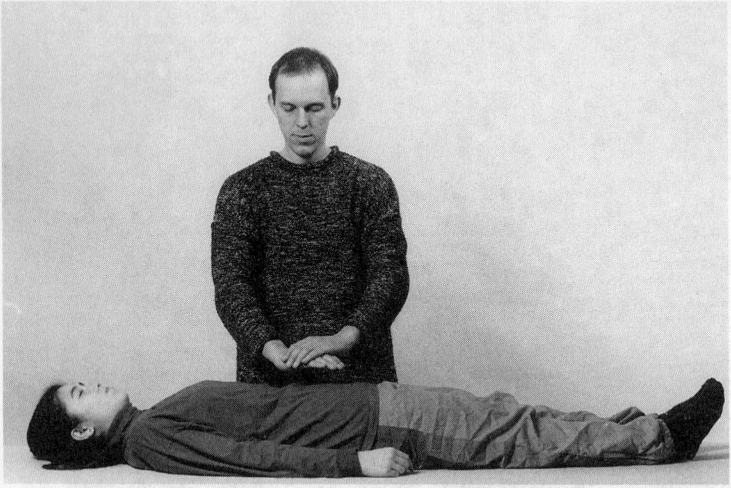

Die fett gedruckten Chakren – das Stirn-, Herz- und Sakralchakra – sind besonders wichtig und sollten vorrangig behandelt werden. Sie entsprechen den zentralen Aspekten des Mensch-Seins: der Körperlichkeit, der Emotionalität und der Bewußtheit.

Die Chakren harmonisieren

Die zweite Behandlungsweise der Chakren besteht darin, sie miteinander in Harmonie zu bringen. Denn erst durch die koordinierte Zusammenarbeit aller Chakren wird man zum wahrhaft ganzen Menschen. Wenn die Verbindung zwischen den Chakren frei von Blockaden ist, werden alle Aspekte des Menschen zusammenwirken, um das volle Potential, die schlummernden Möglichkeiten und Chancen zu wecken.

Bei der Chakra-Harmonisierung werden die Hände verschiedentlich positioniert – jede Hand wird dabei über einem Chakra gehalten, und zwar so, daß die Finger geschlossen sind und die Hand leicht gewölbt ist, so daß sich wieder ein „Hohlspiegel" ergibt.

Für die sieben Hauptchakren gibt es die folgenden 21 Varianten, jeweils zwei Chakren miteinander zu harmonisieren:

1. Wurzelchakra mit Sakralchakra
2. Wurzelchakra mit Nabelchakra
3. Wurzelchakra mit Herzchakra
4. Wurzelchakra mit Kehlchakra
5. Wurzelchakra mit Stirnchakra
6. Wurzelchakra mit Scheitelchakra
7. Sakralchakra mit Nabelchakra
8. **Sakralchakra mit Herzchakra**
9. Sakralchakra mit Kehlchakra
10. **Sakralchakra mit Stirnchakra**
11. Sakralchakra mit Scheitelchakra
12. Nabelchakra mit Herzchakra
13. Nabelchakra mit Kehlchakra
14. Nabelchakra mit Stirnchakra
15. Nabelchakra mit Scheitelchakra
16. Herzchakra mit Kehlchakra
17. **Herzchakra mit Stirnchakra**
18. Herzchakra mit Scheitelchakra
19. Kehlchakra mit Stirnchakra
20. Kehlchakra mit Scheitelchakra
21. Stirnchakra mit Scheitelchakra

Natürlich haben diese 21 Positionen nicht alle dieselbe Bedeutung, und man wird nur in ausgesprochen schweren Fällen alle Positionen behandeln. Wir haben die drei Kombinationen von Sakral-, Herz- und Stirnchakra, die wir für besonders wichtig halten, hervorgehoben:

• Sakralchakra mit Herzchakra (Foto)

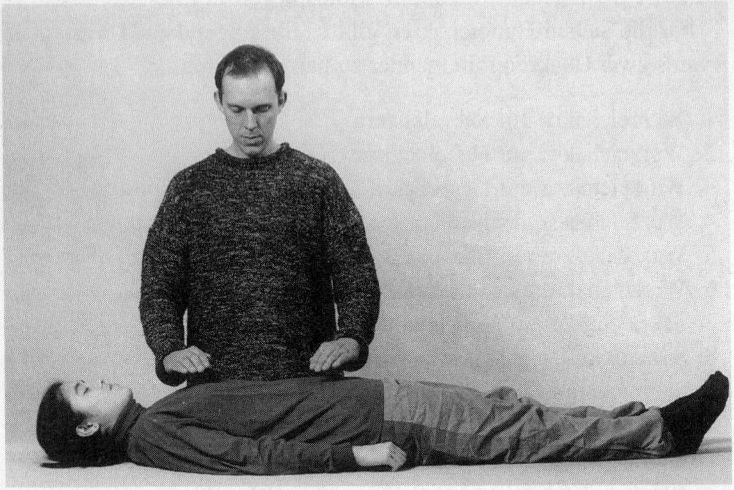

• Sakralchakra mit Stirnchakra (Foto)

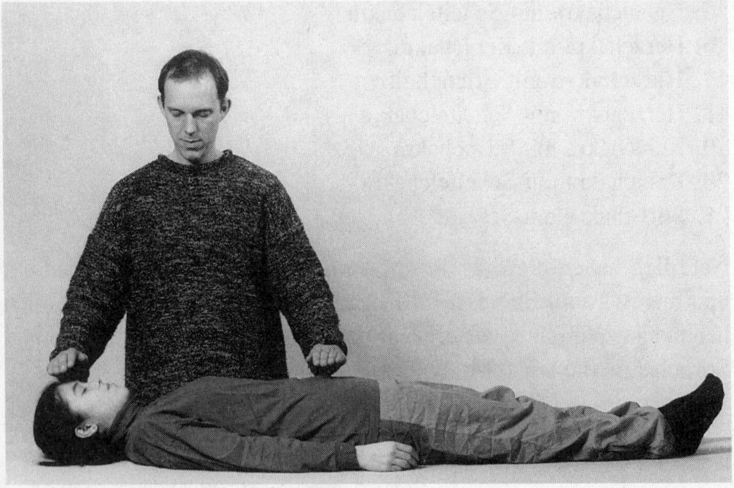

• Herzchakra mit Stirnchakra (Foto)

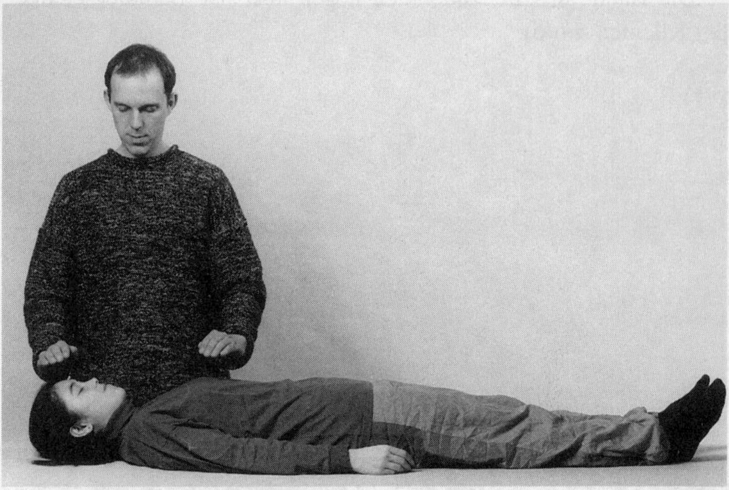

Diese drei Harmonisierungen führen vor allem zu einer Verbindung der drei Wesenskräfte Körperlichkeit, Emotionalität und Geistigkeit.

Die Sonderpositionen

Die folgenden vier Sonderpositionen führen die Hände an wichtige Energiepunkte des Körpers außerhalb der Chakren: an Schultern, Augen, Füße und Wirbelsäule.

Der Klient liegt auf dem Rücken, und der Behandelnde steht an dessen Kopfende.

1. Schultern:

Die Hände des Behandelnden liegen über den Schultergelenken des Klienten (Foto).

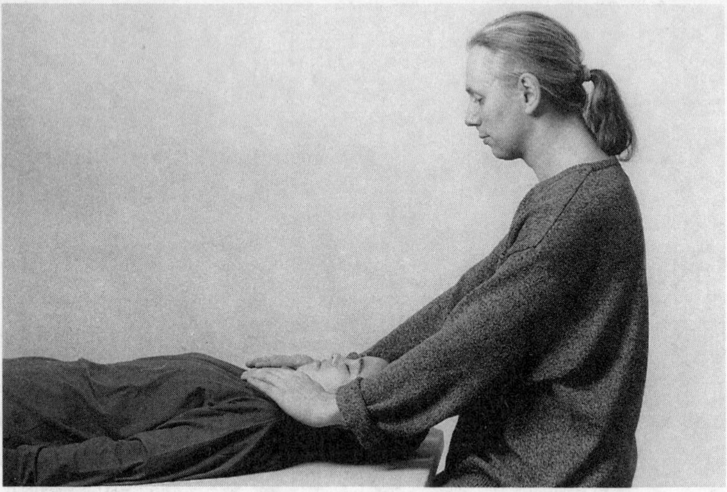

2. Augen:

Beide Hände bilden über den Augen des Klienten eine Halbkugel, so daß sich Daumen und Zeigefinger berühren (Foto).

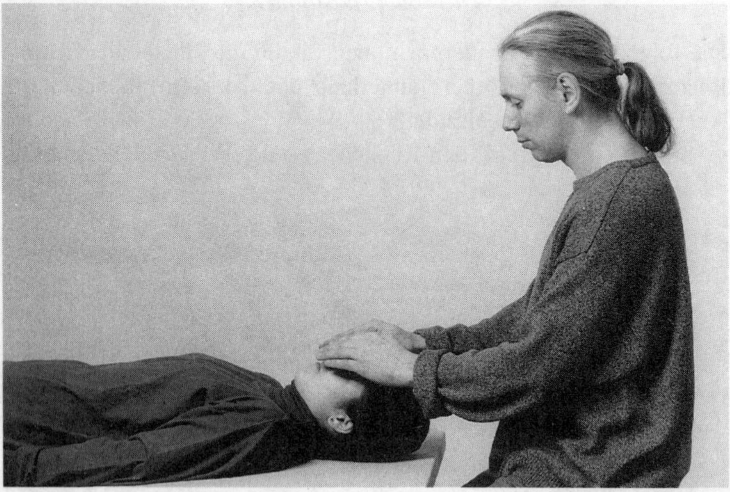

Der Klient dreht sich nun auf den Bauch, und der Behandelnde steht bei dessen Füßen.

3. Füße:

Die Hände des Behandelnden leiten die Reiki-Energie in die Fußreflexzonen des Empfängers (Foto).

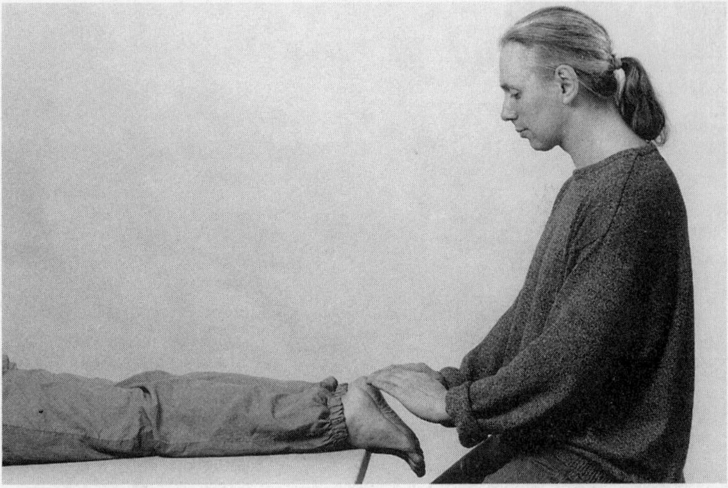

Der Klient liegt wieder auf dem Rücken, und der Behandelnde steht an seiner Seite.

4. Wirbelsäule:

Eine Hand liegt über dem Kreuzbein, die andere auf dem Nacken (Foto).

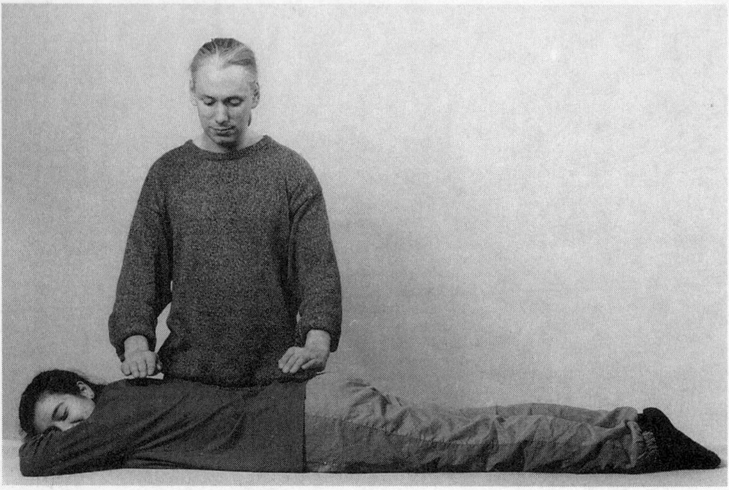

Behandlungsprogramme

Die folgenden Vorschläge für Behandlungsprogramme sollen nur als Anregungen dienen. Wann immer Ihre Intuition anderes fordert, weichen Sie ruhig von den beschriebenen Positionen ab. Sie können sich natürlich auch selbst ein Programm zusammenstellen oder völlig frei, intuitiv und individuell vorgehen – allerdings erst, wenn Sie bereits sehr viel Erfahrung haben.

Vollprogramm

In ganz besonders schweren Fällen, in denen eine sehr starke Zufuhr von Reiki notwendig erscheint, kann eine umfangreiche Vollbehandlung durchgeführt werden, die dem gesamten Energiekörper des Menschen konzentrierte Reiki-Kraft gibt. Dabei werden sämtliche Chakren und Sonderpositionen angesprochen und alle Chakren miteinander harmonisiert, was einen extremen Energieschub bedeutet. Bei sehr schweren Erkrankungen sollte man aber auch immer an eine Reiki-Gruppenbehandlung (siehe Seite 147) denken.

Die Vollbehandlung läuft folgendermaßen ab:

- Zunächst werden alle Chakren einzeln behandelt, wie bei der Chakra-Stärkung beschrieben. Beginnen Sie beim Scheitelchakra und arbeiten Sie sich bis zum Wurzelchakra vor.
- Danach werden die Sonderpositionen behandelt. Lassen Sie sich dabei etwas mehr Zeit als bei den Chakren.
- Schließlich werden alle Chakren miteinander harmonisiert. Dabei beginnen Sie mit der Position Wurzelchakra/Scheitelchakra. Lassen Sie eine Hand über dem Wurzelchakra liegen und wechseln Sie mit der anderen jeweils zu einem tieferen Chakra, bis Sie in der Position Wurzelchakra/Sakralchakra angelangt sind. Nun wechseln Sie in die Position Sakralchakra/Scheitelchakra. Wiederum arbeiten Sie sich tiefer, bis Sie in die Position Sakralchakra/Herzchakra kommen. Sie wechseln nun in die Position Herzchakra/Scheitelchakra usw. Die letzte Position ist Stirnchakra/Scheitelchakra.

Diese Vollbehandlung dauert etwa zweieinhalb Stunden, wenn Sie den ersten Reiki-Grad besitzen und immerhin noch mindestens 45

Minuten, wenn Sie den zweiten Grad haben. Es dürfte wohl klar sein, daß dies keine Behandlung für den Alltag darstellt. Nur bei sehr schweren Krisen ist es nötig, alle Chakren miteinander zu harmonisieren, da in solchen Fällen der Energiekreislauf schwer aus dem Gleichgewicht geraten ist und deshalb auch alle Nebenaspekte behandelt werden müssen.

Standardprogramm

Diese Behandlung wird im „Normalfall“ – also bei Krankheiten und Beschwerden, die sich einigermaßen in Grenzen halten – angewendet. Der Energiekörper des Reiki-Empfängers wird gestärkt, und die wichtigsten Energiezentren werden miteinander harmonisiert.

Der Ablauf des Standardprogramms ist folgender:

- Zunächst werden Stirn-, Herz- und Sakralchakra einzeln behandelt, wie bei der Chakra-Stärkung beschrieben.
- Dann werden die vier Sonderpositionen behandelt.
- Schließlich werden die drei bereits behandelten Chakren miteinander harmonisiert: Sakralchakra/Stirnchakra, Sakralchakra/Herzchakra, Herzchakra/Stirnchakra.

Dieses Programm ist bereits äußerst wirksam, und man wird es nur selten als nicht ausreichend empfinden. Es dauert jedoch bedeutend kürzer als die traditionelle Behandlung, die in der Stärke etwa vergleichbar ist. Für das Standardprogramm brauchen Reiki-Behandler mit dem ersten Grad ca. 40 Minuten, bei der Anwendung des Kraftsymbols lediglich zehn Minuten.

Kurzprogramm

Wenn Sie den zweiten Reiki-Grad besitzen, ist das Kurzprogramm eigentlich für Sie uninteressant; die zehn Minuten dafür werden Sie ja wohl meistens erübrigen können.

Beim Kurzprogramm liegt der Klient nicht, sondern er sitzt auf einem Stuhl. Die Behandlung erfolgt in zwei Schritten:

- Zunächst werden Stirn-, Herz- und Sakralchakra einzeln behandelt. Der Behandelnde steht bzw. sitzt dabei an der Seite des Klienten.

Eine Hand befindet sich vor dem Körper des Klienten, die andere dahinter. Die Hände werden so gehalten, daß das betreffende Chakra zwischen ihnen liegt (Foto).

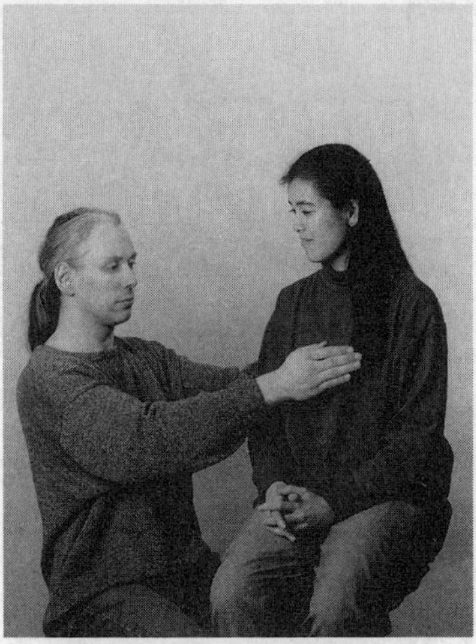

Anschließend wird eine Chakra-Harmonisierung durchgeführt, indem eine Verbindung zum Scheitelchakra aufgebaut wird: Eine Hand des Behandlers bleibt über dem Scheitelchakra des Klienten, während die andere nacheinander Sakral-, Herz- und Stirnchakra berührt (Foto).

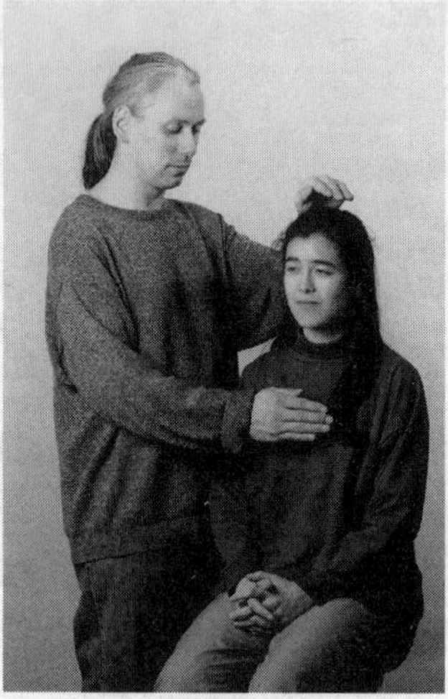

Das Kurzprogramm ist für alltägliche Beschwerden und leichtere Krankheiten gut geeignet. Die Dauer der Behandlung beträgt für Reiki-Geber mit dem ersten Grad ca. 20 Minuten, für jene mit dem zweiten Grad genügen fünf bis sechs Minuten.

Schnell- und Notfallposition

Diese Position empfiehlt sich, wenn es darauf ankommt, Reiki in kurzer Zeit zu geben, um eine akute Krise zu unterstützen (beispielsweise einen Schock) oder auch nur, weil man nicht viel Zeit hat.

Der Reiki-Geber steht dabei hinter dem Empfänger und hält seine Hände als Halbkugel über dem höchsten Punkt des Kopfes, wo sich das Scheitelchakra befindet (Foto). Da dieser Ort nicht nur besonders durchlässig für die universelle Lebensenergie ist, sondern darüber hinaus auch in Kontakt mit unserer Ganzheit steht, ist dies die beste einzelne Körperstelle, um eine Reiki-Energiebehandlung zu geben.

Bei Menschen, die sehr sensibel auf Energien reagieren, sind weitere Positionen mitunter überflüssig: Die Energie strömt unmittelbar durch das Scheitelchakra an die Stellen, an denen sie benötigt wird. So einfach kann Reiki sein!

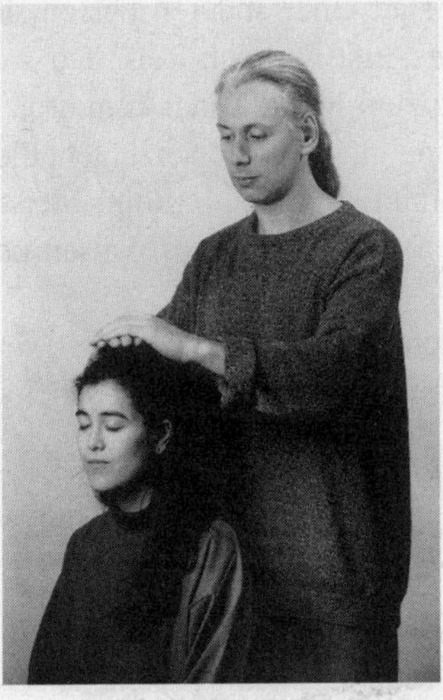

Kapitel 6:
Die Selbstbehandlung

Die Eigenbehandlung mit Reiki stellt nicht nur den Sonderfall dar, daß man statt einer anderen Person sich selbst behandelt. Vielmehr bedeutet es, erst wirklich Reiki-Do – den Reiki-Weg – zu gehen. Die Öffnung zum Reiki-Kanal kommt ja nun keiner „Abkürzung" zur Erleuchtung gleich und ersetzt nicht die eigenen Bemühungen um Vervollkommnung. Auch ein Reiki-Meister ist durch die Einweihung zum dritten Grad nicht zum Weisen oder Heiligen geworden!

Machen Sie es sich also zur Angewohnheit, sich selbst täglich Reiki zu geben. Die Zeit, die Sie sich selbst dabei schenken, haben Sie gut investiert:

- Ihre Gesundheit wird sich bessern und stabilisieren.
- Ihre Lebenszufriedenheit wird wachsen.
- Sie haben mehr Lebensenergie zur Verfügung.
- Ihr inneres Wachstum beschleunigt sich.
- Sie gewinnen in zunehmendem Maße an Selbstvertrauen und Ausstrahlung.
- Sie können Krisen leichter überwinden.

Für die Reiki-Selbstbehandlung empfehlen wir ein ähnliches Vorgehen, wie wir es bei der Reiki-Energiebehandlung vorgeschlagen haben. Die Hände werden also nicht direkt auf Organzonen gelegt, sondern in sehr geringem Abstand über den besonders aufnahmefähigen Chakren gehalten.

Dabei stärken Sie wiederum zunächst die Chakren und dann harmonisieren Sie diese miteinander.

Die Chakren stärken

Wie schon bei der Partnerbehandlung können wir uns in aller Regel auf die drei wichtigsten Energiezentren Sakral-, Herz- und Stirnchakra beschränken. Wenn Sie eine schwerere Krise oder Krankheit durchmachen, können Sie natürlich auch alle Chakren behandeln. Vertrauen Sie auch hier wieder Ihrer Intuition!

1. Stirnchakra
Legen Sie Ihre beiden Hände übereinander. Halten Sie die Hände vor die Stirn und spüren Sie dabei, wie der Energiestrom aus Ihren Händen sich in einem Punkt zwischen Ihren Augenbrauen konzentriert und wie Ihre Gedanken klarer, Ihre Wahrnehmung deutlicher und Ihre Intuition stärker werden (Foto).

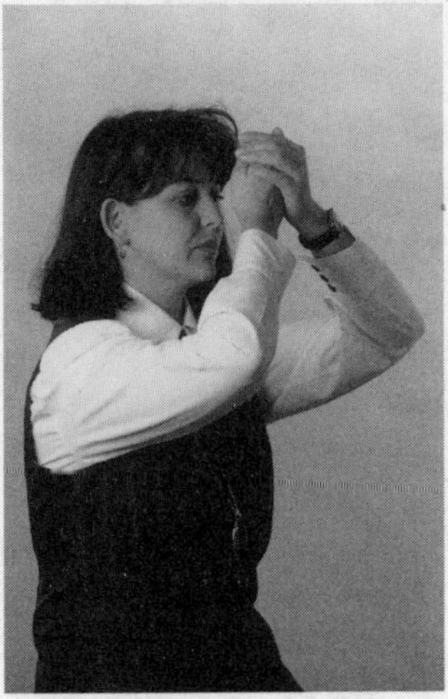

2. Herzchakra

Führen Sie Ihre Hände von der Stirn hinunter zum Herz. Spüren Sie, wie durch Ihre Hände ein wärmender Energiestrom in Ihr Herzzentrum fließt und ein liebevolles, warmes und schönes Gefühl hervorruft (Foto).

3. Sakralchakra

Führen Sie Ihre Hände vom Herzzentrum aus nach unten. Dabei drehen sich die Hände so, daß die Finger nun parallel zueinander liegen. Die „Schale“, die Ihre Hände bilden, liegt etwas unterhalb des Nabels. Spüren Sie, wie Ihnen Reiki neue Lebenskraft, innere Stärke und Selbstvertrauen verleiht (Foto).

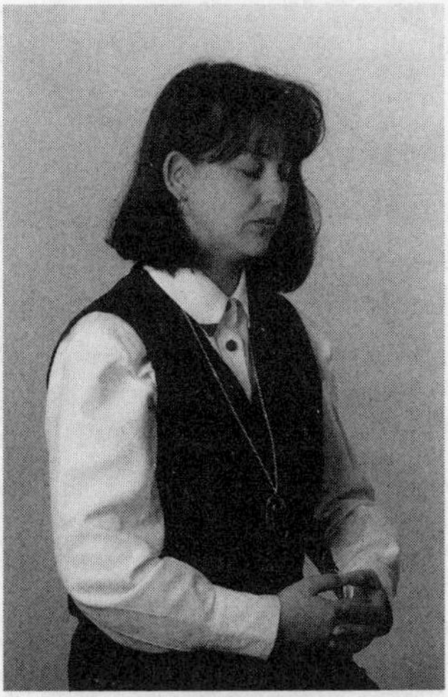

Die Chakren harmonisieren

Nun sollen die drei gestärkten Chakren noch miteinander in Harmonie gebracht werden, was besonders für das innere, seelische Wachstum, aber auch für eine wirklich ganzheitliche Gesundheit von großer Bedeutung ist.

1. Sakral/Stirn
Die rechte Hand liegt über dem Sakralchakra, die linke vor dem Stirnchakra (Foto).

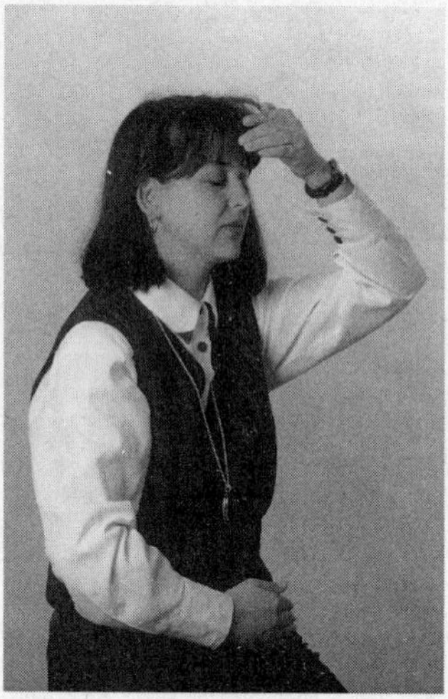

2. Stirn/Sakral

Rechte und linke Hand wechseln ihre Position.

3. Sakral/Herz

Die Hände wechseln wieder – die rechte liegt vor dem Nabelchakra, die linke vor dem Herzchakra (Foto).

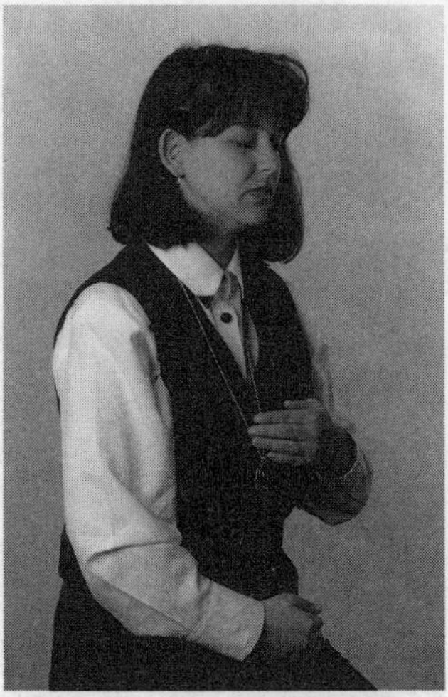

4. Herz/Sakral
Rechte und linke Hand wechseln ihre Position.
5. Herz/Stirn
Die rechte Hand bleibt auf dem Herz liegen, während die linke vor das Stirnzentrum wandert (Foto).
6. Stirn/Herz
Rechte und linke Hand wechseln ihre Position.

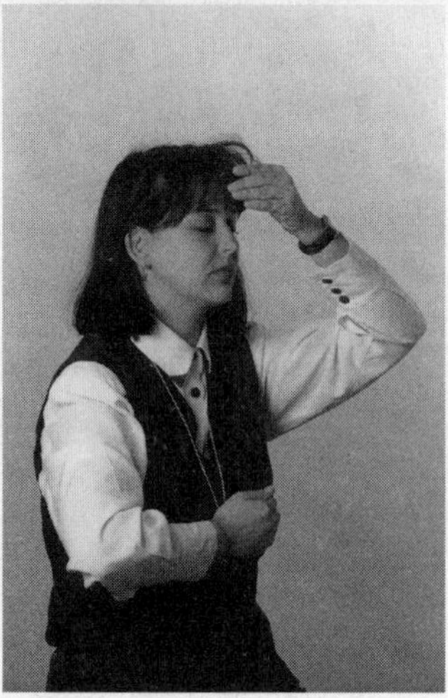

Halten Sie jede Position etwa zwei bis drei Minuten. Die gesamte Behandlungsdauer der soeben geschilderten Positionen zur Chakren-Stärkung und -Harmonisierung beträgt ca. 25 Minuten. Eine solche tägliche Selbstbehandlung wird Sie mit der vollen Wirkung der Reiki-Kraft vertraut machen. Selbstverständlich können Sie sich genauso gut jederzeit auch nur zwischendurch für eine Minute Reiki geben.

Für diese Schnellbehandlung können Sie die Hände einfach dort auflegen, wo Sie fühlen, daß es Ihnen guttut. Eine sehr wirkungsvolle Position (die deshalb auch oft in der Meditation eingenommen wird) ist die im Abschnitt „Die Chakren stärken" beschriebene Position 3, bei der die Energie das Vitalzentrum, das Sakralchakra, auflädt (siehe Seite 105). Gerade im Arbeitsalltag, in dem wir oft Reiki gegen Streß, Erschöpfung und Abgespanntheit brauchen könnten, ist diese Position sehr empfehlenswert. Zum einen kann Sie unauffällig und in beinahe jeder Situation eingenommen werden, zum anderen verleiht die Aufladung unseres Vitalfeldes die Kraft, gelassen und voller Selbstvertrauen durch den Tag zu gehen.

Kapitel 7: Fern- und Mentalbehandlung

Ab dem zweiten Grad verfügen wir über die erstaunliche Fähigkeit, die Reiki-Kraft zu bündeln, über räumliche und sogar zeitliche Entfernungen sowie auf mental-emotionaler Ebene zu geben. Dazu werden die Symbole des zweiten Grades verwendet, indem sie physisch oder geistig „gezeichnet" werden und laut oder leise dreimal der Name des Symbols als Mantra gesprochen wird. Die Reiki-Energie strahlt jetzt nicht nur verstärkt und gebündelt aus den Handchakren aus, sondern vor allem aus dem Scheitelchakra.

Die Ausrichtung der Energie auf eine bestimmte, physisch nicht anwesende Person erfolgt einfach durch Konzentration auf diesen Menschen und durch die Visualisierung der Symbole. Doch was, wenn wir den Betreffenden nicht persönlich kennen? Auch dann ist eine Fernbehandlung möglich. Wir müssen unsere Konzentration lediglich auf die Verbindung zu diesem bestimmten Menschen lenken können, beispielsweise:

- anhand eines Fotos des Betreffenden;
- nach einem Telefonat über seine Stimme;
- anhand seines genauen Wohnortes;
- anhand seines vollständigen Namens;
- mit Hilfe eines Gegenstandes, der dem Betreffenden gehörte;
- durch einen gemeinsamen Bekannten oder Freund.

Aber nicht nur räumliche, sondern sogar zeitliche Grenzen können nach der Einstimmung zum zweiten Reiki-Grad mit Hilfe des Raum-Zeit-Symbols überschritten werden. Diese Möglichkeit eröffnet natürlich gewaltige Chancen, aber unsere Vorstellungskraft scheint hier eine gewisse Barriere darzustellen. Ein paar zeitübergreifende Anwendungen gestalten sich allerdings relativ einfach und erzielen dennoch ganz überraschende Effekte:

- Geben Sie Ihrem vergangenen Selbst Reiki – vor allem dem Kind, das Sie einmal waren. (Vielleicht können Sie sogar noch weiter zurückgehen?)
- Behandeln Sie Ihre vergangenen Krisen mit Reiki.
- Geben Sie Ihrem zukünftigen Selbst Reiki.

Die Ergebnisse solcher raum-zeitlicher Selbstbehandlungen sind zum Teil wirklich verblüffend. Wenn Sie den zweiten Reiki-Grad besitzen, sollten Sie unbedingt damit arbeiten. Vielleicht fallen Ihnen aber auch noch andere Möglichkeiten ein? Probieren Sie es aus und experimentieren Sie, wie es Ihnen Ihre Intuition eingibt!

Auf die Einzelheiten der Fern- und Mentalbehandlung möchten wir hier nun nicht weiter eingehen, da diese nur nach der Einstimmung zum zweiten Grad durchführbar sind. Erst dann kann mit den Symbolen gearbeitet werden – es hätte also auch keinen Sinn, diese hier zu veröffentlichen, nur um der Neugier Genüge zu leisten.

Aber vielleicht haben Sie nun Lust auf den zweiten Reiki-Grad bekommen?

Kapitel 8: Probleme bei der Behandlung mit Reiki

Reiki ist keine Glaubenssache, aber …

Manchmal wird die Frage gestellt, ob Reiki auch bei Menschen wirkt, die nicht daran glauben. Es kommt sogar relativ häufig vor, daß Menschen, die mit Reiki behandelt werden wollen, Zweifel äußern, ob ihnen das wirklich helfen wird, da sie noch nicht voll und ganz überzeugt sind. Reiki-Schüler, die noch nicht so viele Erfahrungen mit der Reiki-Kraft gesammelt haben, verunsichert es dann natürlich stark, wenn Reiki ausgerechnet bei einem solchen Menschen tatsächlich nicht zu funktionieren scheint; wenn etwa nicht die geringste Besserung der Probleme eintritt und der Reiki-Empfänger sich nicht wohlfühlt.

Wie ist das zu erklären? Gibt es tatsächlich Fälle, in denen Reiki nicht funktioniert? – Nein, Reiki als solches funktioniert natürlich immer, doch nur, wenn es auch im konkreten Fall tatsächlich fließt. Und das geschieht immer dann *nicht*, wenn der Behandelte Reiki nicht empfangen will.

Vielleicht fragen Sie sich jetzt, wo denn da das Problem liegt: Wenn jemand kein Reiki empfangen will, sollte man schon aus ethischen Gründen gar nicht erst versuchen, es zu geben. Da dies eine Verletzung der Persönlichkeit wäre, fließt Reiki dann nämlich nicht, weil die stets positiv wirkende universelle Lebensenergie niemals eine solche Verletzung bewirken könnte. Die Schwierigkeit taucht dann auf, wenn der Klient auf bewußt-rationaler Ebene sehr gerne Reiki annehmen *würde*, es aber unterbewußt ablehnt. Bei Menschen, denen es sehr schwerfällt, wirklich zu vertrauen, kommt das ziemlich oft vor. Dann ist es wichtig, sich zunächst mit dem Problem der fehlenden Vertrauensbasis auseinanderzusetzen, bevor man die Reiki-Behandlung fortsetzt.

Wenn scheinbar keine Besserung der Probleme durch eine Reiki-Behandlung auftritt, so können jedoch auch andere Gründe dafür verantwortlich sein. Oft sind diese viel einfacher gelagert, werden aber gerade deswegen häufig übersehen. Der erste Grund mag einfach Ungeduld sein. Manchmal sind die Erwartungen, die an Reiki gestellt werden, einfach in gewisser Hinsicht zu hoch. Reiki kann zwar theoretisch jedes Problem und jede Krankheit auflösen, doch es dauert manchmal eine ganze Weile, bis tiefliegende Blockaden, die im Laufe von Jahren oder Jahrzehnten aufgebaut wurden, gelöst sind. Reiki wirkt von innen nach außen: Während innerlich bereits der Heilungsprozeß in Gang gesetzt ist, können die äußerlichen Symptome noch längere Zeit bestehen bleiben. Deshalb macht Reiki auch andere Heilmethoden nicht überflüssig.

Ein zweiter, ganz simpler Grund zeigt sich vielleicht darin, daß Klient und Behandler die Veränderung, die eingetreten ist, schlichtweg nicht erkennen. Das kann leichter passieren, als man denkt, und ist auch nicht weiter verwunderlich. Die meisten Menschen werden ja von einer Unzahl kleinerer und größerer Probleme geplagt. Wird nun ein Problem gelindert, treten andere sofort um so mehr in den Vordergrund.

Diese Ursache eines scheinbaren Mißerfolgs einer Reiki-Behandlung ist jedoch ganz einfach zu beheben: Behandler und Klient sollten jedes Mal vorab einen „Behandlungsvertrag" abschließen. Keine Angst, Sie müssen nicht gleich zum Notar. Es geht nur darum, *vor* der Behandlung festzuhalten, welche Beschwerden bestehen, und was als Besserung anzusehen wäre.

Diese Möglichkeit sollte bei jeder, insbesondere bei jeder professionellen Reiki-Behandlung unbedingt berücksichtigt werden. Mit dieser Gedächtnisstütze werden die Erfolge unübersehbar, was die Behandlung sowohl für den Empfänger als auch für den Behandler befriedigender macht.

Probleme nach einer Reiki-Behandlung

Manchmal kommt es vor, daß nach einer Reiki-Behandlung die Beschwerden, die sich eigentlich bessern sollten, nicht nur bestehenbleiben, sondern sich sogar verschlimmern. Dieses Phänomen ist auch aus anderen sanften Therapieformen wie der Bachblütentherapie bekannt.

Reiki-Praktizierende ohne längere Erfahrung sind verständlicherweise noch betroffener, wenn die Behandlung zu schaden scheint, statt zu nützen. Gerade an Reiki gehen wir ja mit dem Anspruch heran, die stets positive, heilsame universelle Lebensenergie zum Wohl des Reiki- Empfängers weiterzuleiten. Was für ein Schock stellt sich da ein, wenn Reiki plötzlich negativ zu wirken scheint! Wie kann man sich und dem besorgten Patienten das erklären?

Obwohl eine Verschlimmerung von bestehenden Beschwerden viel eindrucksvoller ist als ein einfaches scheinbares Versagen von Reiki, stellt selbst diese Verschlechterung eigentlich gar kein Problem dar. Wir haben ja bereits angedeutet, daß das Phänomen der Erstverschlimmerung nach einer Behandlung auch von anderen sanften Heilmethoden her bekannt ist. Ein verstärktes Auftreten bestehender Beschwerden ist kein Anzeichen, daß Reiki nicht wirkt oder gar schadet – ganz im Gegenteil!

Reiki bewirkt, daß sich Blockaden lösen und die Energien im Körper beginnen, freier zu fließen; der Behandelte wird gesünder. Allerdings geht dieser Auflösungsprozeß ziemlich häufig mit einer sogenannten „Heilkrise“ einher: Die Beschwerden „verpuffen“ nicht einfach, sondern müssen einen bestimmten Höhepunkt erreichen. Reiki beschleunigt und erleichtert diese Phase.

Heilkrisen sind immer ein Zeichen dafür, daß sich etwas Wichtiges tut – ebenso wie Krankheiten als Signale unseres Unterbewußtseins zu verstehen sind. Uns wäre mit Reiki wenig gedient, wenn es die Botschaft einfach auflösen würde. Statt dessen fördert es gerade diese Ausdrucksfunktion der Krankheit: Kurz nach der Behandlung kommen die aktuellen Probleme an die Oberfläche und werden dann meist als Verschlimmerung empfunden. Die Krankheit sagt noch deutlicher, um was es eigentlich geht. Die Wurzel der Krankheit ist allerdings bereits von Reiki aufgelöst worden, und bald werden auch die letzten Symptome verschwinden – die Krankheit hat ihren Zweck erfüllt.

Heilkrisen treten meist zwölf bis 24 Stunden nach der Reiki-Sitzung auf, verschwinden aber in den meisten Fällen innerhalb kurzer Zeit. Die Heilkrise kann mit Reiki-Behandlungen erleichtert werden, aber man sollte nicht versuchen, sie zu unterdrücken (was mit Reiki zwar nicht geht, aber durch die Begleitumstände, Gespräche oder manchmal auch durch selbstverordnete Medikamente).

Nun könnte eine Konsequenz aus dem Wissen um Heilkrisen sein, daß man seine Klienten darauf aufmerksam macht, sie also sozusagen „vorwarnt", daß sich ihre Beschwerden kurzfristig verschlechtern werden, bevor sie sich auflösen. Einige Reiki-Meister empfehlen dieses Vorgehen. Das Problem dabei ist nur, daß den Klienten unter Umständen erst eine Krise eingeredet wird. Sie erwarten eine Heilkrise, beobachten sich ängstlich, verspannen sich dabei und bauen neue Blockaden auf. Es ist keineswegs so, daß *immer* nach einer Reiki-Behandlung eine Heilkrise folgt; dies kommt zwar vor, aber in der Mehrzahl der Fälle tritt eben keine Krise auf.

Wir bieten daher Patienten an, daß sie sich bei Fragen und Problemen nach der Behandlung jederzeit an uns wenden können. In jenen Fällen, in denen tatsächlich eine Heilkrise auftritt, kann dann schnell die Ursache geklärt werden. Eine andere Möglichkeit besteht darin, auf die Kraft der Intuition zu vertrauen und die Menschen, bei denen man das Gefühl hat, sie könnten von einer Heilkrise betroffen werden, aufzuklären.

Die Wiederbelebung alter Probleme

Im Zusammenhang mit Heilkrisen können mitunter alte Probleme wieder zum Vorschein kommen. Trauer, Ängste und Sorgen, die scheinbar längst bewältigt waren, tauchen plötzlich aus einer dunklen Ecke des Unterbewußtseins wieder auf.

Im Prinzip gilt hier das, was wir bereits zu den Heilkrisen gesagt haben; ja, man könnte die Wiederbelebung alter Probleme auch als spezielle Form einer Heilkrise auffassen.

Sie bergen die große Chance in sich, Unverarbeitetes nachzuholen und einen gewaltigen Schritt in der persönlichen Entwicklung zu tun.

Mit Hilfe von Reiki können solche „Altlasten", die sich erneut in den Vordergrund drängen, viel leichter bewältigt werden – nutzen Sie also diese Gegebenheit!

Kapitel 9: Besondere Einsatzmöglichkeiten von Reiki

Reiki mit Tieren und Pflanzen

Die universelle Lebensenergie ist die Kraft, die alles Lebendige durchdringt und am Leben erhält – in gewissem Sinne ist sie das Leben selbst, die wahre Essenz des Lebens. Deshalb überrascht es nicht, daß auch Tiere und Pflanzen die Fähigkeit besitzen, Reiki zu empfangen. Sie sind ebenso Lebewesen wie wir – ihre weniger entwickelte Intellektualität bedeutet wahrhaftig nicht, daß sie weniger wert oder weniger lebendig wären. Wir können nicht anders, als hier anzumerken, daß es gerade in unserer Zeit äußerst wichtig ist, sich dies bewußtzumachen. Der Mensch hat mittlerweile schon einen großen Teil der Tier- und Pflanzenwelt unwiederbringlich vernichtet, und wir *müssen* uns der Bedeutung unserer Mitgeschöpfe bewußt werden, um selbst zu überleben.

Mit Hilfe von Reiki können wir mit unseren begrenzten Möglichkeiten wenigstens ein Geringes an den Lebewesen in unserer unmittelbaren Umgebung wiedergutmachen. Sie sind in der Lage, Ihren Haustieren und Zimmerpflanzen Reiki zu geben, aber auch kranken Lebewesen in der freien Natur. So können Sie bei jedem Spaziergang nicht nur frischere Luft atmen und sich in angenehmer Umgebung bewegen, sondern auch Reiki geben und empfangen.

Die Behandlung von Tieren

Die Behandlung von Tieren verläuft im Prinzip ganz genauso wie bei Menschen. Sogar die Chakren liegen zumindest bei den Säugetieren an denselben Stellen; sie können also auch die ab Seite 98 beschriebene Kurzbehandlung durchführen. Da Tiere kaum jemals energetische Blockaden gegen die Reiki-Behandlung haben und die Energie viel leichter aufnehmen als Menschen, können Sie Ihre Hände sogar noch kürzer auflegen.

Die Reiki-Arbeit mit Tieren ist besonders schön, da wir bei Tieren viel schneller den Energiefluß spüren. Wir werden dabei unsere Sensibilität und unsere Intuition fördern – schon allein deshalb, weil Tiere sich selbst und uns nichts vormachen: Bei der Behandlung unserer Katze oder unseres Hundes spüren wir genau, ob wir einfühlsam genug vorgegangen sind. Tiere können unsere Lehrmeister sein. Wenn Sie Ihren Haustieren Reiki geben, achten Sie doch einmal darauf, ob Sie nicht selbst spüren können, wann Ihr Tier genug davon bekommen hat. Wenn das der Fall ist, brechen Tiere eine Reiki-Behandlung von selbst ab, stehen auf und gehen fort. Merken Sie, wenn es soweit ist?

Sie können Reiki zur Behandlung aller Krankheiten unterstützend einsetzen. Aber Sie sollten bei deutlichen Krankheitssymptomen nicht zögern, den Tierarzt zu konsultieren. Auch bei Ihren Tieren kann eine primär symptomatische Behandlung nötig sein, bevor Reiki die Krankheit an ihrer Wurzel packt und von innen her auflöst.

Die Tatsache, daß die Reiki-Energie die Bereiche, die Energie benötigen, von selbst findet, stellt eine große Hilfe in bezug auf die Tiere dar – wenn man nicht, wie Franziskus von Assisi, regelmäßige Konversation mit ihnen pflegt ...

Aber abgesehen von der Heilung von Krankheiten können Sie Ihre Tiere natürlich auch mit Reiki behandeln, um ihr Wohlbefinden, ihr Vertrauen und ihre Gesundheit zu stärken. Tiere mögen das sehr gern, und wenn Sie Ihrem Haustier einmal Reiki gegeben haben, wird es wahrscheinlich bald wieder die Nähe Ihrer „Reiki-Hände" suchen.

Reiki kommt immer wieder zum Reiki-Geber zurück – bei Tieren, die viel aufnahmebereiter für die Lebensenergie sind, fließt die Energie auch stärker zurück. Machen Sie Ihren Tieren und sich selbst die Freude und geben Sie ihnen Reiki (Foto)!

Die Behandlung von Pflanzen

Es gibt wohl kaum einen Menschen, der nicht Pflanzen liebt. „Wer könnte leben ohne den Trost der Bäume?", fragt der Dichter. Und tatsächlich wäre unser Leben viel trostloser ohne das pflanzliche Leben auf dieser Welt, ohne das es auch keine Tiere gäbe – nicht im Wasser, nicht auf der Erde und nicht in der Luft.

Und doch ist die Menschheit heute dabei, die gewaltigsten und ältesten Mitglieder des Pflanzenreichs unwiederbringlich zu vernichten. Die Regenwälder, die „grünen Lungen der Erde", werden abgeholzt, und auch bei uns sind durch die Vergiftung der Luft und durch den Raubbau an unserer Umwelt die Bäume bereits stark geschädigt. Daß sich nicht ein Aufschrei unter den Menschen erhebt, um endlich zur Umkehr zu finden, ist kaum zu verstehen. Doch die Abkehr von der Natur und damit auch von unseren natürlichen Gefühlen hat uns unempfänglicher gemacht.

Mit Reiki können wir nicht nur dazu beitragen, daß allmählich das Bewußtsein für die Ganzheit des Lebens auf unserem Planeten wächst, sondern wir können natürlich auch ganz konkret etwas für die Pflanzen in unserer unmittelbaren Umgebung tun.

Pflanzen sind wohl von allen Lebewesen diejenigen, die die engste Wesensbeziehung zur Energie haben. Sie „ernähren" sich ja hauptsächlich von Energie, nämlich vom Sonnenlicht. Deshalb können Pflanzen auch starke Heilkräfte entfalten, was beispielsweise aus der Bachblütentherapie oder der Gewürzheilkunde bekannt ist.

Doch zurück zu der Behandlung von Pflanzen mit Reiki. Von sehr pragmatischen Anwendungen wie der Behandlung von Zimmerpflanzen, damit sie länger und intensiver blühen, über die Behandlung kranker Pflanzen in unserem Garten bis zur intensiven Reiki-Behandlung der geschädigten Bäume in unseren Wäldern ist alles denkbar und möglich.

Probieren Sie doch einmal die folgenden Dinge aus und lassen Sie sich überraschen:

- Nehmen Sie ein paar Samenkörner in die Handfläche und geben Sie Reiki. Vergleichen Sie das Wachstum dieser behandelten Samenkörner mit dem von unbehandelten. Manchmal keimen die Samen schon in der Hand.
- Behandeln Sie das Wasser und die Schnittblumen, die Sie dort hineinstellen, mit Reiki.
- Geben Sie Ihren Zimmerpflanzen täglich Reiki an ihren Wurzeln.
- Wenn ein Wald in Ihrer Nähe ist, können Sie sich einen bestimmten Baum aussuchen, den Sie bei jedem Spaziergang mit Reiki behandeln. (Bei so großen Pflanzen müssen Sie allerdings Geduld mitbringen; aber nach einem Jahr sind die Unterschiede bemerkbar. Photographieren Sie zu Beginn der „Behandlung" „Ihren" Baum, um den Fortschritt beobachten zu können.)

Reiki tut nicht nur den Pflanzen sehr gut, sondern wir profitieren auch selbst von einem Reiki-Kontakt mit den „Energiewesen" unseres Planeten. Durch die Reiki-Verbindung zu Pflanzen finden wir zu unseren „Wurzeln" (Foto).

Reiki in der Schwangerschaft

Eine Schwangerschaft stellt einen wunderbaren Vorgang dar; immer wieder ist es faszinierend, dem Entstehen eines neuen Lebens beizuwohnen. Während sich die winzige Eizelle zu einem kleinen Menschen entwickelt, müßte es da nicht äußerst hilfreich sein, genau in dieser Entwicklungsphase mit Reiki unterstützend zur Seite zu stehen? Was wäre wohl von dieser Energie, die alle mit dem Leben zusammenhängenden Prozesse fördert, abhängiger als dieses gerade entstehende Leben?

Mit Reiki kann man schon lange vor der Geburt etwas für sein Kind tun. Die Mutter kann seine Entwicklung fördern, es vor schlechten Einflüssen, Krankheiten und Störungen bewahren, einfach indem sie dem werdenden Kind Reiki gibt. Noch schöner ist es, wenn Vater und Mutter dies gemeinsam tun. Aber sogar *vor* der Schwangerschaft kann Reiki hilfreich sein, damit es überhaupt zu einer Schwangerschaft kommt.

Im folgenden möchten wir Ihnen ein paar Ideen vorstellen, wie Sie Ihr Kind in welcher Phase fördern können.

Es kommt heute immer häufiger vor, daß Paare, die sich ein Kind wünschen, keines bekommen. In den allermeisten Fällen liegt das an einer schlechten Samenqualität oder an der geringen Anzahl der Spermien, aber auch die Eizellen der Frau sind heute oft nicht mehr so widerstandsfähig.

Wie kam es zu dieser Entwicklung? Umweltmediziner haben darauf hingewiesen, daß in unserem Jahrhundert Tausende neuer chemischer Substanzen in unsere Umwelt eingedrungen sind, deren vielfache Wechselwirkungen unvorhersehbar sind – jedenfalls schädigen sie in ihrer geballten Masse das Erbgut, soviel steht mittlerweile fest. Die Anzahl zeugungsunfähiger Männer in Deutschlands Großstädten nimmt zu. Bei Frauen sieht es etwas besser aus, da die Eizellen wesentlich widerstandsfähiger sind, doch auch hier zeichnen sich bereits Schäden ab.

Betroffene Paare bemühen sich dann oft, mit künstlicher Befruchtung, Sameninjektionen und anderen belastenden, zeitaufwendigen und teuren medizinischen Hilfen zu einem Kind zu kommen. Mit Reiki können Sie auf die sanfteste und natürlichste Art und Weise zu einer Schwangerschaft beitragen.

Reiki kann die Spermien mit mehr Lebensenergie versorgen, ihre Beweglichkeit vergrößern und ihre Agilität verbessern. Auch die Eizellen der Frau können mit Reiki gestärkt und aufnahmebereiter gemacht werden. Ein Paar, das sich vergeblich um ein Kind bemüht, sollte sich gegenseitig Reiki geben. Natürlich kann sich auch jeder selbst Reiki geben, falls der Partner demgegenüber nicht aufgeschlossen ist. Da meistens die Spermien des Mannes geschädigt sind, ist es besonders schade, daß im allgemeinen eher die Männer den alternativen Heilmethoden skeptisch gegenüberstehen.

Aber ebenso wichtig ist die Stärkung der Eizellen, da die befruchtete Eizelle noch einen schwierigen Weg vor sich hat – sie muß sich teilen, in die Gebärmutter wandern und sich in der Plazenta einnisten. Etwa drei Wochen nach der Befruchtung hat sich aus der Eizelle und dem Spermium ein Embryo entwickelt.

Schon die allerersten Schritte des zukünftigen Lebens können das Wunder der Reiki-Kraft erleben, wenn die werdende Mutter Reiki gibt oder sich geben läßt.

1. Monat

Der Embryo ist von einer einzigen Zelle, die nur unter einem starken Mikroskop sichtbar wäre, auf die stattliche Größe von sechs Millimeter angewachsen. Herz und Leber haben sich bereits gebildet, und es existieren schon Anlagen für Hirn und Rückgrat. Der Embryo besitzt noch keine Ähnlichkeit mit einem Menschen, sondern sieht eher wie eine kleine Kaulquappe aus: Er hat „Kiemen" und ein kleines „Schwänzchen".

In dieser Phase sollte die Mutter nicht mehr rauchen, keinen Alkohol und möglichst keine Medikamente zu sich nehmen, um die Entwicklung des Embryos nicht zu gefährden. Reiki hilft dabei, das werdende Leben vor schädlichen Einflüssen zu bewahren, aber es unterstützt auch die Mutter, eventuelle Ängste loszulassen, und es kann vielleicht auch manche Medikamente überflüssig machen, die vielleicht für den Embryo problematisch sind.

2. Monat

Im letzten Monat ist der Embryo um das über 60fache gewachsen! Er ist nun etwa dreieinhalb Zentimeter groß. Alle Organe sind angelegt, Nervenzellen bilden sich in atemberaubendem Tempo: 100 000 in jeder Minute! Sie beginnen sich zu verbinden, so daß die ersten Nervenbahnen entstehen.

Im zweiten Monat besteht die größte Gefahr von Mißbildungen und Fehlgeburten, und die werdende Mutter muß nun unbedingt den Arzt befragen, bevor sie Medikamente einnimmt.

Geben Sie sich und Ihrem zukünftigen Kind regelmäßig Reiki, um die Organbildung zu fördern, insbesondere auch das Wachstum und die Verknüpfung der Nervenzellen. In dieser Phase ist Reiki auch für die werdende Mutter eine große Hilfe, die nun oft von Übelkeit geplagt wird und möglichst keine Medikamente einnehmen sollte.

3. Monat

Der Embryo ist nun sieben Zentimeter groß. Er entwickelt sich jetzt zum Fötus; sein Gesicht bekommt allmählich menschliche Züge. Die Augen sind schon relativ weit entwickelt, und die Lider schließen sich für drei Monate.

Mit Reiki förden Sie von jetzt an auch die geistig-seelische Entwicklung Ihres werdenden Kindes, da sich das Nervensystem immer weiter entwickelt. Bei der Mutter macht sich angenehm bemerkbar, daß die Übelkeit wieder abnimmt. Reiki wirkt sich jetzt zunehmend auf die Mutter- Kind-Beziehung positiv aus.

4. Monat

Wieder ist der Fötus um das Doppelte gewachsen; er mißt nun etwa 15 Zentimeter. Die winzigen Händchen können jetzt bereits greifen, und der Fötus macht erste „Atemübungen". Ab dem vierten Monat kann er bereits hören – vor allem den beruhigenden Herzschlag der Mutter, aber auch ihre Stimme und die des Vaters. Das werdende Kind reagiert auch oft sehr sensibel auf Musik; bestimmte Musik mag es sehr gern – beispielsweise Bach oder Mozart –, bei anderen Stücken – etwa bei den meisten Werken Beethovens – beginnt es unruhig zu strampeln. In vielen Kulturen ist es Brauch, dem werdenden Kind etwas vorzusingen – in der Tat eine wunderbare Möglichkeit, eine emotionale Verbindung zu seinem Kind aufzunehmen.

Diese Verbindung zwischen Mutter und Kind kann durch Reiki sehr stark intensiviert werden. Geben Sie sich und Ihrem Kind regelmäßig Reiki, besonders vor dem Schlafengehen und nach dem Aufstehen. Es ist von jetzt an auch sehr wichtig, daß der Vater Verbindung mit dem Kind aufnimmt – indem er ihm vorsingt, mit ihm spricht und Reiki gibt.

5. Monat

Der Fötus ist jetzt 23 Zentimeter groß. Die Geschlechtsorgane bilden sich aus, und primitive Eizellen und Spermien entstehen bereits. Der

Bauch rundet sich, und die ersten koordinierten Bewegungen des Fötus werden für die Mutter spürbar.

In diesem Monat kann Reiki ganz besonders hilfreich sein und die Geschlechtsentwicklung sowie die Bewegungskoordination unterstützen.

6. Monat

Der Fötus mißt 28 Zentimeter – manche Föten (ungefähr 20 Prozent) sind jetzt bereits so weit entwickelt und so widerstandsfähig, daß sie als Frühgeburt überleben könnten.

Unterstützen Sie die Widerstandskraft Ihres Kindes durch eine ausgewogene, gesunde Ernährung und geben Sie ihm regelmäßig Reiki – auch um die emotionale Verbindung zu fördern.

7. Monat

Der Fötus hat eine Größe von 35 Zentimetern erreicht. Die lange geschlossenen Augen öffnen sich wieder, und er kann helles Licht als rötlichen Schimmer durch die Bauchdecke wahrnehmen.

Die Entwicklung der visuellen Wahrnehmung können Sie unterstützen, indem Sie einige Minuten am Tag Ihren Bauch mit farbigem, nicht zu grellem Licht beleuchten. Auch Visualisierungen und Reiki fördern die Entwicklung der Sicht – der physischen wie auch der seelischen.

8. und 9. Monat

Das Kind ist nun allmählich reif, um die abenteuerliche Reise in die Außenwelt anzutreten. Helfen Sie ihm, sich darauf zu freuen und mit positiven Gefühlen auf die Welt zu kommen. Reiki bietet dazu eine der besten Möglichkeiten. Auch Affirmationen, die die Mutter sich selbst und ihrem Kind laut vorspricht, versprechen eine sehr positive Wirkung.

Die Mutter selbst kann Reiki nun auch sehr gut gebrauchen, denn die ersten Wehen treten auf. Mit Reiki sind auch die beiden letzten Monate eine schöne Zeit.

Die Geburt

Die Geburt ist für Mutter und Kind ziemlich anstrengend, aber mit Hilfe von Reiki und einer positiven Einstellung kann sie zu einem wunderbaren Erlebnis werden. Reiki kann vor allem den Geburtsschock, den jeder Mensch bei seiner Geburt erlebt, abmildern und positive Kraft für das neue Leben mitgeben.

Meist wird die Mutter nicht in der Lage sein, sich während der Geburt selbst Reiki zu geben; deshalb wäre es schön, wenn der Vater einen Reiki-Grad besitzt und Mutter und Kind bei der Geburt damit unterstützen kann.

Am besten steht oder sitzt der Vater während der Geburt an der Seite der Gebärenden und gibt Reiki direkt ins Kronenchakra. Manchmal ist es aber einfacher, Reiki von Handchakra zu Handchakra zu geben (das verhindert auch irritierte Fragen von Hebamme oder Arzt, wenn Sie sich nicht vorher mit ihnen abgesprochen haben).

Wenn das Kind auf der Welt ist, sollten es Mutter und Vater möglichst bald in die Arme nehmen und ihm dabei Reiki geben. Wenn Sie Ihrem Kind bereits während der Schwangerschaft Reiki gegeben haben, wird es sich schon darauf freuen, Ihre Reiki-Hände direkt zu spüren.

Reiki bei Babys

Für so ein kleines Menschenwesen wirkt die große Welt außerhalb des Mutterbauches erst einmal ein wenig erschreckend. Wir wissen heute, daß gerade die ersten Lebensjahre besonders wichtig für die seelische Entwicklung sind. In den ersten Jahren entscheidet sich, wie der Mensch der Welt gegenübersteht: angstvoll und mißtrauisch oder neugierig und vertrauensvoll. Reiki hilft dabei, Vertrauen in die Welt zu gewinnen: Wo Reiki – die Kraft der Liebe – fließt, kann es gar nicht so schlecht sein ...

Außerdem fördern Sie, wenn Sie Ihrem Baby Reiki geben, dessen körperliche und geistige Entwicklung. Das Kind wächst und entwickelt sich, es lernt sprechen, denken, gehen und lieben. Reiki verhilft Ihrem Kind zu einem guten Start ins Leben, und auch Sie und Ihr Partner profitieren davon.

Reiki bei Notfällen

In akuten Notfallsituationen sollte selbstverständlich zunächst einmal medizinische erste Hilfe gegeben und der Arzt geholt werden. Hier ist schließlich eine konventionelle symptomatische Therapie notwendig. Erst wenn die medizinische Erstversorgung gesichert ist, kann der bedrohliche Zustand mit Hilfe von Reiki stabilisiert und der natürliche Heilungsprozeß beschleunigt werden.

Wenn genügend Menschen zur Stelle sind, die erste Hilfe leisten, kann man aber, sofern man mindestens in den zweiten Grad eingeweiht ist, auch sofort eine Fernbehandlung durchführen. Ein paar Besonderheiten sollten beachtet werden:

Frakturen (Brüche)

Reiki darf erst gegeben werden, nachdem der Arzt den Bruch gerichtet hat, sonst könnte er möglicherweise in einer falschen Position zusammenwachsen, wenn Reiki den Heilungsprozeß bereits in Gang gesetzt hat.

Offene Verletzungen

Bevor die Verletzung mit Reiki behandelt wird, sollte erst einmal die Wunde gereinigt werden, damit keine Keime in die heilende Wunde eingeschlossen werden; Reiki bietet zwar einen gewissen Schutz vor Infektionen, aber wir raten dennoch, die Wunde zunächst zu desinfizieren. Die Hände dürfen hier natürlich auf keinen Fall direkt aufgelegt werden, sondern sollten im Abstand von drei bis fünf Zentimetern über der Verletzung gehalten werden.

Verbrennungen

Hier sollte möglichst schnell und längere Zeit Reiki gegeben werden, dann können Brandblasen und Narben weitgehend vermieden werden. Die Hände dürfen nicht direkt aufgelegt werden.

Insektenstiche

Insbesondere bei Menschen, die stark allergisch reagieren, sollte sofort für mindestens 20 Minuten (bei Reiki-Gebern des ersten Grades) Reiki gegeben werden. Das Gift wird dann neutralisiert, und es kommt zu keinem allergischen Schock.

Herzanfall

Selbstverständlich ist sofort der Arzt zu verständigen; es kommt manchmal auf Sekunden an. Dann sollte ununterbrochen Reiki gegeben werden und zwar immer im Bereich des Scheitelchakras, nie direkt auf das Herz.

Schock

Nachdem der Arzt verständigt wurde, kann Reiki gegeben werden, dabei sollte man ständig mit dem Patienten sprechen.

Sterbebegleitung mit Reiki

Ein Thema, das die meisten Menschen gern verdrängen, ist der Tod. Immer noch sind Sterben und Tod Tabuthemen. Warum geht der Gedanke an den Tod fast immer mit starken Ängsten einher?

Manchmal ist es weniger die Angst vor dem Tod als dic Anst vor den Schmerzen. Öfter wird allerdings der Tod selbst gefürchtet. Aber warum eigentlich? Alle Religionen betonen doch, daß der Tod nicht das Ende, sondern einen Anfang bedeutet, entweder einen Wechsel der Seinsebene, den Aufstieg in ein „Paradies“ oder aber den Weg zu einer Reinkarnation, einer Wiedergeburt. Es kann wohl nur die Angst vor dem Nichts sein, die als unterschwelliger Zweifel oft auch in sehr gläubigen Menschen steckt. Doch ist diese Angst begründet?

Viele Philosophen – unter anderem Diogenes, Sokrates und Schopenhauer – wiesen darauf hin, daß die Angst vor dem Tod nicht gerechtfertigt ist. So fragte Schopenhauer, weshalb so viele Menschen Angst davor hätten, nach dem Tod nicht mehr zu sein, wenn sie sich doch keine Sorgen darum machten, daß sie vor ihrer Geburt ebenfalls nicht existierten.

Selbstverständlich kann man die Ängste nicht einfach wegdiskutieren. Vielleicht besteht aber ein erster Schritt darin, sich klarzumachen, daß die Angst vor dem Tod eine irrationale ist. Einem Sterbenden diese Angst zu nehmen und sie durch eine neugierig gespannte, hoffnungsvolle und heitere Stimmung zu ersetzen, um ihm den Übergang in eine andere Welt zu erleichtern, sollte das erklärte Ziel jeder Sterbebegleitung sein.

Reiki kann dabei in vieler Hinsicht eine große Unterstützung sein. Einer durchaus rationalen Angst – der Angst vor Schmerzen – kann einfach dadurch begegnet werden, daß man dem Kranken mit Reiki hilft, seine Schmerzen loszulassen. Auch bei schweren Schmerzen hilft Reiki manchmal selbst dann, wenn Medikamente versagen.

Auch die Angst vor dem Nichts, der Zweifel und die bange Frage: „Was kommt nach dem Tod?" können mit der Kraft der Liebe und Reiki aufgelöst werden. Reiki nimmt nicht nur die Schmerzen und die Angst, die spürbare Kraft der universellen Lebensenergie verleiht auch die Gewißheit, daß das Universum von liebender Energie erfüllt ist und daß der Tod nur ein Tor zu der Quelle dieser Energie ist.

Wenn wir miterleben konnten, wie ein Mensch friedlich und ruhig durch dieses Tor ging, sehen wir auch unserem eigenen „Dimensionswechsel" ruhiger und ohne Furcht entgegen.

Hat uns ein geliebter Mensch verlassen, trauern wir. Das ist eine ganz natürliche Sache. Selbst wenn wir sehr gläubig sind und davon ausgehen, daß der Verstorbene nun eins mit Gott ist, spüren wir den Verlust schmerzlich. In dieser Zeit ist Reiki eine wunderbare Hilfe dabei, die Trauer in eine positive Kraft zu transformieren und in Frieden Abschied zu nehmen.

Reiki bei unbelebten Dingen

Erstaunlicherweise berichten Reiki-Praktizierende häufig, daß Reiki auch bei unbelebten Gegenständen seine Wirkung entfalten kann. Und tatsächlich lassen sich damit Dinge vollbringen, die fast schon an Magie grenzen: Messer bleiben länger scharf, Batterien laden sich wieder auf, stehengebliebene Uhren beginnen wieder zu laufen. Wie lassen sich solche Dinge erklären? Reiki ist doch *Lebens*energie!

Eigentlich ist nur eine Konsequenz denkbar, die allerdings ziemlich revolutionär klingt (obwohl es schon immer Menschen gab, die diese Ansicht vertraten): Alles im Universum ist in gewisser Weise belebt! Natürlich entspricht das nicht der üblichen Definition von Leben; möglicherweise muß man auch einen anderen Begriff finden: Doch in der Tat ist letztendlich kaum die Grenze zwischen belebter und unbelebter Materie festzulegen.

Sind Kristalle, die ja auch wachsen, „Leben"; oder Viren, die sich vermehren? Ist die Erde ein Lebewesen? Anstatt erbittert darüber zu streiten, was nun eigentlich Leben ist, sollten wir die Behauptung „das ganze Universum lebt" vielleicht einfach so stehenlassen – auch wenn sie möglicherweise nicht vollkommen der „Wahrheit" entspricht (aber was entspricht schon absolut der Wahrheit?). Ist es nicht eine schöne, eventuell sogar inspirierende Vorstellung, daß wirklich *alles* lebt?

Etwas prosaischer könnte man auch sagen, daß letztendlich alles Energie ist (wie Einstein in seiner berühmten Formel e = mc2 gezeigt hat) und daß deshalb Reiki auch bei „unbelebten Gegenständen" eine Wirkung entfalten kann.

Testen Sie es doch einmal selbst! Im Anschluß erhalten Sie ein paar Tips, was Sie mit Reiki ausprobieren können:

Batterien aufladen

Ja, das funktioniert tatsächlich – aber natürlich nicht beliebig oft. Schön wäre es schon, wenn ein paar Reiki-Meister ein Atomkraftwerk ersetzen könnten! Doch wenn die Batterie Ihrer Uhr gerade leer geworden ist, können Sie noch die letzten Energien aktivieren, indem Sie der Batterie und dem Gerät Reiki geben. Wie lange Sie Reiki geben müssen, hängt von Ihrem Reiki-Grad und der Stärke der Batterie ab.

Durch Reiki sinkt der elektrische Widerstand, und die Batterie hält noch ein wenig länger. Wenn sie dann leer ist, kann sie aber auch Reiki nicht wieder aufladen.

Mechanismen reparieren

Bei einer Batterie kann man sich noch einigermaßen vorstellen, wie Reiki wirkt. Aber es sind noch erstaunlichere Dinge damit möglich. Kennen Sie das: Die Zündung Ihres Autos funktioniert plötzlich nicht mehr, oder die Uhr bleibt ohne Anlaß stehen? Gerade in solchen Fällen, in denen ein Gerät aus unerfindlichen Gründen nicht mehr seinen Dienst tut, kann Reiki oft wahre Wunder bewirken. Auch Türschlösser, die auf einmal klemmen, können mit Reiki manchmal wieder funktionsfähig gemacht werden. Geben Sie hier mindestens zehn Minuten Reiki.

Gegenstände mit Reiki aufladen

Außer Dinge mit Reiki zu „reparieren" – also blockierende Energieströme aufzulösen –, kann man auch „vorbeugend" Reiki geben, um Gegenstände haltbarer zu machen (z.B. bleiben Messer länger scharf oder werden sogar schärfer, Stoffe und Papier werden reißfester) oder ihnen eine bestimmte Qualität zu geben (z.B. sind Kleidungsstücke, die mit Reiki behandelt wurden, angenehmer zu tragen).

Je länger man einem Gegenstand Reiki gibt, desto länger wird die Aufladung anhalten. Mit dem dritten Grad kann man Gegenstände aber auch dauerhaft aufladen (vgl. unten: „Kristalle mit Reiki aufladen").

Räume mit Reiki aufladen

Wenn Sie den zweiten oder dritten Reiki-Grad besitzen, können Sie auf eine besonders interessante Art und Weise etwas für Ihre Gesundheit und Ihr Wohlbefinden tun (und auch für Ihre Familie): Geben Sie Ihren Räumen, vor allem Ihrem Schlafzimmer Reiki. Sie werden erstaunt sein, wie sich das auf Ihr Familienleben und Ihr Befinden auswirkt – alles wird durch Reiki harmonischer.

Wenden Sie die drei Symbole des zweiten Grades bzw. das Meistersymbol an und geben Sie insbesondere den Ecken der Zimmer (die energetisch besonders durchlässig sind) Reiki.

Kristalle mit Reiki aufladen

Jeder Reiki-Grad kann mit Kristallen arbeiten – eine wunderbare Möglichkeit für den Einsatz von Reiki. Kristalle können nämlich Reiki speichern. Wenn Sie den ersten Reiki-Grad haben, können Sie einen Kristall aufladen, der dann langsam seine Energie wieder abgibt, wenn Sie ihn am Körper tragen. (Sie sollten mindestens 15 Minuten lang Reiki geben, indem Sie den Kristall in die Hände nehmen; der Kristall strahlt dann etwa 24 Stunden lang Reiki-Energie ab.) Mit dem zweiten Grad können Sie einen Kristall mit Hilfe der Symbole noch intensiver, schneller und dauerhafter aufladen. Als Reiki-Meister kann man einen Kristall sogar zu einem äußerst starken Heilmittel und Talisman machen; indem man ihm die vier Einweihungen des ersten Grades verleiht!

Reiki für die gesunde Ernährung

Wenn wir immer genau wüßten, was so alles in unseren Nahrungsmitteln steckt, würden wir uns oft gar nicht mehr trauen, zu essen. Die industriell hergestellten Nahrungsmittel ähneln oft eher chemischen Präparaten als *Lebens*mitteln. Deshalb reagieren auch immer mehr Menschen allergisch auf Nahrungsmittel.

Pestizide, Hormone, Farbstoffe, Konservierungsmittel und, und, und – all das steckt heute in unserer Nahrung, und wir können es kaum vermeiden, wenn wir nicht gerade einen Bio-Bauernhof besitzen; und selbst dann sind wir den Schwermetallen und Giften, die über die Luft in jedes Lebensmittel gelangen, hilflos ausgeliefert.

Was können wir aber für unsere Gesundheit tun, wenn wir die Schadstoffe in unserer Nahrung nicht vermeiden können?

Auch wenn wir den vielen Giften nicht vollständig ausweichen können, so haben wir wenigstens bei der Auswahl unserer Nahrung die Gelegenheit, darauf zu achten, daß sie uns nicht schadet. Wenn wir ungespritztes Obst und Gemüse kaufen oder Fleisch, das nicht mit Hormonen behandelt wurde, und immer möglichst frische Lebensmittel auswählen, werden wir schon wesentlich gesünder leben.

Anstatt nun eine Liste aufzustellen, welche Nahrungmittel unserer Gesundheit nutzen und welche ihr schaden, möchten wir Ihnen einen anderen Vorschlag machen. Es ist ja ohnehin schwer zu sagen, welche Lebensmittel gut und welche schlecht sind; zuviel hängt vom Zustand und der Zubereitung der Nahrung, von dem Menschen, der diese Nahrung ißt, und von seiner augenblicklichen Situation ab.

Nehmen Sie deshalb Reiki zu Hilfe, um die richtigen Nahrungsmittel auszuwählen! Halten Sie einfach Ihre Reiki-Hände über die Lebensmittel, die Sie kaufen wollen, und achten Sie darauf, wie das betreffende Nahrungsmittel die Energie anzieht.

Wenn Sie für sich selbst einkaufen, sollten Sie Ihrer Intuition vertrauen – was sich für Sie gut anfühlt, *ist* gut für Sie. Wenn Sie immer auf Ihre Intuition hören (und das ist nicht der durch intensive Werbung geweckte Appetit, aber auch nicht die vielen, oft schon verinnerlichten Ge- und Verbote wie „Zucker ist schädlich“, „Du mußt viel Obst essen“), werden Sie sich automatisch auch ausgewogen ernähren – auch wenn Sie vielleicht mitunter erstaunt sein werden, was Ihnen Ihre Intuition „auftischt“.

Wenn Sie für andere einkaufen, können Sie sich nicht in demselben Maß auf Ihre Intuition verlassen. Achten Sie daher auf die Stärke, in der Reiki zum Nahrungsmittel fließt. Wenn der Energiestrom sehr stark ist (Sie spüren ein intensives Wärmegefühl oder ein Kribbeln in den Händen), fehlt es dem Lebensmittel an Lebensenergie, und es hat keinen großen Wert für die Ernährung. Wenn überhaupt kein Reiki zu dem Nahrungsmittel zu fließen scheint, es gegen einen Widerstand fließt oder Sie ein unangenehmes, taubes Gefühl in den Händen haben, sollten Sie es unbedingt stehenlassen; es ist dann entweder extrem denaturiert oder bereits schlecht geworden.

Mit Reiki können wir aber noch mehr für eine gesunde Ernährung tun. Beispielsweise können wir dadurch die Lebensmittel haltbarer machen. In der Regel ist es zwar am besten, frische Nahrung zu nehmen, doch das ist manchmal nicht möglich, beispielsweise wenn wir auf einer Reise sind oder im Winter.

Wir sollten es uns zur Angewohnheit machen, alle unsere Lebensmittel mit Reiki aufzuladen. Sie gewinnen an Geschmack, Nährwert, Nutzen für die Gesundheit, und die darin enthaltenen Schadstoffe werden neutralisiert. Das setzt jedoch voraus, daß Sie bereits eine gewisse Vorauswahl getroffen haben: Selbst mit Reiki können Sie aus altem, hormonbehandeltem, fettem und geschmacklosem Schweinefleisch keine wohlschmeckende, frische und gesunde Mahlzeit zaubern!

Getränke mit Reiki behandeln

Auch unsere Getränke können wir mit Reiki behandeln. Der Körper nimmt dann die Flüssigkeit besser auf, und potentiell schädliche Bestandteile werden dadurch unschädlich gemacht.

Ganz besonders gut ist es, wenn wir unser Wasser mit Reiki behandeln – gerade auch das Wasser, das wir zum Kochen verwenden (Foto).

Bei Wein ist die Wirkung von Reiki auf den Geschmack erstaunlich. Durchschnittliche Weine schmecken nach einer Reiki-Behandlung tatsächlich sehr gut – und gute Weine manchmal geradezu phantastisch. Billige Weine werden durch Reiki allerdings oft sauer, geradezu untrinkbar – und wir sollten diesen deutlichen Hinweis dann auch beherzigen und den Wein lieber wegkippen ...!

Reiki-Gruppen

Die positive Kraft von Reiki läßt sich noch verstärken, wenn sie von mehreren Menschen gegeben wird. Das können zwei sein, aber auch eine Gruppe von bis zu acht Personen. Wenn es mehr Leute sind, wird es etwas ungemütlich wegen der Enge. Eine Reiki-Gruppe kann enorm viel bewegen.

Wenn Sie mindestens zwei weitere Menschen kennen, die wenigstens in den ersten Grad eingeweiht sind, können Sie sich regelmäßig treffen, um sich in einer Gruppe gegenseitig Reiki zu geben.

Eine solche Reiki-Gruppe kann eine wunderbare Abwechslung im Alltag sein, bei der alle Teilnehmer die Gelegenheit bekommen, einen starken Reiki-Strom zu empfangen, aber auch die Chance, Reiki geben zu können und sich dadurch der Reiki-Kraft noch weiter zu öffnen. Außerdem kann auch jeder in einer solchen Gruppe das Zusammensein als solches genießen und von den interessanten Erfahrungen im Umgang mit der Energie profitieren. Für das körperliche und seelische Wohlbefinden bedeutet die regelmäßige Teilnahme an einer Reiki-Gruppe einen wahren Jungbrunnen.

Wenn Sie eine Reiki-Gruppe gründen wollen, steht dem nichts im Wege. Ein paar Punkte sollten Sie dabei allerdings beachten, damit alles harmonisch abläuft.

Die Zeit sollte so bemessen sein, daß in einer Sitzung auf jeden Fall jeder Teilnehmer die Möglichkeit hat, Reiki zu empfangen. Alle sollten auch etwa gleich lange behandelt werden, mindestens jedoch für die Dauer von 15 Minuten. Sie sollten also unbedingt genügend Zeit für eine Sitzung einplanen, die auch schon vor der Sitzung allen bekanntgegeben wird. Da uns unser Zeitgefühl manchmal trügt, ist es sinnvoll, vorher einen Teilnehmer damit zu beauftragen, während der Behandlung auf die Zeit zu achten.

Außerdem sollten die Positionen, die jeder Behandelnde einnimmt, klar sein. Die Behandelnden sollten dabei nach folgendem Prinzip verteilt werden: Zuerst werden die Extrempositionen – also Kopf und Füße – von einem Behandelnden besetzt, weitere Behandelnde gehen dann jeweils von außen nach innen vor. So würde eine Gruppe von sechs Behandelnden folgende Positionen einnehmen:

1. Behandler: Kopf (Kronenchakra)
2. Behandler: Füße (Verbindung zum Wurzelchakra)
3. Behandler: Unterbauch (Sakralchakra)
4. Behandler: Hals (Kehlchakra)
5. Behandler: Oberbauch (Nabelchakra)
6. Behandler: Brust (Herzchakra)

Es ist wichtig, daß jeder Behandelnde weniger Wert darauf legt, möglichst exakt festgelegte Positionen zu halten, sondern daß er – wie sonst auch – besser seiner Intuition vertraut und dem Energiefluß nachspürt.

Wenn die Behandlung eines Teilnehmers abgeschlossen ist, nehmen zunächst die Innenpositionen ihre Hände fort und zuletzt die beiden Außenpositionen. Jeder Teilnehmer sollte, wie gesagt, gleich lange behandelt werden; doch wenn die Behandlungszeit vorbei ist und der Behandelte gerade eine Emotion (Weinen oder Lachen) durchlebt, sollte ihm die Gruppe noch so lange weiter Reiki geben, bis wieder ein harmonischer Zustand herrscht.

Wenn ein Wechsel stattfindet, sollten die anderen Behandelnden ihre Positionen ändern, beispielsweise im Uhrzeigersinn nachrücken. So kann jeder vielfältigere Erfahrungen sammeln.

Während der Behandlung sollte möglichst nicht gesprochen werden, damit sich alle wirklich ganz Reiki widmen können. Deshalb ist es auch wichtig, die „Formalitäten" vorher abzuklären.

Neben der gerade beschriebenen Reiki-Gruppenbehandlung gibt es noch eine weitere, sehr schöne Möglichkeit, um Reiki als Gruppenerfahrung zu nutzen – die Reiki-Kreise. Dabei legt jeder Teilnehmer der Gruppe seine Hände auf die Schultern seiner Nachbarn, so daß sich ein Kreis schließt. Dann wirkt nicht nur Reiki, sondern auch die spirituelle Kraft des Kreissymbols. Diese Art, Reiki zu praktizieren, fördert ganz besonders stark das spirituelle Wachstum und die Harmonie mit anderen Menschen.

Reiki-Partnermeditation

Reiki in einer Partnerschaft ist etwas Wunderbares. Was ist wohl in einer Beziehung zu einem anderen Menschen wichtiger als ebendiese Kraft der Liebe? Mit Reiki können Sie die Beziehung zu Ihrem Partner vertiefen, harmonisieren und ihr die Kraft des Vertrauens geben. Und als „Nebenwirkung" stärken Sie auch noch gegenseitig Ihre Gesundheit!

Nun können sich Paare natürlich gegenseitig „ganz normal" mit Reiki behandeln. Eine sehr schöne Möglichkeit ist aber auch eine gemeinsame Reiki-Meditation. Dabei sitzen Sie sich in einer Meditationshaltung oder auch einfach auf Stühlen einander gegenüber, so nah beieinander, daß Sie sich ohne Probleme berühren können. Nun heben Sie beide Ihre Arme, die rechte Handfläche nach unten, die linke nach oben gewandt. Legen Sie jetzt Ihre Handflächen auf die Ihres Partners. Schließen Sie die Augen und spüren Sie, wie Reiki durch Sie zu Ihrem Partner fließt und verstärkt durch ihn in Sie zurückströmt. Dieser Kreislauf intensiviert die Reiki-Kraft beachtlich (Foto)!

Übrigens: Für die Reiki-Meditation genügt es, wenn einer der beiden Partner die ersten Reiki-Einstimmungen empfangen hat. Auch dann wird die Energie verstärkt zurückfließen. Noch intensiver ist das Erlebnis natürlich, wenn beide Partner Reiki praktizieren.

Reiki-Heilkreise

Eine der schönsten Arten Reiki zu geben, ist, tatsächlich *der Welt* Reiki zu geben. Dazu benötigt man den zweiten Reiki-Grad, um mit Hilfe der Symbole arbeiten zu können.

Man kann auf die verschiedensten Arten der Welt Reiki geben, Reiki für den Frieden, Reiki für die Rettung der Wälder oder der Meere, Reiki für die Stabilisierung der Atmosphäre. Jeder kann etwas bewirken, doch sind natürlich die Wirkungen um so größer, je mehr Menschen an einem solchen Reiki-Heilkreis teilnehmen.

Gründen Sie doch einen solchen Heilkreis, wenn Sie mindestens den zweiten Reiki-Grad haben, oder beteiligen Sie sich an einem bereits bestehenden. Einige wichtige Beispiele:

- *Mit Reiki zum Weltfrieden:* jeden Sonntag von 18.00–18.15 Uhr;
- *Welt-Heilungs-Meditation:* am letzten Tag jeden Monats von 12.00–12.30 Uhr;
- *Reiki-Heilkreis zur Rettung der Wälder:* jeden Tag drei Minuten lang um 12.00 Uhr;
- *Reiki für die Erde:* jeden Samstag und Sonntag von 20.00–20.15 Uhr.

Es gibt auch Gruppen von Reiki-Praktizierenden, die sich zu Heilgruppen zusammengeschlossen haben und dann bei Bedarf Menschen eine Reiki-Fernbehandlung geben. Wenn Sie daran Interesse haben – sei es, daß Sie sich beteiligen oder eine Fernbehandlung haben möchten –, können Sie sich an folgende Adresse wenden:

Hans-Jürgen Regge
Scheideholzweg 67a
21149 Hamburg

Kapitel 10: Reiki in Verbindung mit anderen Heilmethoden

Mit der wunderbaren Reiki-Kraft können wir ohne irgendwelche medizinischen Fachkenntnisse die Gesundheit von Körper und Seele fördern – einfach indem wir unsere Hände auflegen und Reiki geben. Bei diesen enormen Vorteilen liegt es vielleicht nahe, in Reiki ein Wunder- und Allheilmittel für jegliches Leid, jedes Problem und jede Erkrankung zu sehen.

Doch es wäre naiv, anzunehmen, daß Reiki alle anderen Heilmethoden überflüssig macht. Der Mensch ist ein unglaublich komplexes System, eine Welt für sich. Milliarden von Zellen arbeiten zusammen, damit unser Körper „funktioniert". Disharmonien, die zu Krankheiten oder negativen Gefühlen führen, können ganz verschiedene Ebenen betreffen.

Reiki wirkt auf einer sehr tiefen Ebene – doch mitunter reicht das nicht aus; damit eine wirkliche Heilung eintreten kann, müssen zunächst einmal die physischen, seelischen oder geistigen Voraussetzungen geschaffen sein. Ein einfaches Beispiel ist ein gebrochenes Bein. Hier wird wohl kaum jemand auf den Gedanken kommen, ausschließlich mit Reiki zu heilen, sondern man wird doch besser auf die in diesem Bereich bewährten Methoden der Schulmedizin zurückgreifen.

Das Beispiel demonstriert aber noch etwas anderes. Selbst bei einem so simplen Fall wie einem Beinbruch ist es mit der symptomatischen Behandlung der Schulmedizin – den Bruch einrichten, das Bein eingipsen und ruhigstellen – nicht getan. Zur wirklichen Heilung des Bruchs und zur Wiederherstellung der vollen Funktionsfähigkeit bedarf es des Flusses der Lebensenergie – und den können wir mit Reiki verstärken und harmonisieren.

Bei anderen Ansätzen der Heilkunst verhält es sich ähnlich. Ob nun „harte" Methoden wie die Schulmedizin oder sanfte, ganzheitliche Heilkünste wie die Bach-Blütentherapie – sie alle leisten ihren wichtigen Beitrag zur ganzheitlichen Heilung des Menschen. Jede Betrachtungsweise sieht nur einen mehr oder weniger großen Ausschnitt des großen Ganzen. Doch letztendlich gibt es keine einzelne Theorie, Weltanschauung und Methode, die alle Erscheinungen unserer so reichen Welt erklären könnte.

Reiki kann zwar die anderen Methoden nicht ersetzen, doch jede davon sinnvoll unterstützen und ergänzen. Mit Reiki werden die Stärken jeder Methode deutlicher hervortreten und ihre Kraft besser entfalten können. Reiki kann eines der wichtigsten „Instrumente“ eines jedes Menschen werden, der im Bereich der Heilkunde tätig ist.

Massage und Reiki

Reiki bietet eine ideale Ergänzung zu jeder Massage. Da die Energie über die Hände ausstrahlt, kann man natürlich sehr gut während einer Massage „nebenbei“ Reiki geben. Die Massage gewinnt dadurch eine ganz neue Qualität. Es werden mit der durch Reiki unterstützten Massage nicht nur muskuläre Verspannungen, sondern auch tiefersitzende energetische Blockaden aufgelöst. Die ganze Behandlung wird noch angenehmer und wirkungsvoller – sowohl für den Behandelnden als auch für den Klienten.

Gerade bei der Massage, bei der der Behandelnde über längere Zeit Kontakt mit verspannten oder kranken Patienten hat, ist ein Aspekt der Reiki-Kraft von besonderer Bedeutung: die Schutzwirkung. Reiki schützt nämlich den Behandelnden vor den negativen Energien, die von Blockaden, Verspannungen, Krankheiten und negativen Gefühlen ausgehen. Normalerweise sind Menschen, die in Heilberufen arbeiten, besonders viel negativen Energien ausgesetzt und fühlen sich daher oft ausgelaugt und erschöpft.

Ein Masseur, der in die Reiki-Kraft eingestimmt ist, wird seinen Beruf mit noch mehr Freude, mehr positiver Energie und mehr Erfolg ausüben können. Durch die Übung im Umgang mit Reiki wächst das Gefühl für energetische Vorgänge; Blockaden werden schneller erkannt und aufgelöst, die Energie kann wieder frei fließen, und die Massage wird zu einer wirklich ganzheitlichen Be*hand*lung.

Shiatsu und Reiki

Shiatsu ist eine japanische Form der Massage. *Shi-atsu* bedeutet Finger-Druck, und tatsächlich wird bei Shiatsu hauptsächlich mit den Fingern gearbeitet. Dabei werden Punkte *(tsubos)*, die auf bestimmten Energiebahnen *(Meridianen)* liegen, mit dem Ziel behandelt, den Fluß der Energien anzuregen, zu harmonisieren und Blockaden in den Meridianen zu beseitigen. Shiatsu ist also eine Methode, die nicht nur rein körperlich wirkt, sondern bereits energetische Prozesse mit einbezieht[1].

Dadurch ist eine gewisse Verwandtschaft zu Reiki gegeben, und tatsächlich ergänzen sich die beiden Methoden sehr gut. Wenn bei einer Shiatsu-Behandlung gleichzeitig Reiki gegeben wird, werden die Meridiane schneller harmonisiert und Blockaden darin leichter aufgelöst.

Dazu kommen natürlich noch all die Vorteile, die bereits im Abschnitt über Reiki in Verbindung mit Massage erwähnt wurden, da Shiatsu ja eine Form der Massage ist.

Reflexzonentherapie und Reiki

Eine sehr wirkungsvolle Form der Massage ist die Reflexzonentherapie. Bei dieser Technik werden bestimmte Punkte an Füßen, Händen oder Ohren behandelt, die dann „reflektorisch" auf weit von den Druckpunkten entfernte Bereiche im Körper harmonisierend wirken. Allerdings handelt es sich *nicht* um tatsächliche neurologische Reflexe. Auch die Reflexzonentherapie ist also eine vor allem feinstoffliche, energetische Methode. Es bestehen gewisse Ähnlichkeiten zu Shiatsu, doch werden bei der Reflexzonentherapie andere Energiebahnen angesprochen.

Am bekanntesten ist die Fußreflexzonen-Massage, die vor allem bei körperlichen Beschwerden sehr wirksam ist. Die Reflexzonen an Händen und Ohren können ebenfalls bei körperlichen Krankheiten

---

[1] Vgl. Schwarz/Schweppe: *Shiatsu easy*, Humboldt, München 1995

und Problemen eingesetzt werden, doch die Erfolge sind nicht so beeindruckend wie bei der Behandlung der Fußreflexzonen. Deswegen wurden sie lange unterschätzt, doch sie haben ihre eigene Bedeutung: An den Reflexzonen der Hände ist der Kopfbereich überproportional groß, so daß über die Handreflexzonen insbesondere auch geistige Funktionen wie Konzentration oder Wahrnehmung angesprochen werden können. Bei den Ohrreflexzonen überlappen Kopf- und Körperzonen so stark, daß sich ein ganzheitliches Bild des Menschen ergibt und besonders gut Gefühlszustände und seelische Probleme behandelt werden können[2].

Da auch die Reflexzonentherapie eine Form der Massage ist, gilt das, was schon in den Abschnitten über Massage und Shiatsu über die sinnvolle Ergänzung mit Reiki gesagt wurde. Mit Reiki können Sie auch bei der Reflexzonentherapie vermeiden, daß negative Energien von Ihrem Klienten auf Sie übergehen. Außerdem verstärkt Reiki natürlich auch bei der Reflexzonentherapie die Wirkung, indem es energetische Blockaden löst.

Zusätzlich empfehlen wir, bei der Reflexzonentherapie vor Beginn der Massagebehandlung dem Fuß, der Hand oder dem Ohr Reiki zu geben. Die Reflexzonen werden dann deutlich sensibler, und die Behandlung wird schneller zum Erfolg führen. Insbesondere die Ohrreflexzonen werden durch Reiki stark aktiviert.

Schulmedizin und Reiki

Über die Schulmedizin wird von Anhängern alternativer Heilmethoden oft sehr geringschätzig gesprochen. Die westliche Medizin hat auch so mancherlei Irrwege eingeschlagen und sich immer mehr vom Menschen als Lebewesen abgewandt. Da werden Chemikalien in Menschen hineingeschüttet, als wären sie mittelalterliche Hexenküchen (wobei dort wahrscheinlich oft weniger schädliche Ingredienzien verwendet wurden). Der Körper wird aufgeschnitten, Organe

[2] Siehe zu diesem Thema: Schwarz/Schweppe: *Reflexzonen-Massage für Fuß, Hand und Ohr*, Rowohlt, Reinbek 1995

herausgeschnitten, andere eingefüllt oder gar Apparate im Menschen installiert. Und nicht einmal, wenn es dem Ende zugeht, gibt die Apparatemedizin Ruhe und verlängert das „Leben“ um jeden Preis.

Das ist natürlich alles eher unerfreulich. Aber man sollte die Schulmedizin wahrlich nicht in Bausch und Bogen verurteilen. Auch die Methoden, die einem selbst vielleicht geradezu abartig vorkommen, werden nicht aus Böswilligkeit oder Sadismus eingesetzt, sondern sollen einem bestimmten Ziel dienen. Und die Medikamente und Chemikalien, die Schulmediziner verabreichen, haben selbstverständlich auch positive Wirkungen. Manchmal sind die Methoden der Schulmedizin auch das Mittel der Wahl, beispielsweise bei Knochenbrüchen oder stark blutenden Verletzungen.

Und nicht zuletzt sollte man, immer wenn man über die Schulmedizin schimpft, überlegen, ob man denn selbst wirklich bereit ist, die „Reparaturmedizin“ durch eigenes Handeln zu ersetzen. Nur durch die Arbeit an sich selbst ist wirkliche Heilung, körperlich wie seelisch, möglich.

Die durch und durch materiellen Methoden der Schulmedizin können durch Reiki sehr gut ergänzt werden. Ob Sie nun der Schulmedizin mißtrauen oder zumindest in Teilen zustimmen – wenn Sie mit Reiki eine konventionelle ärztliche Behandlung unterstützen, wird es auch in diesem Fall die positiven Seiten der Schulmedizin fördern und negative Nebenwirkungen lindern.

Wenn Sie beispielsweise auf ein Medikament angewiesen sind, sollten Sie dieses mit Reiki behandeln. Es wird dann einerseits seine Kraft besser entfalten und die Symptome schneller zum Verschwinden bringen, andererseits aber den unerwünschten Nebenwirkungen des Medikaments entgegenwirken. Ihr Arzt wird sich vielleicht wundern, *wie* gut Sie auf das verschriebene Medikament ansprechen!

Selbstverständlich sollten Sie sich bei jeder Krankheit selbst (zusätzlich) mit Reiki behandeln. Noch besser ist es – insbesondere wenn Sie an einer chronischen Krankheit leiden –, wenn Sie sich einer Reiki-Gruppe (siehe Seite 134) anschließen können oder selbst eine solche gründen.

Zum Schluß noch eine Warnung: Reiki kann die Schulmedizin nicht völlig ersetzen! Manchmal müssen erst auf materieller Ebene die Symptome einer Krankheit bekämpft werden, damit Reiki an der Wurzel der Beschwerden arbeiten kann.

Homöopathie und Reiki

Samuel Hahnemann entwickelte bereits 1810 eine Methode, die auf ganz anderen Prinzipien als die Schulmedizin gründete: die Homöopathie. Zwei Kennzeichen charakterisieren die klassische Homöopathie nach Hahnemann.

Das erste Prinzip, das der Homöopathie auch ihren Namen gab, ist das Ähnlichkeitkeitsprinzip *similia similibus curantur* – Gleiches wird von Gleichem geheilt. Das heißt, daß ein Mittel, das ähnliche Symptome wie die zu behandelnde Krankheit hervorruft, in geringerer Dosis der Krankheit entgegenwirkt. So wird in der Homöopathie beispielsweise das giftige Metall Thallium, das zu Haarausfall führt, in sehr geringen Dosen *gegen* Haarausfall eingesetzt.

Das zweite Prinzip ist das Potenzprinzip. *Potenzieren* bedeutet in der Homöopathie verdünnen. Dieses Verdünnen findet auf eine genau vorgeschriebene Art und Weise statt, die sicherstellen soll, daß die „Information" des Heilmittels mit *potenzierter* – das heißt verstärkter – Kraft weitergegeben wird. Je höher das homöopathische Heilmittel potenziert ist, desto weniger materielle Substanz befindet sich darin, doch desto stärker ist dagegen seine Kraft. (Die Bezeichnungen D4, D5 usw. auf homöopathischen Heilmitteln geben die Potenz an. D1 bedeutet zum Beispiel eine Verdünnung von 1:10, D2 bedeutet 1:100 oder D7 1:10 000 000.)

Bei einer Verdünnung von D23 befindet sich in dem homöopathischen Medikament kein einziges Atom der ursprünglichen Substanz mehr. Klassische Homöopathen sind jedoch der Ansicht, daß gerade solche Hochpotenzen besonders heilkräftig sind. Zum Teil wird mit Potenzen bis zu D200 gearbeitet.

Die klassische Homöopathie wirkt also nicht materiell, sondern energetisch und ist demnach mit Reiki wesensverwandt – mehr als mit der Schulmedizin. Deshalb können die beiden Methoden auch sehr harmonisch miteinander kombiniert werden. Sehr günstig wäre es, gleich bei der Herstellung des Arzneimittels Reiki anzuwenden. Aber auch das fertige Präparat kann mit Reiki aufgeladen werden, damit es seine heilsame Wirkung am besten entfalten kann.

Bachblüten und Reiki

Der englische Arzt Dr. Edward Bach (1886–1936) war zunächst auch Homöopath und von der Lehre Hahnemanns überzeugt. Er entwickelte sogar eigene homöopathische Medikamente, die Bach-Nosoden. Dann machte er jedoch die Feststellung, daß nicht das Symptom, sondern der Mensch behandelt werden müßte.

Er gab seinen Beruf als Schulmediziner auf und widmete sich fortan der Suche nach ganzheitlichen Heilmitteln. Er fand 38 Heilmittel, 37 Blütenessenzen und das Heilmittel Quellwasser. Die Bach-Blütenessenzen werden nach einer besonderen Methode hergestellt, die das Ziel hat, ähnlich wie in der Homöopathie die Energie, die Lebenskraft der Blüte auf die Essenz zu übertragen. Bei der Bach-Blütenmethode wirken keine materiellen Bestandteile, sondern ausschließlich die Energie des jeweiligen Heilmittels. Die Bach-Blütentherapie ist also eine energetische, feinstoffliche Methode und damit dem Reiki verwandt.

Der große Vorteil der Bach-Blütentherapie ist, daß sie bei sehr spezifischen seelischen Problemen, die wiederum Auslöser für körperliche Beschwerden sein können, tiefgreifende und direkte Hilfe gibt. So ist das Bach-Blütenheilmittel *Willow* (Weide) „für alle Menschen, die ein Mißgeschick oder Unglück erlitten haben und denen es schwerfällt, ihr Schicksal ohne Verbitterung anzunehmen".

Im Anschluß nennen wir kurz die sieben großen Problemgruppen und die ihnen zugeordneten Bachblüten:

Ängste:

Aspen, Cherry Plum, Mimulus, Red Chestnut, Rock Rose.

Unsicherheit:

Cerato, Gentian, Gorse, Hornbeam, Scleranthus, Wild Oat.

Mangel an Bewußtheit:

Chestnut Bud, Clematis, Honeysuckle, Mustard, Olive, White Chestnut, Wild Rose.

Einsamkeit:

Heather, Impatiens, Water Violett.

Beeinflußbarkeit:

Agrimony, Centaury, Holly, Walnut.

Verzweiflung:

Crab Apple, Elm, Larch, Oak, Pine, Star of Bethlehem, Sweet Chestnut, Willow.

Sorgen um andere:

Beech, Chicory, Rock Water, Vervain, Vine.

Reiki kann die wunderbaren Wirkungen der Bach-Blütentherapie[1] verstärken und ergänzen. Wie alle Heilmittel – ob sie nun auf materieller oder energetischer Ebene wirken –, so profitieren auch die Bach-Blütenessenzen davon, wenn bereits bei ihrer Herstellung Reiki eingesetzt wird. Besonders bietet sich das dann an, wenn mit Intuitiver Blütentherapie gearbeitet wird, bei der die Essenzen individuell hergestellt werden.

Reiki eröffnet übrigens eine weitere interessante Möglichkeit für die Bach-Blütentherapie. Bei der Herstellung der Essenzen bedarf es nämlich in der Regel des Sonnenlichts. Das stellt – wenn man nicht gerade auf den Bahamas wohnt – mitunter ein Problem dar. Wir haben herausgefunden, daß die faszinierende Möglichkeit besteht, das Sonnenlicht durch eine einstündige Reiki-Behandlung (erster Grad)

---

[2] Wenn Sie sich für die Bach-Blütentherapie interessieren, finden Sie weitere Informationen in folgendem Buch: Schwarz/Schweppe: *Bachblüten*, mvg, München 1995

zu ersetzen und auf diese Art und Weise sehr starke Bach-Blütenessenzen herzustellen.

Alle Menschen, die nicht die Zeit oder die Möglichkeit haben, Blütenessenzen selbst herzustellen, können natürlich auch die fertigen Essenzen mit Reiki behandeln, um die wunderbaren Wirkungen der Bachblüten zu verstärken und zu ergänzen.

Aromatherapie und Reiki

Kaum eine Methode ist in den letzten Jahren auf so viel Interesse gestoßen wie die Aromatherapie. Tatsächlich ist sie ein ausgezeichnetes Mittel, um unseren seelisch-geistigen Zustand zu harmonisieren und damit sogar körperliche Beschwerden zu behandeln.

Düfte sprechen unsere Emotionen am stärksten von allen Sinneswahrnehmungen an; und sie wirken auch am direktesten, da die Geruchszellen unmittelbar mit einem stammesgeschichtlich besonders alten Teil unseres Gehirns verbunden sind – dem *Rhinencephalon*, dem „Riechhirn". Wir werden stärker durch Düfte beeinflußt, als es uns jemals bewußt ist. Schon die erotische Anziehung zwischen zwei Menschen wird zu einem großen Teil durch bestimmte Duftstoffe, die *Pheromone,* bestimmt. Selbst unsere Sprache kennt diesen Zusammenhang: jemand *stinkt* einem, man kann ihn nicht gut *riechen*, ein netter Mensch ist ein *dufter Typ.*

Die Düfte, die bei der Aromatherapie eingesetzt werden, sind ätherische Öle, die aus verschiedensten Pflanzen und Pflanzenteilen gewonnen werden. Sie wirken zum Teil sehr spezifisch, so hilft beispielsweise Zypresse bei Schüchternheit, Thymian bei Alpträumen oder Neroli bei nervösen Verspannungen[1].

Die Aromatherapie ist trotz ihrer ganzheitlichen Wirkungen eine primär materielle Methode. Bestimmte Duftstoffe reizen unsere Riechzellen, die dann die Information zum Hirn weiterleiten und dort Reaktionen auslösen. Solche materiellen Methoden haben den Vor-

---

[1] Vgl. Schwarz/Schweppe: *Aromatherapie. Düfte für die Seele,* Humboldt, München 1995

teil, daß sie sozusagen „von außen nach innen“ vorgehen und daher sehr schnell Symptome bekämpfen können.

Mit Reiki können Sie die heilsamen Kräfte der Düfte unterstützen. Gerade bei der Aromatherapie, die zwar ganzheitlich (also auf Körper, Seele und Geist), aber materiell wirkt, stellt Reiki eine äußerst sinnvolle und wertvolle Ergänzung dar; während die Aromatherapie von außen nach innen wirkt, verhält es sich bei Reiki umgekehrt: Es wirkt von innen nach außen.

Behandeln Sie Ihre ätherischen Öle mit Reiki – wenn Sie den ersten Reiki-Grad besitzen, ist es am sinnvollsten, dies kurz vor der Anwendung fünf Minuten lang zu tun. Mit dem zweiten Grad können Sie die Öle in einer Viertelstunde für etwa einen Monat aufladen, und mit dem Meistersymbol sind Sie sogar in der Lage, ihnen dauerhaft die Kraft von Reiki mitzugeben.

Immer mehr Menschen reagieren allergisch auch auf völlig natürliche Substanzen wie ätherische Öle. Da diese Gefahr bei mit Reiki behandelten Ölen wesentlich geringer ist, ist auch in dieser Hinsicht eine Ergänzung der Aromatherapie durch Reiki sinnvoll und wichtig.

Gewürzheilkunde und Reiki

Der Einsatz von Gewürzen zu Heilzwecken war schon vor Tausenden von Jahren und in vielen Kulturen wohlbekannt. Doch mit dem Aufkommen chemischer Arzneimittel gerieten diese Kenntnisse bei uns wieder in Vergessenheit. Erst heute, wo ein vermehrtes Interesse an dem alten Wissen und an sanften Heilweisen zu verzeichnen ist, wird auch allmählich die Heilkraft der Gewürze wiederentdeckt.

Und es zeigt sich, daß Gewürze nicht nur ausgezeichnete Heilmittel sind, sondern die verschiedensten Vorteile in sich vereinen:

- Sie sind leicht verfügbar und leicht anzuwenden.
- Gewürze haben sanfte, harmonisierende Auswirkungen auf körperliche Vorgänge wie die Ausschüttung von Hormonen, den Kreislauf, die Verdauung usw.
- Sie beinhalten viele ätherische Öle und wirken sozusagen „nebenbei“ wie die Aromatherapie.

- Gewürze sind die „Essenz“ einer Gewürzpflanze; ähnlich wie bei den Bachblüten wirken Gewürze auf feinstofflicher Ebene heilsam auf bestimmte Seelenzustände.

Die Gewürzheilkunde[1] wirkt also auf materieller *und* feinstofflicher Ebene, was ihre Möglichkeiten natürlich vervielfältigt. Wenn Sie mit Gewürzen arbeiten wollen und in die Reiki-Kraft eingestimmt sind, können Sie die Wirkungen der Gewürzheilkunde sinnvoll verstärken und ergänzen.

Durch das Wirken der Gewürzheilkunde auch auf der materiellen Ebene sind Überempfindlichkeiten auf ein Gewürz nicht ausgeschlossen; auch können sich in den Gewürzen – wie heute ja leider in allen Naturprodukten – auch Spuren von Schadstoffen wiederfinden. Mit Reiki behandelte Gewürze werden noch besser vertragen und wirken stärker. Auf der energetischen Ebene kann die Gewürzheilkunde natürlich ebenfalls von Reiki profitieren.

Für die Zwecke der Gewürzheilkunde sollten Sie ausschließlich frische und noch nicht gemahlene Gewürze verwenden. Behandeln Sie diese etwa 20 Minuten lang mit Reiki, um ihre Heilkraft zu verstärken. Wenn Sie einmal keine frischen, ungemahlenen Gewürze bekommen können, bietet Ihnen Reiki die Möglichkeit, die Lebensenergie in den Gewürzen wieder zu aktivieren.

Psychotherapie und Reiki

Nicht nur Menschen, die unter schwerwiegenden seelischen Problemen leiden, sondern auch diejenigen, die sich selbst ergründen und lernen wollen, ihr eigenes Potential auszuschöpfen, nehmen die Chance einer Psychotherapie wahr. Viele Menschen schrecken aber schon vor dem Begriff „Psychotherapie“ zurück; dabei bedeutet es wörtlich nichts anderes als „Seelen-Pflege“ – etwas, das wohl jeder von uns gebrauchen kann.

Es gibt viele verschiedene Schulen der Psychotherapie, von der Psychoanalyse, die versucht, über Assoziationen und Interpretationen

---

[2] Vgl. Schwarz/Schweppe: *Heilen mit Gewürzen*, Knaur, München 1996

von Kindheitserlebnissen an die Wurzel der Probleme zu kommen, bis zur Verhaltenstherapie, die sich vor allem auf die Lernerfahrungen, die zu dem aktuellen Problem geführt haben, konzentriert. Aber ganz gleich, welche Form der Psychotherapie angewandt wird: eine Unterstützung durch Reiki ist fast immer sinnvoll.

Bei schweren, endogenen Krankheiten, wie bei einer endogenen Depression, bei Psychosen und Schizophrenien sollte Reiki jedoch unbedingt nur in Absprache mit dem behandelnden Arzt oder Psychotherapeuten eingesetzt werden, da es zu paradoxen Reaktionen kommen kann. Das heißt natürlich nicht, daß Reiki hier irgendwie negativ wirken würde; Sie wissen ja, daß Reiki immer positiv ist. Es löst die tiefliegenden Wurzeln einer Krankheit auf, doch während dieses Prozesses, der eine gewisse Zeit in Anspruch nimmt, wirken die Symptome der Krankheit weiter, und so kann es zu unvorhersehbaren Reaktionen auf die äußeren Bedingungen der Reiki-Behandlung kommen.

Wenn es jedoch um die Bewältigung von persönlichen Krisen, um Selbsterfahrung und seelische Unterstützung geht, ist Reiki in jedem Fall eine ideale Ergänzung und Hilfe bei einer Psychotherapie.

Kapitel 11: Reiki-Do

Vielen Menschen, die damit arbeiten, bedeutet Reiki weitaus mehr als nur eine zusätzliche Heilmethode. Reiki führt uns zu unserem wahren Selbst zurück und bringt uns unserer Ganzheit näher – wenn wir es wollen und zulassen. Wenn wir Reiki bewußt als Weg (jap.: do) zur Selbstverwirklichung und zum inneren Wachstum gehen, üben wir *Reiki-Do.*

Das wichtigste Mittel auf diesem Weg ist natürlich Reiki, das es uns ermöglicht, uns von unseren Blockaden zu befreien. Wenn wir Reiki-Do üben, leben wir mit der Reiki-Kraft. Wir geben nicht nur uns selbst und anderen Reiki, sondern wir verbinden uns dadurch bewußt und intensiv mit der Quelle der Lebensenergie.

Doch mit dem Geben und Empfangen von Reiki allein ist es nicht getan. Wir arbeiten in Reiki-Do ganz bewußt mit Reiki, um unsere Gedanken, Gefühle und auch unseren Körper zu reinigen und zu klären. Eine gute Hilfe, um mit Reiki an der eigenen Entwicklung zu arbeiten, bieten die Lebensregeln Dr. Usuis (vgl. Seite 25):

Gerade an diesem Tag sei ohne Ärger

Ärger – ob man sich nun über sich selbst oder über andere ärgert – stellt eine aggressive Energie dar. Wenn wir uns ärgern, sind wir stark blockiert. Wir erkennen das Gute nicht mehr und konzentrieren uns in negativer Art und Weise auf das Objekt unseres Ärgers.

Wenn man solche Emotionen in sich spürt, ist dies ein guter Zeitpunkt, um sich Reiki zu geben. Der Ärger wird sich dadurch schneller auflösen. In Reiki-Do begnügen wir uns jedoch nicht damit, sondern gehen der Wurzel unseres Ärgers nach, werden uns bewußt, wie wir uns durch den Ärger selbst behindern. Diesen Prozeß unterstützen wir natürlich durch regelmäßige Selbstbehandlung mit Reiki.

Affirmation[1] *gegen Ärger:*
„Ich bin heiter und gelassen."

Gerade an diesem Tag sei ohne Sorge

Was ist wohl überflüssiger als Sorgen? Ob es sehr selbstbezogene Sorgen wie die um möglichst gute Geschäfte sind oder ob es sich um Sorgen um das Wohl anderer handelt, ob es um berechtigte oder irrationale Sorgen geht – die Sorgen selbst bewirken rein gar nichts! Sorgen sind – wie jede Form der Angst – ein schlechter Lehrmeister.

Wir haben gesagt, daß Sorgen nichts bewirken, aber das stimmt nicht ganz: Sie ziehen die negativen Ereignisse, um die sich die Sorgen drehen, geradezu an. Wenn wir uns um unser Geld sorgen, wird es uns aus den Fingern gleiten oder durch überzogenen Geiz wertlos, da wir es nicht mehr verwenden; wenn wir uns darum sorgen, krank zu werden, wird uns die Krankheit um so schneller ereilen usw. Das ist ganz klar: Wenn wir ständig an etwas denken, *„programmieren"* wir damit ja unser Unterbewußtsein geradezu, das dann versucht, seinen „Auftrag" zu erfüllen.

In Reiki-Do suchen wir nach den tiefsten Wurzeln unserer Sorgen und Ängste, erkennen unsere Blockaden und arbeiten mit der Unterstützung durch Reiki daran, sie aufzulösen.

Affirmation gegen Sorgen:
„Ich bin ruhig und voller Vertrauen."

Gerade an diesem Tag sei liebevoll zu deinem Nächsten

Der Mensch ist, wie der griechische Philosoph Aristoteles meinte, ein *zoon politikon* – ein Lebewesen, das die Gemeinschaft anderer Men-

[1] Affirmationen sind positiv formulierte Sätze, mit denen wir unser Unterbewußtsein „umprogrammieren". Wiederholen Sie die Affirmation als Mantra in der Meditation, vor dem Einschlafen, nach dem Aufwachen und wann immer Sie möchten. Sie werden überrascht sein, was diese einfache Methode, gerade in Verbindung mit Reiki, bewirken kann!

schen benötigt, um seine Bestimmung zu finden. Wenn wir erkennen, daß alle Menschen unsere „Brüder und Schwestern“ im christlichen oder buddhistischen Sinne sind, wird es uns selbstverständlich, unseren Nächsten (und das ist auch ein verhungerndes Kind in Afrika) zu lieben, mit Ehrfurcht und Respekt sowie als Teil der Welt (von der auch wir ein Teil sind) zu betrachten.

Affirmation:
„Ich und die anderen sind eins.“

Gerade an diesem Tag verdiene dein Brot ehrenvoll

Mit dieser Lebensregel des Dr. Usui verbindet man mehr als das wörtliche „Brot-Verdienen“. Sie bedeutet auch nicht nur, daß wir nicht dem Beruf eines Diebes, Mörders oder Betrügers nachgehen sollten – das ist schließlich selbstverständlich. Die Regel besagt, daß man genauer darauf achten soll, ob man seinen Lebensunterhalt tatsächlich ehrlich verdient oder ob man in seinem Beruf versucht, andere „ganz legal“ übers Ohr zu hauen. Genauso regt sie an, darüber nachzudenken, ob man in seinem Beruf ehrlich zu sich selbst ist und wirklich den Weg geht, der einen erfüllt, oder ob man seinen Beruf wegen des hohen Einkommens, Ansehens oder gar der Eltern wegen ergriffen hat.

Die bei der Arbeit an diesem Problemkreis häufig auftretenden Verunsicherungen, Selbstvorwürfe und Zweifel bewältigen wir mit der Hilfe von Reiki und finden somit unseren Weg.

Affirmation:
„Ich arbeite für mich und die Menschheit.“

Gerade an diesem Tag sei dankbar gegen das Leben

Nur wenn wir dankbar gegenüber den positiven Dingen sind, die wir empfangen, die uns erfreuen oder von denen wir etwas lernen, können wir überhaupt das Positive aufnehmen und uns zu eigen machen.

Eine Gabe, für die wir nicht dankbar sind, erfreut uns nicht und wird uns nicht weiterbringen.

Die Kunst dabei ist, zu erkennen, daß wir für praktisch *alles* dankbar sein können: für eine Krankheit, die uns unseren Weg zeigt, für einen Verlust, der uns zeigt, was für uns wirklich wichtig ist, für einen Fehler, aus dem wir gelernt haben.

Reiki wird uns dabei helfen, dieses Bewußtsein zu entwickeln.

Affirmation:
„Ich bin voller Dankbarkeit."

Die Regeln Dr. Usuis sind eine Möglichkeit. Doch suchen Sie nach *Ihrer eigenen* Form von Reiki-Do! Vertrauen Sie Ihrer Intuition und finden Sie Ihre ganz persönliche und individuelle Art und Weise, Reiki für die Welt zu nutzen.

Anhang

Fragen zu Reiki

Wir hoffen, daß uns mit diesem Buch eine umfassende und verständliche Einführung in Reiki gelungen ist. Um eventuell noch bestehende Unklarheiten auszuräumen, beantworten wir hier noch einmal in Kurzform die klassischen Fragen, die immer wieder von „Neulingen" auf diesem Gebiet gestellt werden.

Was ist Reiki?

Reiki ist der Strom der Lebensenergie, die überall im Universum vorhanden ist, und die durch einen Menschen, der auf die Reiki-Kraft durch die Einweihungen eingestimmt ist, übertragen werden kann.

Wie wirkt Reiki?

Reiki harmonisiert den Strom der Lebensenergie und löst Blockaden auf, die den Fluß der Energie behindern. Dabei findet Reiki von selbst die Stellen, an denen es benötigt wird – genauso wie Wasser stets von selbst an den zutiefstgelegenen Ort fließt, ohne daß man „nachhelfen" müßte.

Kann Reiki mißbraucht werden?

Mißbrauch mit der Reiki-Energie ist vollkommen ausgeschlossen. Es ist ja geradezu charakteristisch für Reiki, daß die übertragene Energie *immer positiv* ist.

Kann man zu viel Reiki geben oder empfangen?

Nein, denn Reiki „gibt" man nicht im eigentlichen Sinne, sondern man übermittelt es lediglich. Der Reiki-Empfänger nimmt so viel

Energie auf, wie er benötigt, und der Reiki-Kanal leitet die Energie nur durch sich hindurch.

Funktioniert Reiki manchmal nicht?

Reiki fließt immer, wenn ein Mensch, der die Einstimmungen empfangen hat, es gibt; die genauen Auswirkungen entziehen sich allerdings unserer Kontrolle. Wir wissen zwar, daß Reiki stets positiv wirkt, doch *wie* sich dies im Einzelfall manifestiert, können wir nicht immer vorhersehen. Manche Probleme sind nämlich in Wirklichkeit für den Betroffenen äußerst förderlich, und auch Krankheitssymptome können Ausdruck einer positiven Entwicklung sein – diese „Probleme" wird Reiki natürlich nicht einfach auflösen, aber es wird dazu beitragen, die Krise zu meistern.

Kann Reiki auch negativ wirken?

Nein, Reiki ist definitionsgemäß eine positive Kraft. Es bedarf keiner „Reinigung" oder besonderen Vorbereitung des Behandelnden oder des Empfängers, damit Reiki seine heilsame Kraft entfaltet (auch wenn Reinigungs- und Vorbereitungsübungen die Wirkung noch verstärken können).

Welche Weltanschauung ist mit Reiki verbunden?

Überhaupt keine. Reiki ist völlig unabhängig vom Glauben und von der weltanschaulichen Sicht des Reiki-Gebenden oder des Reiki-Empfängers. Bei uns sind viele Reiki-Meister Christen; im Osten sind es meist Buddhisten. Aber auch mit jedem anderen Glauben – Islam, Hinduismus, Taoismus, ja selbst mit Wissenschaftsgläubigkeit – ist Reiki vereinbar, und seine Ausübung verstößt gegen keine uns bekannte Glaubensvorschrift.

Gibt es Probleme, bei denen Reiki gefährlich ist?

Nein. Reiki wirkt immer positiv, und es gibt theoretisch keine Gegenanzeigen. Schwere psychische Erkrankungen wie eine Psychose oder eine Schizophrenie sollten jedoch nur unter der Aufsicht eines ausgebildeten Psychiaters oder Psychologen mit Reiki behandelt werden. Dieser kann gegebenenfalls mit den unvorhersehbaren Reaktionen der Patienten umgehen. Es wurde manchmal die Befürchtung geäußert, daß Reiki bei einer Operation schädlich wirken könnte, weil dadurch möglicherweise die Wirkung der Narkose (die ja eine Art Vergiftung ist) vermindert wird und die Gefahr besteht, daß der Patient aufwacht. Es hat sich jedoch inzwischen gezeigt, daß Reiki auch bei Narkosen ausschließlich positiv wirkt – Reiki „merkt", daß die Verminderung der Narkose gefährlich für den Reiki-Empfänger wäre. In bestimmten Fällen verstärkt Reiki sogar die Narkosewirkung (nämlich dann, wenn es für den Betreffenden von Vorteil ist).

Kann ich mit Reiki eine Diagnose stellen?

Nein, eine Diagnose sollte nur der Arzt oder Heilpraktiker stellen. Für die Behandlung mit Reiki bedarf es allerdings keiner Diagnose, da Reiki von selbst an die richtige Stelle fließt.

Darf ich mit Reiki Krankheiten anderer Menschen heilen?

Natürlich dürfen Sie jederzeit Ihren Familienmitgliedern oder guten Freunden Reiki geben, um ihnen dabei zu helfen, kleine und größere Probleme und Krankheiten zu überwinden. Wenn Sie fremde Menschen behandeln wollen, müssen Sie Arzt oder Heilpraktiker sein, vor allem dann, wenn Sie ausdrücklich Krankheiten heilen und Diagnosen stellen wollen.

Macht Reiki den Arztbesuch überflüssig?

Nein. Auch wenn Sie sehr gute Erfahrungen mit Reiki gesammelt haben: Halten Sie niemals einen Menschen (auch sich selbst nicht) davon ab, bei Krankheitssymptomen einen Arzt zu Rate zu ziehen! Reiki kann zwar theoretisch jede Krankheit heilen, doch bis die tiefsitzenden Blockaden aufgelöst sind, kann eine unbehandelte Krankheit bereits unwiderruflichen Schaden angerichtet haben!

Muß derjenige, der Reiki empfängt, an Reiki glauben?

Nein, da Reiki die universelle Lebensenergie ist, die ohnehin in jedem fließt. Ob jemand an Reiki „glaubt" oder nicht, ist völlig unerheblich. Allerdings kann (und sollte) auch niemand gegen seinen Willen mit Reiki behandelt werden.

Wie oft kann ich Reiki geben?

Sooft Sie wollen. Reiki erschöpft sich nicht, weil es die unerschöpfliche Lebenskraft des Universums ist. Sie gewinnen sogar an Energie, je öfter Sie Reiki geben.

Darf ich auch Reiki geben, wenn es mir gerade nicht gutgeht oder wenn ich krank bin?

Ja, weil Reiki-Geben immer auch Reiki-Empfangen bedeutet; wenn es Ihnen also nicht gutgeht, behandeln Sie sich gleich mit, indem Sie Reiki geben. Die stets positive Reiki-Energie wird durch Krankheiten oder Belastungen nicht aufgehoben, abgeschwächt oder gar in negative Energie umgewandelt. Allerdings sollten Sie bei ansteckenden Krankheiten natürlich nicht behandeln, um Ihrem Klienten nicht zu schaden (auch wenn Reiki einen gewissen Schutz vor Ansteckungen bewirkt).

Hilft Reiki auch bei schweren Erkrankungen wie Krebs?

Reike kann nicht jeden Todkranken wieder völlig gesundmachen, denn schwere Krankheiten haben eine lange Vorgeschichte und die Auflösung der tiefsitzenden Blockaden beansprucht viel Zeit – *zuviel* Zeit für einen Schwerkranken. Allerdings können Sie dem Betreffenden mit Reiki helfen, das Beste aus seiner Lage zu machen, Schmerzen und Ängste lindern und die Selbstheilung unterstützen. So haben Sie auch die Möglichkeit, einem Sterbenden auf seinem Weg beizustehen.

Es kam jedoch in seltenen Fällen schon vor, daß selbst „unheilbare" Krankheiten nach intensiven Reiki-Behandlungen verschwanden.

Wie lange dauert es, bis eine Reiki-Behandlung wirkt?

Das hängt ganz davon ab, wie lange das Problem bereits im Unterbewußtsein besteht und sich verfestigt hat. Kleine Verletzungen, Krankheiten oder Ängste löst Reiki sehr schnell, nach einer bis vier Sitzungen, auf. Bei Problemen und Krankheiten, die schon lange unter der Oberfläche schwelen, dauert es oft geraume Zeit, bis sie aufgelöst werden.

Adressen und Kontakte

Bei den beiden großen Reiki-Organisationen können Sie Adressen von Reiki-Meistern in Ihrer Nähe, die der jeweiligen Organisation angeschlossen sind, in Erfahrung bringen.

T.R.T.A.I.
The Radiance Technique Association International, Inc.
P.O. Box 40 570
St. Petersburg, FL 33743–0570
USA
(Eine Telefonnummer gibt es dort leider nicht.)

The Reiki Alliance
E 33 135 Canyon Road
Cataldo, ID 83810
USA
Tel.: 001/208/682-35 35

In Touch with Reiki

In Touch with Reiki ist eine Zeitschrift, die in den USA – und daher natürlich in englischer Sprache – erscheint. Ein Jahresabonnement kostet 41 US $.

In Touch with Reiki
2442 Cerillos Road, Suite 221
Santa Fe, NM 87501
USA

Reiki im Internet

Auch im Internet, dem weltweiten Computernetzwerk, kann man interessante Informationen über Reiki und Kontakte zu Reiki-Meistern finden; zum Beispiel unter http://www.crl.com/~davidh/reiki/.

Printed in Poland
by Amazon Fulfillment
Poland Sp. z o.o., Wrocław

86598878R00092

Inhalt

Warum dieses Buch?

… und weshalb du es lesen solltest.

Dieses Buch bietet dir die Möglichkeit, kostengünstig und mit wenig Zeitaufwand fundamentale persönliche Entwicklungen zu erreichen. Dir werden Wissen und Methoden vermittelt, um eine authentische und glückliche Beziehung zu führen. Die 25 Übungen wurden dabei so entwickelt, dass sie nicht als zusätzliche Belastung im Alltag wahrgenommen werden. Deshalb sind sie darauf ausgerichtet, dass die gemeinsam mit dem Partner verbrachte Zeit als unbezahlbar erlebt wird. Die Übungen laden dich dazu ein, dich inspirieren zu lassen, unbekannte und spannende Seiten deiner Beziehung zu entdecken, dich neu zu verlieben und jeden Tag sinnbringend zu leben.

Ein Buch zu Paarberatung zu kaufen oder eine Paartherapie in Anspruch zu nehmen, ruft oftmals Widerstände hervor. Die Sorge darüber, stigmatisiert zu werden oder sich vermeintlich einzugestehen, dass etwas nicht normal sei, ist für viele Grund genug, alles beim Alten zu lassen. Dabei wird oft übersehen, dass sich Beziehungen naturgemäß verändern, da sich die Partner selbst und deren Lebensumstände kontinuierlich im Wandel befinden. Diese Veränderungen erfordern eine ständige Anpassung der Partnerschaft an die aktuellen Gegebenheiten und die eigenen Bedürfnisse. Erst durch die kontinuierliche Arbeit an der Beziehung können Partner mit- und aneinander wachsen.

Wenn kein Problem vorliegt, beschäftigen sich die wenigsten mit ihrer Beziehung. Sich dennoch mit ihr auseinanderzusetzen, zeugt von Liebe, Vertrauen und der Bereitschaft eine langfristige Verbindung mit dem Partner einzugehen. Dabei ist jede Bestrebung gemeint, die die eigene Beziehung zu einem glücklichen Ort macht, an dem beide Partner Kraft tanken können. Wenn dich dein Partner also mit diesem Buch überrascht, gibt er dir damit zu

verstehen, dass er dich liebt und sich mit dir verwirklichen möchte. Am Ende des Buches mag es dir sogar deutlich bewusst sein, dass Unstimmigkeiten in der Beziehung nicht so viel mit euren unterschiedlichen Charakteren zu tun haben. Vielmehr basieren sie auf einem Zusammenspiel aus eurer Kommunikation, der eigenen Erziehung, den Erfahrungen aus vorherigen Beziehungen und euren aktuellen Lebensumständen.

Eine Beziehung sollte regelmäßig gepflegt werden, damit sie langfristig funktioniert, wie beispielsweise der eigene Körper. Du versorgst deinen Körper mit Lebensmitteln und Nährstoffen, verwendest Kosmetika, putzt dir deine Zähne, schneidest deine Nägel und Haare, gehst in regelmäßigen Abständen zu Ärzten und kümmerst dich um Verletzungen, wenn dir etwas zustößt. Das ist für dich selbstverständlich, weil du es gelernt und verinnerlicht hast. Dieselbe Energie solltest du ebenso in dein psychisches Wohlbefinden investieren. Stell dir vor was passiert, wenn du von heute auf morgen mit deiner Ernährung und Pflege aufhörst oder Wunden nicht mehr verarztest.

Nicht nur der Erhalt der Beziehung, sondern auch das persönliche Wachstum bedürfen des aktiven Zutuns der Partner. Wir wollen uns vom Partner wertgeschätzt und geliebt fühlen und miteinander wachsen. Selbst wenn eine Beziehung gut funktioniert, sollten auch erfolgreiche Aspekte kultiviert und gestärkt werden, damit sie nicht zur automatischen Routine verkommen. Eine Beziehung besteht aus konstanten Liebesbezeugungen in Form von kleinen und großen Aufmerksamkeiten, positivem Feedback, Komplimenten, Dankbarkeit, der Motivation eine langfristige Liebesbeziehung zu führen sowie gemeinsamen Zielen. Was bliebe übrig,

wenn diese Liebesbezeugungen wegfallen würden?

Dieses Buch gibt euch so viel zurück, wie ihr bereit seid in eure Beziehung zu investieren. Mit dem Wissen und den Methoden könnt ihr Berge versetzen oder Kiesel schnipsen, ganz nach euren Bedürfnissen. Oftmals reicht ein kleiner Anstoß aus, um große Veränderungen aus eigener Kraft in Gang zu setzen. Dieses Buch ist kein langwieriger und verkopfter Ratgeber. Stattdessen soll es euch schnell und effektiv dabei unterstützen zu erkennen, was bereits gut in eurer Beziehung läuft und was noch verändert werden darf/kann. Der Inhalt ist für jeden geeignet, der Interesse für dieses Thema hat. Ob Quereinsteiger oder Experte, es ist kein psychologisches Vorwissen nötig, um die Übungen ausführen zu können, da bewusst auf Fachsprache verzichtet wird. Stattdessen wird hauptsächlich mit Metaphern, Bildern und Analogien gearbeitet, die den Lernprozess unterstützen.

Die Inhalte dieses Buches spiegeln meine professionelle Haltung, Ideen und Hypothesen als Psychologe wider. Der Unterschied von meiner Beratung zu einer Psychotherapie ist, dass ich zwar mit akuten Krisen arbeite, jedoch nicht mit psychischen Störungen. Wenn du dich nicht gut fühlst, sprich lieber mit einem Arzt oder Therapeuten, statt alleinig den Übungen zu vertrauen. Diese bieten keinen Ersatz für jedwede Form von persönlicher Beratung, Therapie oder den Besuch eines Arztes. Die Übungen sind nicht dazu gedacht, den Partner zu verändern. Einstellungen und Verhaltensweisen können und dürfen jedoch verändert werden, wenn sie euch hindern, anstatt euch dabei zu helfen zu wachsen. Da Veränderungen bei jedem anders zutage treten, solltest du dich wohl dabei fühlen, diese Veränderungsprozesse eigenständig durchzumachen. Es ist gut, wenn du

in der Vergangenheit schon Veränderungsprozesse begonnen und ausgehalten hast. Wenn du dir das nicht zutraust und dir dabei Unterstützung wünscht, empfehle ich dir, Hilfe in Form einer Paar- oder Einzelpsychotherapie aufzusuchen. Die Kosten für eine Paartherapie übernimmt die Krankenkasse bisher nicht.

Für die Einleitung einer Psychotherapie solltest du deinen Hausarzt kontaktieren. Wenn du deine Krankenkasse konsultierst, hast du auch Zugang zu Kassentherapeuten, die noch nicht online einsehbar sind.

Eine weitere Möglichkeit ist, dich direkt bei den vielen therapeutischen Ausbildungsinstituten in deiner Nähe zu bewerben. Pro Ausbildungsjahr stehen dir ca. 60 Therapeuten in Ausbildung zur Verfügung. Diese sind meist schon im fortgeschrittenen Ausbildungsstadium, werden engmaschig und professionell von erfahrenen Therapeuten und Supervisoren betreut und suchen oft händeringend nach Menschen mit Therapiewunsch.

Da jede Übung für sich steht, kann man sie nach Lust und Laune ausprobieren. Es wird empfohlen, die Übung „Warm-up" zu Beginn und den „Cooldown" zum Schluss zu absolvieren. Der „Cooldown" ist der letzte Teil des Erfolgsrezeptes und zeigt durch die Übungen eure Entwicklung. Die „Believe IT I - III" Übungen eignen sich ebenfalls dazu sie in chronologischer Reihenfolge zu durchlaufen. Ansonsten seid ihr herzlich dazu eingeladen, durch Experimentieren herauszufinden, welche Übungen für euch am besten passen.

Ich wünsche viel Spaß und Erfolg,
Marco

PS: Vergesst nicht - dies ist ein interaktives Buch! Macht

euch Notizen und markiert die für euch relevanten Stellen.

Hinweis:

Es wird der Einfachheit halber in diesem Buch vom „Partner“ gesprochen, um den Lesefluss nicht unnötig zu behindern. Diese Bezeichnung kann als geschlechtsneutral aufgefasst werden und gilt somit für alle Geschlechter. Die Entscheidung, nicht zu gendern, wurde nach Rückmeldung durch zahlreiche Probeleser getroffen.

Der Ansatz

Mein Name ist Marco Kerhsenfischer und ich arbeite als Psychologe, systemischer Berater und Stressmanagementtrainer in Berlin. Ich bin dabei in verschiedenen Kontexten tätig, ob in Paar-, Eltern- und Familienberatung oder in der Kinder- und Jugendlichenberatung. Zudem begleite ich Erwachsene mit seelisch-psychischen Beeinträchtigungen. In allen Bereichen habe ich die Erfahrung gemacht, dass jeder Mensch stabile Beziehungen braucht, um zu Leben und zu Überleben. Das Buch unterstützt dich darin, eine gesunde Beziehung zur dir selbst, zu all deinen Gefühlen und Eigenheiten aufzubauen, die dich auszeichnen. Was für eine positive Selbstwahrnehmung gut ist, stärkt auch die Beziehungen mit anderen Menschen. Mein Ziel als Autor ist psychologisches Wissen mit meinen Erfahrungen aus der vielseitigen Beratungspraxis zu verbinden und den Lesern zugänglich zu machen.

Ich bediene mich an bewährten Ansätzen aus verschiedenen Fachrichtungen und forme daraus individuell anpassbare Entwicklungskonzepte. Es war mir immer wichtig interdisziplinär und kreativ zu arbeiten und im konstanten Austausch mit verschiedensten Fachbereichen zu stehen. Hiervon sollst du, lieber Leser, nun profitieren.

How to kill your darlings

… warum eigentlich?

Dieser provokativ-ironische Leitsatz hat seinen Ursprung im Journalismus und dem Filmgeschäft. Er soll (Drehbuch-)Autoren mit einem Augenzwinkern dazu ermahnen, ihre Werke hinsichtlich der Ideen, Charaktere und Handlungsstränge ständig auf Praxistauglichkeit zu überprüfen. Das Schlimmste, was dem Autor passieren könnte, wäre, an Charakteren oder Stories festzuhalten, die später auf der Leinwand nicht funktionieren und dem Gesamtwerk keinen Mehrwert bieten. Der Autor ist daher angehalten, seine „Darlings" trotz starken persönlichen Bezugs zu eliminieren, um den Film auf das Wesentliche zu reduzieren und das Gesamtbild im Auge zu behalten. Das erfordert jede Menge Reflexionsvermögen und die Fähigkeit, über den eigenen Schatten zu springen. Meisterwerke entstehen nicht von heute auf morgen, sondern durch einen konstanten Prozess des Hinterfragens und Anpassens an die Gegebenheiten und Bedürfnisse.

Diese Metapher lässt sich bestens auf Beziehungen übertragen. Um eine Beziehung am Leben zu erhalten und zu stärken, müssen sich Partner aus ihrer Komfortzone bewegen. Festgefahrene Überzeugungen, Gewohnheiten oder vermeintlich bewährte Verhaltensweisen müssen dabei über Bord geworfen werden. Um dies greifbarer zu machen, hilft das Veränderungsmodell von Kurt Lewin (1), der zunächst das Bild von eingefrorenen, das heißt erlernten, Mustern erschafft, die für die Veränderung erst aufgetaut, anschließend neu modelliert und in korrigierter Form wieder eingefroren werden. Mit den Übungen möchte ich euch in jeder dieser Phasen unterstützen, indem alte Muster hinterfragt werden und Veränderungsbereitschaft durch Humor, positive Haltung und anschauliche Alltagsbeispiele erzeugt wird.

Das Erfolgsrezept

17

In der Beratungspraxis hat es sich bewährt, eine konkrete Perspektive mit einer verbindlichen Vereinbarung zu kombinieren. Indem ihr die rationale Perspektive eures Verstandes mit der Kraft eurer Emotionen verbindet, entfaltet ihr euer volles Potenzial. Einfach gesagt bedeutet das: Wenn du weißt, wo es hingehen soll, du den Veränderungsprozess genießt und dir die Sache wichtig ist, erreichst du jedes Ziel.

Generell hilft es, sich bei einem Veränderungswunsch Zwischenziele zu setzen. Zum einen behaltet ihr dadurch den Überblick und zum anderen sind die Hürden auf diese Weise geringer. Dieser Schritt wird euch abgenommen, indem das Buch in mehrere Module unterteilt wurde. Dadurch kommst du deinem Ziel mit jeder passenden Übung automatisch näher und siehst jeden Erfolgsschritt. Wenn ihr also das Inhaltsverzeichnis betrachtet, kennt ihr die Meilensteine auf dem Weg zu eurem Wunschziel.

Bevor es losgeht, solltet ihr euch überlegen, an welchen Aspekten eurer Beziehung ihr arbeiten wollt und wie hoch eure jeweilige Bereitschaft ist, regelmäßig zu „trainieren". Das Erfolgsrezept besteht aus drei Teilen:

1. Zunächst beschreibt jeder Partner seine Wahrnehmung der aktuellen Situation und seine Motivation, die Zufriedenheit beider Partner zu maximieren.
2. Aus eurer Beschreibung entsteht euer Wunschbild, das eure wichtigsten Wünsche enthält.
3. Zuletzt erstellt ihr euren Trainingsplan.

Teil I: „Wie ich unsere Beziehung zurzeit empfinde."

Bei der Einschätzung der aktuellen Situation raten wir euch, ausreichend Zeit einzuplanen.

Die Fragen sollten wahrheitsgetreu beantwortet werden. Jeder Partner beantwortet die Fragen zunächst für sich und vergleicht sie vor Teil 2 mit seinem Partner. Denkt daran, es geht um eure individuellen Einschätzungen und Wünsche, die sich deutlich voneinander unterscheiden dürfen. Antwortet daher für euch und nicht, um eurem Partner zu gefallen. Ihr habt euch das Buch schließlich aus der Motivation heraus gekauft, die Beziehung bestmöglich für beide Partner zu gestalten und um eine passende Zukunftsperspektive zu finden. Die Übung hilft euch, auf einen gemeinsamen Nenner zu kommen und mögliche Unterschiede bei den Prioritäten zu entdecken. Im Kapitel „Cooldown" könnt ihr Teil 1 erneut durchführen und sehen, wie ihr euch durch das Training entwickelt habt.

Fragen zu euren Einschätzungen und Wünschen:

1. Unsere Beziehung ist mir wichtig.
   nein - eher nein - ich weiß nicht - eher ja - ja

2. Ich will an unserer Beziehung arbeiten.
   nein - eher nein - ich weiß nicht - eher ja - ja

3. Wir sprechen die gleiche Sprache.
   nein - eher nein - ich weiß nicht - eher ja - ja

4. Wir wachsen an Konflikten.
   nein - eher nein - ich weiß nicht - eher ja - ja

5. Wir wertschätzen uns gegenseitig.
   nein - eher nein - ich weiß nicht - eher ja - ja

6. Wir unterstützen uns im Alltag.
   nein - eher nein - ich weiß nicht - eher ja - ja

7. Wir sind ein Team und treffen Entscheidungen gemeinsam.
   nein - eher nein - ich weiß nicht - eher ja - ja

8. Wir verbringen unsere Zeit sinnvoll miteinander.
   nein - eher nein - ich weiß nicht - eher ja - ja

9. Wir unternehmen Dinge, die wir aufregend finden.
   nein - eher nein - ich weiß nicht - eher ja - ja

10. Wir erfreuen uns mit gegenseitigen Aufmerksamkeiten.
    nein - eher nein - ich weiß nicht - eher ja - ja

11. Wir tauschen Zärtlichkeiten aus.
    nein - eher nein - ich weiß nicht - eher ja - ja

12. Wir leben unsere sexuellen Bedürfnisse miteinander aus.
    nein - eher nein - ich weiß nicht - eher ja – ja

Teil 2: „Woran wir gemeinsam wachsen wollen."

Mithilfe der Fragen aus Teil 1 konntet ihr eure Prioritäten für das Training ausfindig machen. Sucht die Entwicklungspotenziale heraus, die für euch am relevantesten sind und sortiert sie alphabetisch. Euer wichtigstes Entwicklungspotenzial wird durch den Buchstaben A priorisiert, das Zweitwichtigste durch B und so weiter.

Bildet auf diese Weise eine Liste an Themen, an denen ihr arbeiten wollt.

Versetzt euch im Anschluss in ein fiktives Zukunfts-

szenario, in dem ihr euch vorstellt, dass ihr alle Entwicklungspotenziale erreicht habt. Stellt euch folgende Fragen:

- Was ist in der Zukunft anders?
- Woran erkennt ihr im Zusammenleben, dass ihr euer Training erfolgreich absolviert habt?
- Welche Veränderungen erkennst du bei deinem Partner? Welche erkennt er bei dir?
- Was sagen eure Freunde, Familienangehörige und Kollegen zu eurer Entwicklung?

Teil 3: „Was wir bereit sind, für unsere Beziehung zu tun."

Um einen Überblick zu bekommen, wie viel Zeit ihr monatlich in eure Beziehung investieren wollt, bietet sich diese simple Rechnung an:

(Investierte Minuten pro Tag x Kalendertage pro Monat) / 60 = monatliches Stundenkontingent

Beispiel:
(8 Minuten täglich x 31 Tage im Mai) / 60 = ca. 4 Stunden pro Monat

Vier Stunden pro Monat sind ca. eine Stunde pro Woche. Das ist in Anbetracht der 168 Stunden einer Sieben-Tage-Woche durchaus realistisch.

Das Kontingent sollte ein bestmöglicher Kompromiss für euch sein und dient als ungefährer Richtwert für die monatlich investierte Zeit. Ihr sollt euch weder mit einer unrealistisch hohen Anzahl überfordern noch mit einer zu niedrigen unterfordern. Viele Paare berichten uns, dass

sie sich ein- bis viermal pro Monat zu einem festen Pärchenabend verabreden, um die Paarübungen gemeinsam durchzuspielen. Die Einzelübungen können verteilt über die Woche durchgeführt werden, wenn das bei euch zeitlich passt.

Die Kunst besteht darin, sich nicht zusätzlich zu den täglichen Aufgaben Arbeit zu verschaffen, sondern freie Zeitinseln am Tag ausfindig zu machen und diese zu nutzen. Solche Zeitinseln entstehen beispielsweise durchs Warten, Fahren oder freier Zeit zwischen Terminen. Zudem kann man das Nützliche mit dem Angenehmen verbinden und beispielsweise eine Kommunikationsübung in den Arbeitsalltag einbauen oder in der Pause abschalten, indem man dem Gehirn eine kreativitätsfördernde oder entspannende Einheit gönnt. Notiert jeden Monat eure Trainingszeit auf dem Erfolgsrezept. Somit habt ihr einen Überblick und könnt einschätzen, wie viel Training euch guttut.

Verbindliche Vereinbarung:
Wir wollen an unserer Beziehung arbeiten und gemeinsam wachsen.

Ort: Würzburg

Datum: 29.03.2022

Unterschriften: ____________________

Hinter den Kulissen

In die Gänge kommen

23

„Gehirn, Symbol der Unerschöpflickeit."
- Manfred Hinrich

Die Übungen verbinden psychologische und neurowissenschaftliche Erkenntnisse mit Beratungserfahrung aus der Praxis. Es ist mittlerweile allgemein bekannt, dass sich das Gehirn ein Leben lang neu strukturiert und wir somit ein Leben lang lernen. Durch neue Erfahrungen und das Erlernen von Wissen werden die Anzahl und Anordnung von Synapsen verändert. Dieser Prozess heißt Neuroplastizität. Dabei kann man sich die Nervenverbindungen wie einen Trampelpfad vorstellen: Je öfter er begangen wird, desto größer und tiefer wird der Pfad, bis er zu einer breiten Straße wird (Hebbsche Lernregel: "Neurons that fire together, wire together"). Übersetzt bedeutet das: "Neuronen, die gemeinsam aktiviert werden, verbinden sich auch miteinander". Damit wird das Wissen ohne Probleme verfügbar und abrufbar.

Das Gehirn und das Nervensystem sind primär auf Sicherheit und Überleben ausgerichtet. Als Überlebensstrategien dienen Kampf, Flucht oder Starre (2). Die jeweilige Strategie wird durch die individuelle Einschätzung einer Situation ausgewählt, die bei jedem reflexartig und teilweise sehr unterschiedlich abläuft. Ob eine Situation als bedrohlich, harmlos, leicht zu bewältigen, überfordernd, lähmend oder anspornend interpretiert wird, entscheiden oft prägende Erfahrungen oder die Erziehung. Dazu ist es notwendig, dass man die Funktionsweise des eigenen Nervensystems versteht.

Man schreibt dem Nervensystem fünf verschiedene, emotionale Zustände zu (3). Im ersten und bevorzugten Normalzustand fühlen wir uns sicher, wohl und sind offen und kooperativ. Gefühle wie Freude, Zufriedenheit und Liebe stehen hier im Vordergrund. Die Kooperation

mit anderen erhöht obendrein die Überlebenschancen.

In den zweiten Zustand, den Kampf- oder Fluchtmodus schalten wir, wenn wir eine mögliche Gefahr entdeckt haben und eine Reaktion erforderlich ist. Sicherheit und Überleben stehen in diesem Moment an oberster Stelle. Adrenalin und Kortisol werden ausgeschüttet, der Herzschlag und Blutdruck steigen an, die Muskeln werden angespannt. Der Körper bereitet sich auf eine Reaktion vor. Wir werden durch Emotionen wie Angst, Ungeduld oder Wut mobilisiert. In der Alltagssprache „stehen wir gerade unter Stress" und greifen auf erlernte Angriffs- oder Verteidigungsstrategien zurück.

In den dritten Modus, den Zustand der Starrheit, verfallen wir, wenn uns die Emotionen lähmen. Kampf oder Flucht erscheinen uns in diesen Situationen als keine Optionen mehr, da die Situation als übermächtig erlebt wird. Dieser Zustand der Empfindungslosigkeit soll uns schützen, indem wir in den Stand-by-Modus schalten, Ressourcen schonen und die Aufmerksamkeit von uns ablenken. Wir verbinden apathische Gefühle, Hilf- und Hoffnungslosigkeit mit diesem Zustand.

Darüber hinaus gibt es einen vierten Zustand der erhöhten Aufmerksamkeit und gleichzeitiger Entspannung, den wir beispielsweise vom Meditieren kennen. Wir sind entschleunigt und fühlen uns geborgen. Kreativität und der sogenannte Flow-Zustand, in dem uns scheinbar alles gelingt, können in Erscheinung treten.

Im fünften Zustand sind wir in einer Art sportlichem Wettbewerbsmodus, das bedeutet, wir kämpfen und fühlen uns zugleich sicher.

Unsere Emotionen spielen bei der Steuerung der Zustände eine entscheidende Rolle. Im Alltag ist es nicht entscheidend Gefühle zu kontrollieren, sondern die Fähig-

keit zur Selbstregulation zu trainieren. Wie bei der Gangschaltung eines Autos braucht man alle Gänge, um nachhaltig vorwärtszukommen. Manche Personen bleiben in den Zuständen hängen, da deren Selbststeuerung nicht mehr optimal funktioniert. Sie sind in gewisser Weise aus der Balance geraten und finden nicht mehr in den Normalzustand zurück. Diesen Ausgleich von Spannung und Entspannung, also die Regulation, kann man lernen. Neben dem gezielten Training haben beispielsweise Hypnose, Meditation und Psychotherapie einen ähnlichen Effekt auf das Gehirn. Für das Glück der Beziehung ist es hilfreich, sich der Natur der eigenen Gefühle bewusst zu sein und zu lernen die eigene Gefühlswelt zu regulieren.

Die Übungen unterstützen euch dabei, die Regulationsfähigkeit zu erhöhen, konstruktiv mit Stress umzugehen und willentlich zu entspannen.

Warm-up

Der Sweetspot (Partnerübung)

„Liebe ist die Belohnung für Liebe"
– Unbekannt

Der Begriff „Sweetspot" hat seinen Ursprung in der Raumakustik. Er bezeichnet die Stelle im Raum, an dem die Schallwellen der Boxen optimal aufeinandertreffen und der Klang bestmöglich durch den Hörer wahrgenommen werden kann. Übertragen auf eine Beziehung ist das der Punkt, an dem ihr euch am wohlsten fühlt und auf einer Wellenlänge seid. Um euch zu Beginn des Übungsteils zu motivieren und um für das richtige Setting zu sorgen, empfehle ich, den Sweetspot als erste Übung durchzuführen. Dadurch wird euer Fokus für die positiv erlebten Aspekte der Beziehung geschärft und eure Empathie, Kreativität und Problemlösekompetenz werden trainiert, die ihr für euer gemeinsames Wachstum einsetzen könnt. Des Weiteren kann auf diese Weise eine sichere Basis für euer weiteres Training geschaffen werden, da ihr euren Fokus positiv ausrichtet. Wie beim Sport empfiehlt es sich, euch vor dem eigentlichen Workout aufzuwärmen. In diesem Fall bereitet ihr euch durch das gegenseitige Erzählen von inneren Bildern vor. Innere Bilder sind Vorstellungen, Erfahrungen, Erinnerungen und Erlebnisse, die man mit dem Partner und der Beziehung verbindet.

Übungsteil:

1. Macht es euch bequem und besprecht die folgenden Fragen nacheinander.
2. Überspringt Fragen, wenn euch nach langer Überlegung nichts dazu einfällt.
3. Umarmt euch für mindestens 30 Sekunden. Hierdurch wird das sogenannte Kuschel- und Wohlfühlhormon Oxytocin ausgeschüttet.

- Wie lautet deine Version der Geschichte, wie ihr euch ineinander verliebt habt?
- Was findest du besonders anziehend an deinem Partner?
- Womit hat dich dein Partner zum Staunen gebracht?
- Womit denkst du, hast du deinen Partner zum Staunen gebracht?
- Was war das Schönste, das du jemals zusammen mit deinem Partner erlebt hast?
- Was durftest du von deinem Partner lernen?
- Was war die wichtigste gemeinsame Entscheidung, die ihr getroffen habt?
- Was macht euch als funktionierendes Team aus?
- Durch welche vergangenen Ereignisse seid ihr noch näher zusammengekommen?
- Welche gemeinsamen Aktivitäten schätzt ihr?
- Welche Eigenschaften oder Fähigkeiten habt ihr gemeinsam?
- Für was bist du deinem Partner in eurer Beziehung am meisten dankbar?
- Welche Fähigkeiten bewunderst du bei deinem Partner?
- Welche Eigenschaften zeichnen deinen Partner besonders aus?
- Was würdest du gerne von deinem Partner wissen, das du ihn bisher nicht gefragt hast?
- Was würdest du deinem Partner gerne sagen, das du ihm bis heute nicht gesagt hast?

Raum für Notizen:

Reflexion

Kill your darlings (Partnerübung)

„Erzähle mir und ich vergesse.
Zeige mir und ich erinnere.
Lass es mich tun und ich verstehe."

– *Konfuzius*

Diese Reflexionsübung unterstützt euch dabei einen raschen, visuellen Eindruck zum Stand eurer Beziehung zu bekommen, indem ihr eure Prioritäten klar definiert und eure Ziele und Handlungen kritisch hinterfragt. Somit könnt ihr herausfinden, welche Verhaltensweisen ihr beibehalten, verändern, wiederbeleben oder loswerden wollt. Auch alltägliche Themen, wie Haushaltsarbeiten, sind eine nähere Betrachtung wert. Die Übung bietet euch damit die Möglichkeit, konstruktive Kritik zum eigenen Wachstum einzusetzen.

Übungsteil:

1. Setzt euch derart hin, dass ihr nicht sehen könnt, was euer Partner macht. Nehmt jeweils drei Blatt Papier in den Farben rot, grün und gelb zur Hand. Falls ihr diese nicht vorrätig habt, könnt ihr weiße Blätter und drei farbige Stifte zur Hand nehmen.

2. Auf den grünen Zettel schreibt ihr Verhaltensweisen, die eurer Beziehung guttun und die ihr gern beibehalten wollt. Auf den gelben Zettel kommen Verhaltensweisen, die ihr ausbauen und/oder verändern wollt. Auf den roten Zettel schreibt ihr Verhaltensweisen auf, auf die ihr in Zukunft verzichten wollt. Pro Zettel solltet ihr drei bis fünf Punkte auflisten.

3. Wenn ihr damit fertig seid, schaut euch an, was euer Partner notiert hat. Diskutiert über die Ergebnisse. In welchen Punkten seid ihr euch einig? Wo nicht? Kennzeichnet Punkte, bei denen ihr nicht einer Meinung seid. Weshalb seid ihr unterschiedlicher Meinung? Formuliert eure Ergebnisse als Handlungsziele auf einen Zettel. Besprecht, welche Verhaltensweisen ihr zeigen müsst, damit ihr diese Ziele erreicht. Verwahrt den Zettel an einer gut zugänglichen Stelle und reflektiert regelmäßig über eure Fortschritte.

Tipp: Macht daraus ein Ritual und integriert solche Gespräche in euren Alltag.

Raum für Notizen:

- an positives erinnern & bewusst machen, negatives nicht zu hoch gewichten
  → jeden Abend gegenseitig etwas positives vom Tag sagen
- Tief durchatmen & Kritik sachlich äußern & erklären
- Offen & ehrlich alles sagen, Stimmung
- Sex "erzwingen" mit Alkohol & Spielzeug
- Kein Handy im Bett → mehr connected sein beim ins Bett gehen

Reflexion

Im Einklang (Partnerübung)

„Leben ist die dauernde Anpassung
innerer Beziehung an äußere."

- Herbert Spencer

Hast du deinen blinden Fleck gefunden oder hat ihn vielleicht dein Partner entdeckt? Wie genau kannst du dich einschätzen und wie authentisch wirkst du auf andere? Welche Eigenschaften versuchst du zu verbergen? Diese Fragen sind selbst für reflektierte Menschen nicht leicht

zu beantworten oder gar offen darzulegen. Sich selbst zu kennen ist essenziell für den eigenen Selbstwert, für eine glaubwürdige Identität und damit für eine authentische Paarbeziehung. Diese Übung bringt Aufschluss über die Antworten durch den Wechsel und die Erweiterung deiner Perspektive. Sie basiert auf dem Konzept des Johari-Fensters der beiden Psychologen Joseph Luft und Harry Ingham (6). Die Übung ist hauptsächlich für Teams mit mehreren Personen ausgelegt, in dieser Variante für dich und deinen Partner. Ihre „Fenster" werden in vier quadratische Bereiche unterteilt:

Öffentlich: Deine Wirkung auf deinen Partner
Was dein Partner von dir wahrnimmt und was du von dir preisgibst. Das schließt beispielsweise deine äußere Erscheinung und persönliche Eigenschaften mit ein.

Geheim: Dein Innenleben
Das, was nur dir bekannt ist und das, was du wissentlich oder unwissentlich für dich behältst.

Blinder Fleck: Das, was dein Partner von dir wahrnimmt, du dagegen nicht
Welche Signale du unbewusst nach außen sendest.

Wunschbild: Zukunftsvision von dir selbst
Wie du dich und wie dein Partner dich in Zukunft sehen[1].

---

[1]Im Originalmodell von Luft und Ingham ist *Wunschbild* der Quadrant *Unbekannt*: Was weder dir noch anderen bekannt ist.

	Dir bekannt	Dir unbekannt
Dem Partner bekannt	**Öffentlich** *Deine Wirkung auf deinen Partner*	**Blinder Fleck** *Das, was dein Partner von dir wahrnimmt, du dagegen nicht*
Dem Partner unbekannt	**Geheim** *Dein Innenleben*	**Wunschbild** *Zukunftsvision von dir selbst*

Das Ziel der Übung ist zu lernen authentisch, offen und ehrlich über sich und seine Gefühle zu sprechen. Es geht darum, zu seinen Eigenschaften zu stehen und sich zu trauen seine Bedürfnisse einzufordern. Bezogen auf die Übung bedeutet das, den öffentlichen Teil zu vergrößern und den geheimen Teil und den blinden Fleck zu verkleinern. Authentisch heißt, im Einklang mit sich zu sein und sich anzunehmen wie man ist. Stell dir vor es gibt keine Schwächen, die du verstecken musst, sondern Entwicklungspotentiale, zu denen du stehen darfst.

Ein Beispiel: Antoine ist Arzt und kommt abends meist ausgelaugt in die gemeinsame Wohnung mit seiner Freundin Helene. Er braucht oft Ruhe, um wieder Kraft zu tanken. Helene dagegen ist gesellig und lädt oft Freunde zum Essen und Trinken ein. Antoine traut sich nicht sein Bedürfnis nach Ruhe und Alleinsein einzufordern, aus Sorge von den anderen bewertet zu werden. Er zwingt sich daher, angestrengte Gespräche zu führen oder versucht sich heimlich im Schlafzimmer zu verstecken. Dies bleibt von den anderen nicht unbemerkt und sorgt für Verwirrung. Er hält seine Bedürfnisse im Geheimen, er wird von den anderen als Einzelgänger wahrgenommen. Eine Lösung für Antoine wäre, den Freunden offen und ehrlich zu gestehen, dass er gerade keine Kraft mehr für anregende Gespräche erübrigen kann und sich lieber erst einmal zurückziehen möchte. Durch diese Ehrlichkeit sind seine Freunde gerührt, drücken ihr Verständnis aus und versichern ihm, dass sie kein Problem damit haben und sie sich auf das nächste Treffen mit ihm freuen. Er hat durch seine Selbstoffenbarung den geheimen Teil verkleinert und den öffentlichen Teil vergrößert. Durch das positive Feedback ist er zusätzlich achtsamer geworden und hat den blinden Fleck verkleinert.

Übungsteil:

1. Jeder Partner zeichnet das Fenster ab.
2. Lies die Adjektivliste durch und füge jeweils mindestens fünf Adjektive, die auf dich zutreffen, in deinem Fenster zu den Quadranten „Geheim“ und „Wunschbild“ hinzu. Dein Partner macht dasselbe mit seinem Fenster. Gern können auch eigene Adjektive verwendet werden.
3. Tauscht eure Fenster und füllt die Bereiche „Öffentlich“ und „Blinder Fleck“ für den Partner aus.
4. Ihr tauscht wieder und besprecht die Ergebnisse. Erklärt mit handlungsbezogenen Beispielen, warum ihr welche Adjektive für den Partner verwendet habt. Wo könnt ihr eurem Partner zustimmen und wo habt ihr diesbezüglich Schwierigkeiten? Woran würdest du merken, dass du dein Wunschbild erreicht hast?
5. Welcher Teil der Übung ging euch mühelos von der Hand, was ist euch schwergefallen? Was ist neu für euch und was wusstet ihr bereits?

Aufmerksam	Abenteuerlustig	Affektiert
Angeberisch	Aufbrausend	Arrogant
Aufmerksamkeits-bedürftig	Ausgeglichen	Authentisch
Ängstlich	Anpassungsfähig	Aggressiv
Angespannt	Bescheiden	Beeinflussbar
Begeisterungs-fähig	Belastbar	Bemutternd
Bodenständig	Besitzergreifend	Besserwisse-risch

Besorgt	Bevormundend	Bestimmend
Chaotisch	Cholerisch	Charmant
Dankbar	Dickköpfig	Diplomatisch
Distanziert	Dünnhäutig	Egoistisch
Ehrlich	Eitel	Eloquent
Eloquent	Emotional	Energiegeladen
Entscheidungs-freudig	Entspannt	Extrovertiert
Ernst	Exzentrisch	Freundlich
Fürsorglich	Familiär	Faul
Flatterhaft	Fordernd	Frech
Fleißig	Friedlich	Fröhlich
Geduldig	Glücklich	Gastfreundlich
Geheimnisvoll	Großzügig	Genießerisch
Hilfsbereit	Harmoniebe-dürftig	Hektisch
Herzlich	Hysterisch	Intelligent
Introvertiert	Inspirierend	Idealistisch
Impulsiv	Ironisch	Intolerant
Intuitiv	Kindisch	Kommunikativ
Konservativ	Kritisch	Kreativ
Kultiviert	Liebevoll	Leichtgläubig
Mutig	Nervös	Naturverbun-den
Neidisch	Neugierig	Nachdenklich
Oberflächlich	Offen	Organisiert

Raum für Notizen:

Reflexion

Believe IT, Teil 1 - Die menschliche Software (Einzelübung)

„Glaubt nicht dem Hörensagen und heiligen Überlieferungen, nicht Vermutungen oder eingewurzelten Anschauungen, auch nicht den Worten eines verehrten Meisters; sondern was ihr selbst gründlich geprüft und als euch selbst und anderen zum Wohle dienend erkannt habt, das nehmt an.“

- Siddhartha Gautama, Buddha

Bei dieser elementaren Übung geht es darum, Blockaden zu entdecken und zu überwinden. Dir wird das nötige Wissen vermittelt, um die Energie für deine Entwicklung zu finden und zielgerichtet einzusetzen. Dazu solltest du herausfinden, nach welchen Regeln dein Erleben und Verhalten funktioniert. Diese Regeln sind metaphorisch betrachtet unsere menschliche Software, die im Folgenden *Glaubenssätze* genannt werden.

Glaubenssätze sind Werte, Einstellungen und Überzeugungen, die wir als Realität empfinden und die, oft unbewusst, das eigene Handeln leiten und uns ein Gefühl von Sicherheit geben. Welche Glaubenssätze du bildest, kann beispielsweise durch Kultur, Lernen, Erfahrungen und einschneidende Erlebnisse beeinflusst werden. Dies geschieht meist automatisch ohne dein bewusstes Zutun, da es ein natürlicher und energieschonender Mechanismus des Gehirns ist, die Welt in Kategorien einzuteilen. Mutmaßlich entwickelte sich dieser Mechanismus, um Gefahrensituationen rasch als solche zu erkennen, damit das eigene Überleben durch eine sofortige Reaktion gesichert werden konnte.

Wenn einmal ein Glaubenssatz gebildet wurde, bleibt dieser meist fest verankert, bis er bewusst und dadurch veränderbar gemacht wird. Die Wahrnehmung wird dabei von den Glaubenssätzen beeinflusst, indem die Welt

derart interpretiert wird, dass die Glaubenssätze immer wieder bestätigt werden. Dies wird in einigen Fällen auch *selbsterfüllende Prophezeiung* genannt. In Bezug auf Glaubenssätze lässt sich das Konzept „Kill your darlings" gut einsetzen: Finde heraus, welche Glaubenssätze dich weiterbringen oder hindern und eliminiere Letztere.

In zwei psychologischen Studien aus dem Jahre 2006 (4) wurden über 200 Studentinnen Forschungsberichte mit unechten Daten vorgelegt, welche die Behauptung aufgestellt haben, dass Männer um fünf Prozentpunkte besser in Mathematik seien als Frauen. Die Studentinnen wurden unterteilt in zwei Gruppen, wobei einer Gruppe mitgeteilt wurde, dass die Unterschiede der mathematischen Leistung auf genetischen Veranlagungen zurückzuführen seien und der anderen Gruppe, dass diese Unterschiede auf Stereotype und Klischees in Schulen zurückzuführen seien. In den anschließenden Mathetests schnitt die erste Gruppe, der die unveränderbare genetische Grundlage kommuniziert wurde, signifikant schlechter ab als die zweite Gruppe.

Hier vier alltägliche Beispiele aus der Beratung, um das Ganze greifbarer zu machen:

Es fängt bereits mit simplen Sprichwörtern an: „Ein Indianer kennt keinen Schmerz". Kindern, allen voran Jungen, wird es dadurch schwerer gemacht, echte Gefühle zu zeigen. Diesen Satz sagt auch die liebevolle Omi gern, um zu trösten, mit gravierenden Folgen für die Kinder, da ein Bild vermittelt wird von Jungen, die nicht weinen sollen. Gelernt werden erlaubte und nicht erlaubte Gefühle, um anderen Menschen zu gefallen. Außerdem hat dies einen Einfluss auf die Wahrnehmung von Gefühlen anderer sowie auf die Fähigkeit der Stressbewältigung von Kindern. Wenn sie ihre Gefühle ablehnen und unterdrücken, fällt es schwer adäquat lernen mit ihnen

umzugehen.

„Ich bin beziehungsunfähig". Ein paar negative Erfahrungen in Beziehungen reichen für manche Menschen aus, um sich die Fähigkeit abzusprechen, glückliche Beziehungen zu führen.

„Ich konnte noch nie gut lernen". Unangenehme Erfahrungen in der Schule haben viele gemacht. Mittelmäßige bis schlechte Noten sind jedoch kein Zeugnis dafür, dass man ungeeignet fürs Lernen ist. Es sagt einzig aus, dass man noch nicht gelernt hat, wie das eigene Lernen funktioniert.

„Ich bin ein Pechvogel" vs. „Ich bin ein Glückspilz". An dieser Gegenüberstellung wird die unterschiedliche Wahrnehmung zweier „Persönlichkeiten" verdeutlicht. Glaubenssätze prägen die gesamte Interpretation von Lebensereignissen. Pechvögel ziehen „Unglück" förmlich an, weil ihnen an vielen Situationen der negative Aspekt stark auffällt und der positive Anteil für sie weniger Gewicht hat. Glückspilze schaffen es dagegen, nicht nur die positiven Teile der Situation stärker zu gewichten, sondern sehen oft auch die negativen in einem positiven Licht. Sieh dir dazu auch die Übung „Kein Schaden ohne Nutzen" an. Für diesen Glaubenssatz reicht es aus, wenn man in der Kindheit öfter von Erwachsenen „Pechvogel" oder „Glückspilz" genannt wurde.

Übungsteil:

Deine negativen Glaubenssätze kannst du mit der folgenden Übung hinterfragen. Erinnere dich an eine Situation,

in der du etwas nicht getan hast, was du wolltest. Beispielsweise hast du ein Jobangebot nicht angenommen, obwohl der Job verlockend klang oder du hast jemanden nicht angesprochen, den du ansprechend gefunden hast. Überlege dir, was genau dein Gedankengang war und prüfe, ob sich dahinter eine Überzeugung oder Einstellung verbirgt. Hast du etwas gefunden, schreibe den Glaubenssatz, der dahinter steckt auf einen Zettel. Beispiele können sein: „Für den Job bin ich nicht kompetent genug" oder „Ich bin nicht attraktiv".

1. Fällt dir eine Situation in der Vergangenheit ein, in der du den Glaubenssatz zum ersten Mal gebildet haben könntest?
2. In welchen Situationen beeinflusst dich dieser Glaubenssatz? Auf welche Weise?
3. Bist du dir sicher, dass dieser Glaubenssatz in all den bisherigen Situationen stimmte?
    a. Ja, ich bin mir sicher: Welche Beweise fallen dir dafür ein? Wer in deinem Umfeld teilt diesen Glaubenssatz?
    b. Nein, ich bin mir nicht sicher: Was lässt dich daran zweifeln, dass er richtig ist? Wer in deinem Umfeld widerspricht diesem Glaubenssatz? Möchtest du ihn weiter behalten?

Raum für Notizen:

Reflexion

Believe IT, Teil 2 - Der Eifersuchtscode

(Partnerübung)

„Alles ist Gift,
ausschlaggebend ist nur die Menge."
– *Paracelsus*

In Beziehungen wird es oft aus Angst vor Konsequenzen vermieden, das Thema Eifersucht zu thematisieren und die Art der Beziehung zu klären, die man sich wünscht. Man greift lieber auf vorgelebte Modelle und gesellschaftliche Normen zurück, statt sich mit dem Partner darüber auseinanderzusetzen. Auch bei der Eifersucht beeinflusst die empfundene Intensität die Wirkung. Ein wenig Eifersucht kann sogar belebend auf die Beziehung wirken, da tiefgreifendes Interesse am Partner ausgedrückt wird. Zu viel Eifersucht, in Form von Kontrolle, Abhängigkeit vom Partner oder gesteigerter Streitlust, kann der Beziehung Schaden zufügen. Die gute Nachricht: Wie viel Eifersucht für euch in Ordnung ist, legt ihr allein fest.

Evolutionär betrachtet ist Eifersucht durchaus sinnvoll, da der Partner und dessen sexuelle Treue geschützt werden soll. Um es simpel auszudrücken: Die wenigsten Männer wollen Kuckuckskinder großziehen, in dem Glauben, es wären ihre eigenen, sondern streben danach, die eigenen Gene weiterzugeben. Die Eifersucht der Frau verhindert, dass sich der Partner eine Neue sucht und sie die Kinder aus eigener Kraft erziehen muss. Eifersucht kann beiden Partnern dienen und führt idealerweise zu einer evolutionären Win-Win-Situation für Vater und Mutter.

Heutzutage ist das Überleben der Familie nicht mehr unmittelbar daran geknüpft, dass beide Partner vorhanden sind. Eifersucht ist als evolutionärer Vorteil nur noch selten gegeben. Immer da, wo ein Partner eine Bedrohung

der Beziehung oder seiner selbst sieht, entsteht Eifersucht.

Es werden verschiedenen Ausprägungen der Eifersucht unterschieden:

1. Leichte, das heißt gelegentlich und aushaltbar auftretende Eifersucht.
2. Mittlere Eifersucht mit wiederkehrenden, intensiven Phasen.
3. Intensive Eifersucht, die oft in Erscheinung tritt, als belastend erlebt wird und die Beziehung für einen oder beide Partner gefährdet.

Der Eifersucht liegt manchmal die Erfahrung aus der eigenen Kindheit zugrunde, dass man sich auf Bindungen, zum Beispiel zu den Eltern, nicht (immer) verlassen kann. Wenn die Eifersucht in deiner Beziehung als intensiv und schwer veränderbar erlebt wird, raten wir zu einer psychotherapeutischen Unterstützung zur Aufarbeitung der Erlebnisse.

Übungsteil:

Die Hypothese ist, dass Eifersucht durch Glaubenssätze verinnerlicht wurde. Die Übung hilft euch dabei Glaubenssätze gemeinsam zum Vorschein zu bringen und zu besprechen. Diskutiert gemeinsam die folgenden Fragen:

- Wie würdest du deine eigene Eifersucht generell beschreiben (z.B. leicht, mittel, intensiv)?
- Wie würdest du die Eifersucht deines Partners beschreiben (z.B. leicht, mittel, intensiv)?
- Was führt dazu, dass du eifersüchtig wirst?
- Was führt dazu, dass dein Partner eifersüchtig wird?

- Woran merkst du, wann und in welchen Ausmaßen sie deiner Beziehung guttut?
- Wann und in welchen Ausmaßen schadet sie deiner Beziehung?
- Was kannst du dazu beitragen, die Eifersucht zu kontrollieren?
- Was hilft dir in diesen Momenten dabei, die Eifersucht im Zaum zu halten?
- Was denkst du, wie es deinem Partner geht, wenn du eifersüchtig bist?
- Was denkst du, braucht dein Partner von dir, wenn er eifersüchtig ist?
- Was solltest du vermeiden, um die Situation nicht zu verschlimmern?
- Was sollte dein Partner tun, um die Situation nicht zu verschlimmern?
- Fehlt dir etwas in der Beziehung? Was brauchst du, damit du dich sicherer fühlst?

Tipp: Für den Fall, dass du oder dein Partner in der Übung eine Grenzüberschreitung empfindet und ihr Schwierigkeiten damit habt, eure Gefühle zu kontrollieren, kann es ratsam sein, eine Strategie zu vereinbaren, um aus der Situation zu kommen. Es kann beispielsweise sinnvoll sein, kurz an die frische Luft zu gehen.

Wenn es schwer für euch ist oder ihr euch unwohl dabei fühlt, sachlich über das Thema zu sprechen, könnt ihr mit den Kommunikationsregeln im Kapitel „Gut gesagt“ beginnen.

Raum für Notizen:

Reflexion

Die Bucket List (Partnerübung)

"My bounty is as boundless as the sea,
My love as deep; the more I give to
thee,
The more I have, for both are infinite."
- *William Shakespeare*

In einer Phase der fortgeschrittenen Vertrautheit haben viele Paare das Bedürfnis, aus dem Alltag auszubrechen, Neues auszuprobieren, Träume zu erfüllen oder sich einer gemeinsamen Aufgabe zu widmen. Oftmals geht dieses Bedürfnis in der Hektik des Alltags unter oder man findet nicht den richtigen Zeitpunkt, um sich darüber auszutauschen. Diese Übung hilft euch Wünsche und Bedürfnisse sichtbar zu machen, die eine Basis für mehr Zufriedenheit und ein erfülltes Leben sein können. Das können sowohl individuelle als auch gemeinsame Ziele sein. Gemeinsam eine Aufgabe zu meistern und Neues zu erleben schafft innige Verbundenheit, ermöglicht Hingabe, eine langfristige Perspektive und gibt der Beziehung Tiefe. Es kann ebenso als förderlich für die Beziehung erlebt werden, wenn jeder Partner seinen individuellen Wünschen nachgehen kann und das vom Anderen akzeptiert und unterstützt wird. Individuelles Wachstum bedeutet gemeinsames Wachstum. Nur wenn sich beide Partner in ihrem Tempo weiterentwickeln können und dürfen, kann die Beziehung wachsen.

Übungsteil:

1. Nehmt jeweils ein Blatt Papier und legt mit der Erstellung eurer Listen los. Inspiration für eure Ziele können beispielsweise persönliche oder berufliche Ambitionen, Reise- und Urlaubsorte, Wünsche, Träume, Fantasien oder bloße Ideen bieten.

2. Geht die Listen gemeinsam durch. Welche Gemeinsamkeiten findet ihr? Vergiss nicht, Wertschätzung und Akzeptanz für die Ziele deines Partners zu zeigen.
3. Überlegt gemeinsam, wie ihr euch gegenseitig bei der Bearbeitung eurer Listen unterstützen könnt. Welche Ziele lassen sich miteinander verbinden? Wertschätzt auch Unterschiedlichkeiten und Ziele eures Partners, mit denen ihr nichts anfangen könnt.

<u>Raum für Notizen:</u>

Gesprächskultur

Eine Aussage, vier Bedeutungen

(Einzel- und Partnerübung)

„Sich selbst verstehen, heißt die Welt verstehen."
- *Wilhelm Vogel*

Die Übung unterstützt euch darin, sprachliche Missverständnisse aufzudecken, Konflikten vorzubeugen und euch auf die Feinheiten der Interpretation aufmerksam zu machen.

Ein Beispiel aus dem Alltag: Die Freundin kommt mit einem neuen Haarschnitt zu ihrem Freund, der erwähnt: „Du siehst heute anders aus." Die Freundin reagiert beleidigt: „Du findest meine neue Frisur hässlich."

Dieser kurze Dialog zeigt, wie unterschiedlich eine Aussage interpretiert werden kann. Kommunikation wird sowohl durch den Sender als auch den Empfänger beeinflusst. Der Sender prägt die Aussage beispielsweise durch den Kontext, in dem die Aussage getroffen wird, die Formulierung, die Lautstärke, Körpersprache und Betonung. Genauso interpretiert der Empfänger die Nachricht unter anderem durch vergangene Erfahrungen zu dem Thema, das Selbstbild und die emotionale Tagesform.

Eine Aussage bietet eine Menge Interpretationsspielraum, wodurch Missverständnisse entstehen können. Der Kommunikationspsychologe Friedemann Schulz von Thun entwarf in diesem Zusammenhang das „Kommunikationsquadrat" (5). Laut Schulz von Thun hat sowohl die gesendete Nachricht als auch die empfangene Nachricht vier Seiten. Daraus ergeben sich vier Möglichkeiten, die Nachricht zu äußern und vier Möglichkeiten, sie zu verstehen. Bei den Ebenen handelt es sich um die Inhaltsebene (was wortwörtlich gesagt wurde), die Selbstoffenbarungsebene (was der Sender mit der Nachricht über sich aussagt), die Beziehungsebene (wie der Sender zum Empfänger steht) und die Aufforderungsebene (wozu

der Sender den Empfänger veranlassen möchte).

Bezogen auf das Beispiel ergeben sich für die insgesamt acht Ebenen verschiedene Interpretationsmöglichkeiten.

Beim Sender kann die Aussage „Du siehst heute anders aus“ zum Beispiel folgende vier Ebenen haben:

- *Inhalt:* Du siehst heute anders aus.
- *Selbstoffenbarung:* Ich bin überrascht, weil ich nicht wusste, dass du einen Friseurtermin hattest.
- *Beziehung:* Ich bin an deiner Veränderung interessiert.
- *Appell:* Ich will wissen, wann du beim Friseur warst?

Auf der Seite des Empfängers hat die Aussage auf den vier Ebenen beispielsweise so interpretiert werden:

- *Inhalt:* Du siehst heute anders aus.
- *Selbstoffenbarung:* Mir gefällt die Frisur nicht.
- *Beziehung:* Du hast keinen Geschmack.
- *Appell:* Lass dir eine andere Frisur schneiden.

Für ein Missverständnis kann ursächlich sein, dass sich der Sender auf der Inhaltsebene befindet, während der Empfänger das Gesagte auf der Beziehungsebene interpretiert. Es ist zwar nicht notwendig, jedes Wort auf die Goldwaage zu legen, jedoch können viele Missverständnisse verhindert werden, wenn man sich der verschiedenen Ebenen bewusst ist. Dies kann unsere Beziehungen, deren Grundlage die Kommunikation ist, grundlegend verbessern. In einer Beziehung sorgt der Fokus auf die Selbstoffenbarung für eine stimmige Kommunikation. Hierbei würde der Sender erklären, wie die Situation emotional auf ihn wirkt und der Empfänger, wie die Aussage auf ihn wirkt.

Zusätzlich erfolgen geschätzte 90 % der menschlichen Kommunikation über die Körpersprache, durch Haltung, Mimik und Gestik. Aufgrund dessen teilst du deinem Gegenüber mehr Informationen als nur durch deine Sprache mit. Auf diese Weise kannst du deine Aussagen durch Körpersprache positiv einrahmen. Des Weiteren kannst du deine Aussagen authentischer und verständlicher gestalten, indem du deinen Fokus auf die Körpersprache lenkst. Genauso kannst du deine Körpersprache dazu einsetzen, dich selbst und deinen Partner zu ermutigen und zu würdigen. Eine einfache Geste kann darüber entscheiden, ob ein Gespräch konstruktiv verläuft oder nicht.

Übungsteil:

Überlegt anhand des Modells, wie ihr eure Kommunikation bestmöglich gestalten könnt und beachtet dabei die folgenden Hinweise:

Für den Sender der Nachricht:

- Stelle dir als Metapher vor, dass dein Partner und du unterschiedliche Sprachen sprechen. Wenn du beispielsweise einem Italiener etwas erklären möchtest, aber kein Italienisch sprichst, zählen hauptsächlich deine Körpersprache, der Tonfall, die Mimik und deren Übereinstimmung, damit die Botschaft beim Gegenüber positiv ankommt. Wenn der Inhalt nicht zur Mimik passt, ist das verwirrend. Ein genervter Gesichtsausdruck mit der Aussage „Klar, ich helfe gerne" wirkt beispielsweise widersprüchlich.
- Mache dir bewusst, welche Signale dein Partner benötigt, damit er die Nachricht so verstehen kann, wie du sie vermitteln willst. Achte daher auf deine Körpersprache.
- Um Botschaften verständlicher zu formulieren, ist es hilfreich, die Ebene der Selbstoffenbarung und den Appell bewusster zu formulieren. Was möchtest du deinem Gegenüber mitteilen und was erwartest du daraufhin von ihm?
- Präventiv kann man mit den Übungen „Gut gesagt" und der „VW-Technik" lernen, Missverständnisse zu vermeiden. Man sollte sich darüber hinaus bewusst machen, dass Körpersprache (Intonation, Mimik, Gestik, Körperhaltung) der essenzielle Anteil des Kommunizierens ist. Die

Übung „Das freundliche Lächeln" ist hier ein geeigneter Anfang.

- Akut sollte man Verantwortung für gesprochene und empfangene Botschaften übernehmen und eine gemeinsame Basis herstellen. Frage dich: „Wie kann ich die Situation gerade zum Besten wenden?".

Für den Empfänger der Nachricht:

- Neugier vor Angriff!
- Nimm eine entspannte Haltung ein, setze dich zum Beispiel deinem Partner gegenüber.
- Wiederhole die Aussage des Partners so, wie du sie verstanden hast. Mache dir bewusst, dass es sich hierbei um deine Interpretation handelt.
- Benutze Ich-Botschaften und formuliere die Wirkung: „Ich fühle mich gerade ..., weil ich ... verstanden habe."
- Stelle Rückfragen, um zu verstehen, wie dein Partner die Aussage gemeint hat.

Raum für Notizen:

Gesprächskultur

Die VW-Technik (Einzelübung)

„Man sieht oft etwas hundertmal, tausendmal, bevor man es zum allerersten Mal wirklich sieht“

- Christian Morgenstern

Diese Technik hat sich in einer Vielzahl von Beratungen bewährt, da sie mühelos umzusetzen ist und eine große Wirkung hat. Sie basiert auf den MiniMax-Interventionen nach Manfred Prior (7). Das „V“ in der Übung steht für Vorwurf und das „W“ für Wunsch. Die Idee ist, dass in jedem Vorwurf ein Wunsch enthalten ist. Beispiel: Statt dem Partner „Du hast nie Zeit für mich!“ an den Kopf zu werfen, kann man umformulieren in „Ich wünsche mir mehr Zeit mit dir.“

Denke dabei auch an die vier Ebenen der Botschaften (siehe Eine Aussage, vier Bedeutungen). Jede Aussage hat mehrere Interpretationsebenen. Die Reaktion des Partners kannst du mit deiner Formulierung beeinflussen. Du kannst deinem Partner einen Vorwurf machen, der eine Versöhnung erstmal ausschließt und als Einladung zum Streit aufgefasst werden kann oder den dahinter liegenden Wunsch herausfinden. Mit dieser Übung trainierst du den Einsatz der Methode zum richtigen Zeitpunkt.

Übungsteil:

1. Setze dich vor deinen Computer oder dein Smartphone.
2. Schreibe dir einen Vorwurf auf. Falls dir keiner einfällt, kannst du folgenden nehmen: „Du machst nie etwas im Haushalt.“
3. Finde den Wunsch hinter der Aussage heraus und schreibe ihn auf. In dem vorgegebenen Beispiel wäre das: „Ich wünsche mir, dass du mich mehr im Haushalt unterstützt.“

4. Nimm jeweils eine Sprachnachricht oder ein Video von dir mit beiden Sätzen auf.
5. Versetze dich in die Position deines Partners und höre dir an, was du aufgenommen hast. Wie wirken die beiden Aussagen auf dich? Welche Unterschiede nimmst du wahr? Welche der Formulierungen wirkt positiver auf dich?
6. Setze die VW-Technik, so oft es möglich ist, in deinem Alltag um.

Raum für Notizen:

Gesprächskultur

Gut gesagt (Einzel- und Partnerübung)

„Die Natur erklären wir, das Seelenleben verstehen wir.“
- *Wilhelm Dilthey*

Effektive Kommunikation ist das A und O einer Beziehung und erlernbar. Damit ist nicht die Sprache gemeint, sondern die Art, sich miteinander zu verständigen. Für eine harmonische Kommunikation auf Augenhöhe reicht es oft aus, sich auf eine gemeinsame Basis zu verständigen. Diese kann beispielsweise aus folgenden Leitlinien bestehen [basierend auf den MiniMax Interventionen nach Manfred Prior (7)]:

1. **Unsere Gespräche werden in einer wertschätzenden Art und Weise geführt** und Abwertungen des Partners werden vermieden.
2. **Im Falle einer Meinungsverschiedenheit sprechen wir konjunktivisch** („Es könnte sein, dass ...“) statt diagnostizierend („Du bist ...“). Verschiedene Perspektiven dürfen nebeneinander existieren und Formulierungen, wie „Angenommen, du würdest XY machen, dann würde XY passieren“ helfen dabei Konsequenzen von Verhaltensweisen spielerisch zu erkunden. So wird jede Meinung, die anders als die eigene ist, als Einladung betrachtet, mehr als nur die eigene Perspektive zu sehen. Auf Wettbewerbe á la „Wer hat die beste oder die richtige Idee?“ wird hier verzichtet.
3. **Wir nutzen konstruktive W-Fragen, die bei der Entscheidungsfindung unterstützen**: Wir verwenden „wie“, „was“ und „welche“ statt „ob“: „Welche Gedanken hast du dir zu XY gemacht?“, statt „Ich frage mich, ob du dir Gedanken zu XY

gemacht hast“. „Wann findest du den Mut XY zu tun?“, statt, „Ich frage mich, ob du den Mut hast XY zu tun?“ „Was willst du tun, um XY zu schaffen?“, statt „Tust du etwas, um XY zu schaffen?“.

4. **Wir nutzen positive Formulierungen** wie „stattdessen“ und „sondern“, die dabei helfen ein genaues Ziel zu finden, statt das aufzuführen, was man nicht will. „Ich will nicht mehr so wütend werden“ wird ergänzt zu: „Ich will nicht mehr so wütend werden und stattdessen öfter gelassen reagieren.“
5. **Wir heben Ausnahmen hervor**, statt Wörter wie „immer“ und „nie“ zu verwenden. „Er regt mich immer auf“ wird zu „In Situation XY regt er mich auf“.
6. **Wir finden Vergleiche und Metaphern**, die Potenziale freisetzen und neue Möglichkeiten eröffnen. In Bildern zu sprechen vermittelt oft mehr Informationen, als einen Sachverhalt in Worten zu erklären. Beispielsweise hat jeder Mensch eine unterschiedliche Auffassung von Liebe. Dementsprechend reden zwei Menschen über etwas anderes, wenn sie sich über Liebe unterhalten.
7. **Wir verlieren die Hoffnung nicht und bleiben zuversichtlich**. Hierbei verwenden wir positive Formulierungen, wie „Hoffentlich finden wir bald einen Weg, miteinander zu reden“ statt „Hoffentlich werden die Streitereien nicht schlimmer“.
8. **Wir erfragen Auswirkungen von Handlungen auf den Partner und vermeiden Diagnosen**, denn so bekommen wir aufschlussreiches Feedback: „Was macht das mit mir?“, statt Diagnosen oder Vorwürfe.

Übungsteil:

Hier geht es darum, nach und nach eine harmonische Gesprächskultur zu entwickeln. Es ist schwierig alle Leitlinien auf einmal umsetzen, deswegen empfehlen wir euch jeweils drei Leitlinien für drei Tage herauszusuchen und diese in Alltagsgespräche zu integrieren.

Tipp: Vereinbart ein Stoppwort, das ihr benutzen könnt, wenn euch eine Diskussion zu viel wird. Es hilft vor allem bei zwei unterschiedlichen „Streitcharakteren" Wege aus der Diskussion offenzulassen und die Beteiligten mit der Situation nicht zu überfordern. Merkt euch: ein Partner, der intensive Streitsituationen nicht aushalten kann, ist weder feige noch im Unrecht. Er nimmt die Situation lediglich anders wahr und wünscht sich potenziell einen anderen Rahmen, um seine Anliegen zu besprechen. Klärt untereinander, welche Strategien euch weiterbringen und welche euch behindern. Beispielsweise kann es erlaubt sein, fünf Minuten aus dem Raum zu gehen, wenn die Diskussion zu intensiv erlebt wird, um später wiederzukommen. Ihr übt damit, Absprachen zu treffen, die für das Vertrauen unabdingbar sind. Alles ist erlaubt, wenn ihr es gemeinsam abgesprochen habt.

Raum für Notizen:

Gesprächskultur

Die 5:1-Methode (Partnerübung)

„Positive Gedanken ziehen positive Gedanken an; negatives Denken verstrickt unweigerlich in die Negation des eigenen Daseins."

- Prentice Mulford

Mit dieser konstruktiven Feedback-Methode lernt ihr, den Fokus auf das Positive und Wertschätzende zu lenken. Wichtig ist, gemeinsam ein Feedback-System zu entwickeln, das für euch beide funktioniert und das tut, was es soll: Euch in den Austausch darüber zu bringen, welche Verhaltensweisen einen positiven Beitrag zur Beziehung leisten und welche nicht. Selbst eine vermeintlich banale Aussage kann den Partner tief treffen. Fokussiert euch daher vor allem auf eure Bindung. Wir finden, dass Lernen in einem wohlwollenden und wertschätzenden Kontext entspannter ist und obendrein mehr Spaß macht. Erinnert euch: Euer Partner ist kein Boxsack, der sich erst dann bewegt, wenn man fest genug zuschlägt, sondern vielmehr ein Trainingspartner auf Augenhöhe. Mit ihm trainiert ihr, um gemeinsam stärker zu werden und, um euch gegenseitig zu zeigen, wo ihr euch entwickeln könnt. Das kann den entscheidenden Unterschied machen, ob Feedback als konstruktiv oder beleidigend aufgefasst wird.

Übungsteil:

Nennt jeweils einen Kritikpunkt am Verhalten eures Partners und darauffolgend fünf positive Verhaltensweisen. Geht jeweils auf die genaue Situation, das in der Situation gezeigte Verhalten und das Ergebnis des Verhaltens ein. Behaltet diese Vorgehensweise in der Zukunft bei.

Raum für Notizen:

Gesprächskultur

Zeit schenken (Partnerübung)

„Zuhören überzeugt mehr
als argumentieren.“
- Indisches Sprichwort

In dieser Kommunikationsübung wird eine der Fähigkeiten trainiert, die dich zu einem angenehmen Gesprächspartner machen: Zuhören.

Diese Übung ist für Paare geeignet, die sich gern ins Wort fallen, vor lauter Temperament gleichzeitig reden und den Punkt des Gegenübers dadurch nicht verstehen können. Ebenso passend ist die Übung für introvertierte Partner, die Stille benötigen, um ihre Gedanken klar formulieren zu können. Es geht darum, ein Gesprächs-Setting zu schaffen, bei dem man sich sicher sein kann, dass der Partner zugehört und verstanden hat. Für jeden Gesprächstyp bietet die Übung die Chance, Gedanken zu ordnen und dem Partner mitzuteilen. Ziel soll nicht sein, die ganze Zeit zu sprechen, damit sie ausgenutzt wird, sondern darum die Möglichkeit zu bieten, zu sagen, was man sagen möchte.

Übungsteil:

1. Erstellt eine Karte nach euren Vorstellungen, ähnlich einer Geburtstagskarte, mit einer einzigen Zahl (zum Beispiel drei Minuten) darauf. Diese Zahl ist ein Zeitgeschenk an euren Partner.
2. Der Partner darf seiner Kreativität freien Lauf lassen und erzählen oder machen, was er will. Auch Stille ist in Ordnung.
3. Schenke deinem Partner deine volle Aufmerksamkeit.
4. Bleibe still und kommentiere das Gesagte nicht.
5. Bedanke dich anschließend für seine Ehrlichkeit und Offenheit.

Raum für Notizen:

Paardynamik

Wünsch dir was (Partnerübung)

„Der Wunsch ist der Vater des Gedankens“

- William Shakespeare

Diese Übung unterstützt euch dabei, eure Bedürfnisse im Alltag als Wünsche zu kommunizieren und deren Erfüllung mit eurem Partner zu besprechen. Im Fokus stehen die alltäglichen Bedürfnisse, die oftmals hintangestellt werden. Dazu zählt ebenfalls der Wunsch nach Hilfestellung, nach persönlichen Gefallen oder auch nach Dingen wie das gemeinsame Ansehen eines Kinofilms, der nur einem Partner gefällt. Es sorgt für ein wohltuendes Gefühl ab und an den eigenen Vorteil beiseitezustellen, damit der Partner eine tolle Zeit hat. Für gemeinsames Wachstum ist es notwendig, die Interessen des Partners wahrzunehmen und für ihn da zu sein.

Übungsteil:

1. Schreibt circa drei bis fünf Punkte zu der Frage auf: Welche alltäglichen Wünsche hast du an deinen Partner?
2. Lest euch die Wünsche abwechselnd vor.
3. Tauscht die Zettel und schreibt hinter jeden Punkt, ob ihr den jeweiligen Wunsch erfüllen könnt, und wechselt die Zettel erneut.
4. Was braucht ihr für die Erfüllung der einzelnen Wünsche? Wie könnt ihr dafür sorgen, dass die Wünsche real erfüllt werden?

Raum für Notizen:

Paardynamik

Das freundliche Lächeln (Einzelübung)

„Im Blick kommt die Seele ans Fenster“
- August Pauly

Speziell für das bewusste Training der Körpersprache eignet sich „Das freundliche Lächeln“, da wir durch unsere Mimik starke Gefühle wortlos ausdrücken können. Ebenfalls wichtig zu wissen ist, dass wir als soziale Wesen mit sogenannten Spiegelneuronen ausgestattet sind. Sie bilden ein Resonanzsystem, das uns hilft Gefühle anderer Menschen (mit-)zufühlen. Zusätzlich speichern wir Beobachtungsmuster ab, die uns signalisieren, was bestimmte Handlungen bedeuten. Damit sind Spiegelneuronen unter anderem für die Vorhersage von Handlungen anderer Menschen, und für das Miteinander allgemein, unerlässlich. Unsere Nervenzellen zeigen bei Beobachtung eines Vorganges die gleichen Aktivitätsmuster wie bei der eigenen Durchführung. In unserem Gehirn entsteht ein Spiegelbild dessen, was wir sehen oder hören. Die Körpersprache des Senders zu beobachten reicht dafür bereits aus. Umso wichtiger ist es daher, achtsam und bewusst zu kommunizieren, um eine Übertragung negativer Emotionen auf den Empfänger zu vermeiden. Umgekehrt kann durch eine positive Haltung beim Gegenüber eine erfolgversprechende Grundhaltung angestoßen werden, durch die das Gespräch eine wünschenswerte Veränderung erfahren kann. Nicht umsonst heißt es „Lächle und die Welt lächelt zurück“.

Ein lächelnder Blick signalisiert dem Gegenüber deine offene Haltung und strahlt Wärme, Interesse und Anerkennung aus. Das Gehirn reagiert auf die Muskelbewegung beim Lächeln und sendet Glückshormone aus, die deine Stimmung heben. Lächeln wirkt ansteckend auf

Menschen: Viele werden zurücklächeln, dir wohlgesonnen begegnen und dir werden viele erfreuliche Dinge im Alltag auffallen, die du bisher nicht wahrgenommen hast.

Übungsteil:

Auch wenn die folgenden Schritte ungewöhnlich klingen mögen, haben sich folgende Tipps in der Praxis bewährt. Sie sind ebenso einfach wie effektiv. Nach einer Weile wirst du merken, dass du häufiger lächelst und dein Partner positiv darauf reagiert.

1. Schenke deinem Partner *jetzt* ein Lächeln.
2. Werde dir morgens vor dem Frühstück deiner Körpersprache bewusst, indem du dich im Spiegelbild anlächelst.
3. Lächle, wenn dich dein Partner oder eine andere Person ansieht.
4. Schenke deinem Partner bei jedem gemeinsamen Aufstehen und Zubettgehen ein Lächeln.

Raum für Notizen:

Paardynamik

Dampf ablassen (Partnerübung)

„Die Kunst der Lebensführung besteht bekanntlich darin, mit gerade so viel Dampf zu fahren, wie gerade da ist.“
– *Theodor Fontane*

Fühlen ist menschlich. Der Mensch verfügt über eine Vielzahl an Emotionen, die ihm bei der Bewältigung seines Alltags dienlich sein sollen. Gefühle wie Wut, Zorn und Enttäuschung, mit denen man Negatives verbindet und die man oft zu unterdrücken versucht, sind menschlich und sollten ausgelebt werden können. Andernfalls stauen sich diese Gefühle über die Zeit an und belasten das Zusammenleben.

Meistens bekommt der Partner diese Gefühle ungefragt ab, abends nach der Arbeit, während des Essens oder beim Fernsehabend. Da gehören sie nicht hin. Verständlicherweise hat man den Anspruch, seinem Liebsten Aufmerksamkeit und Mitgefühl zu schenken, aber manchmal ist man ausgelaugt von seinem Tag und kann keine miese Stimmung mehr ertragen. Eine Möglichkeit, das Ausleben dieser Gefühle auf natürliche Weise zu kultivieren und in euren Alltag zu integrieren ist, Gelegenheiten zum gemeinsamen Schimpfen zu vereinbaren. Der Erfahrung nach vereinbaren das Paare eher spontan am Tag. Im Fokus steht das Einverständnis beider, sich darauf einzulassen. Dadurch sind beide Partner für den Sturm gewappnet und können nach Lust und Laune Dampf ablassen über Dinge und Personen, die sie in Rage versetzen. Was dabei ausgezeichnet wirkt, ist, wenn beide Partner gleichermaßen mitmachen und auf das sogenannte „Weichspülen“ der Gefühle verzichten. Niemand hört sich gerne an, dass es „doch bestimmt gar nicht so schlimm“ war und man sich zu sehr aufregt. Zeigt stattdessen Empathie und schimpft mit eurem

Partner über die vielen kleinen Ungerechtigkeiten des Lebens. Das verbindet und stärkt das Gefühl der Loyalität zwischen euch, was als sehr befreiend empfunden werden kann. Auch bei dieser Übung empfiehlt sich eine genaue Absprache bezüglich eurer Bedürfnisse.

Übungsteil:

Ihr könnt das Gelesene gerne gleich umsetzen. Falls ihr in diesem Moment keinen Bedarf habt, Dampf abzulassen, könnt ihr euch präventiv zu den Rahmenbedingungen unterhalten:

- Wie oft kommt es vor, dass du das Bedürfnis hast, Dampf abzulassen?
- Wie willst du solche Gespräche führen?
- Ist es dir spontan oder mit Planung lieber?
- Wie lange dürfen solche Gespräche sein?
- Welche Absprachen brauchst du im Vorhinein?
- Wie machst du bemerkbar, dass du aufhören möchtest?

Raum für Notizen:

Paardynamik

Die Vögel des Aristophanes (Partnerübung)

„Willst du gewinnen,
so sende die Scham fort."
- *Orientalisches Sprichwort*

Die Dynamiken einer langfristigen Beziehung und des Sexuallebens scheinen sich auf den ersten Blick zu widersprechen. Wogegen in der Liebesbeziehung Werte wie Vertrautheit, Verlässlichkeit, Stabilität und Sicherheit im Vordergrund stehen, geht es bei der Lust um Spannung, Leidenschaft, das Neue, Risiko und Abenteuer. Erst auf den zweiten Blick fällt auf, dass der Reichtum an Vielfalt und Abwechslung in langfristige Beziehungen gefördert werden kann, wenn sich die Partner über ihre Bedürfnisse austauschen. Es können verschiedene Gefühle im Bett geteilt werden, von wild bis romantisch, unaufgeregt bis überwältigend, die das Sexleben erst erfüllend machen. One-Night-Stands können zwar als sehr befriedigend erlebt werden, laufen jedoch oft nach ähnlichen Mustern ab, da die emotionale Tiefe und Verbundenheit fehlen.

Ziel ist es daher, sich seinen Bedürfnissen zuzuwenden, die Scham zu überwinden und seine sexuellen Wünsche zu kommunizieren. Intimität ist für viele die Voraussetzung, um sexuelle Fantasien anzusprechen und auszuleben. Dabei gibt es mehrere persönliche Faktoren, die die Partner mit einbeziehen können, wie erotische Erfahrungen, Fantasien und Fertigkeiten im Bett. Humor lockert die Stimmung auf und Lachen im Bett ist erwünscht, wenn beide dabei beachten, sich nicht auf Kosten des Partners zu amüsieren.

Übungsteil:

Haltet es einfach und locker:

1. Tauscht peinliche, amüsante und angenehme sexuelle Erfahrungen aus eurem Leben aus.
2. Beschreibt jeweils ein ideales, sexuelles Szenario.

Raum für Notizen:

Paardynamik

Die Zufriedenheitsformel (Einzelübung)

„Die Zufriedenheit bereitet
dem Glück ein Zuhause."
- Gudrun Zydek

Für eine gesunde Beziehung können nur Menschen sorgen, die grundsätzlich mit sich und ihrem Leben zufrieden sind. Das bedeutet, dass neben dem „Wir" auch ein „Ich" und ein „Du" existieren darf, zum Beispiel durch eigene Hobbys, Freunde oder Freizeit. Wenn ihr möchtet, könnt ihr diese Dinge als Paar teilen. Wichtig ist, dass du dein Wohlbefinden nicht von deinem Partner abhängig machst und ihr unabhängig voneinander für eure jeweilige Zufriedenheit sorgen könnt. Es ist ein Unterschied, ob du deinen Partner brauchst oder liebst. Brauchen führt dazu, dass dein Selbstwert vom Partner abhängig ist und du ihm alles recht machen möchtest, weil du Angst hast, ihn zu verlieren. Liebe dagegen bedeutet Eigenständigkeit. Du definierst deinen Selbstwert nicht über deinen Partner und triffst die Entscheidung für deinen Partner bewusst.

Übungsteil:

Folgende Fragen können dich dabei unterstützen, deine Zufriedenheitsformel zu finden:

- Wie kann ich im Alltag dafür sorgen, dass ich mich wohlfühle?
- Was macht mich glücklich?
- Wie viel davon brauche ich am Tag mindestens, damit es mir definitiv gut geht?
- Was hilft, wenn ich mich unwohl fühle? Was kann ich tun, damit es mir besser geht?

- Was hat mir in der Vergangenheit Freude bereitet, das ich gerne wieder öfter machen würde?
- Gibt es etwas, womit ich anfangen möchte? Was brauche ich dazu?

Raum für Notizen:

Streitkultur

Tabula rasa (Partnerübung)

„Ich brauche keine Bücher zu lesen, um zu wissen, dass das Grundthema unseres Lebens Konflikt ist."

- Charlie Chaplin

Ungelöste Konflikte in der Partnerschaft ziehen Unmengen Energie. Dagegen wirkt der konstruktive Umgang mit Unterschieden belebend und stärkend auf die Beziehung. Oftmals entstehen Dauerstreits und „emotionale Altlasten", wenn jeder Partner auf seiner unterschiedlichen Meinung beharrt und partout nicht davon abweichen will. Dabei kann es sich um Banalitäten im Alltag, Normen, Werte oder politische Ansichten handeln. Es gestaltet sich dann aussichtslos, hier eine Einigung zu finden, da es um mehr geht als darum, wer Recht hat. Oft scheinen sich Diskussionen vielmehr darum zu drehen, dafür zu sorgen, dass der Partner kein Recht bekommt.

In solchen Fällen helfen ein Waffenstillstand und die Einigung darüber, dass ihr euch nicht einig seid. Stellt euch vor, jede Uneinigkeit würde konstant auf den Esstisch gelegt. Irgendwann wäre darauf kein Platz mehr für das Wesentliche: Essen. Genauso verhält es sich mit der Liebe in der Partnerschaft, die unter dem Kampf um unterschiedliche Ansichten langsam begraben wird.

Schreibt, die Themen, bei denen ihr keine Einigung erzielen könnt, auf einen Zettel. Eure Unterschrift besiegelt die Einigung darüber, diese Themen „ruhen" zu lassen, bis ihr sie zu einem passenden Zeitpunkt zur Lösung aus der Schublade holen könnt. Manchmal ist die Zeit dafür erst später reif.

Übungsteil:

1. Schreibt gemeinsam Punkte auf, bei denen ihr bisher keine Einigung gefunden habt.
2. Besiegelt mit eurer Unterschrift, dass die Themen bis zur Lösung in der Schublade bleiben und bis dahin nicht hervorgeholt werden.
3. Gönnt euch etwas Schönes, bei dem ihr Kraft tanken könnt.

<u>Raum für Notizen:</u>

Streitkultur

Believe IT, Teil 3: Richtig streiten lernen (Partnerübung)

„Streit in der Liebe ist
Erneuerung in der Liebe."
- *Terenz*

Streit entsteht oft, weil Glaubenssätze im Unbewussten wirken und von den Partnern nicht angesprochen werden. Viele Paare kennen ihre Glaubenssätze in der Beziehung nicht, wodurch Diskussionen zu Einbahnstraßen werden können.

Diese Übung kann sowohl in konfliktorientierten, temperamentvollen Beziehungen als auch in konfliktvermeidenden Beziehungen, in denen es ruhiger zugeht, angewendet werden. Ziel ist es, die Karten offen auf den Tisch zu legen, damit ein Umgang mit unterschiedlichen Meinungen auf Augenhöhe stattfinden kann. Ihr solltet dies trotz allem nicht zum Anlass nehmen, die Aussagen des Partners moralisch zu beurteilen oder Meinungen gegeneinander aufzuwiegen. Die Übung regt euch dazu an, respektvoll euren Standpunkt zu vertreten und den Standpunkt des Partners zu würdigen, auch wenn er sich deutlich vom eigenen unterscheidet. Unterschiedliche Meinungen sorgen oft für angeregte und emotionale Diskussionen, die Grundsätze zum Wanken bringen können. Beachtet dazu die Leitlinien von „Gut gesagt" bevor ihr die Übung startet. Signalisiert euch ebenfalls zwischendurch, dass ihr euch liebt, wenn ihr unterschiedlicher Meinung seid. Sobald ein konstruktiver Austausch über diese Themen realisierbar ist, werdet ihr ebenso über andere fundamentale Themen diskutieren können.

Übungsteil:

Lest euch abwechselnd die folgenden Glaubenssätze (8) durch. Teilt eurem Partner jeweils mit, was ihr von den Aussagen haltet und legt eure Erfahrungen dazu dar.

1. „Mein Partner soll auch mein bester Freund sein."
2. „Je leidenschaftlicher die Liebe, desto glücklicher die Beziehung."
3. „Affären zerstören jede Partnerschaft."
4. „Partner haben keine Geheimnisse voreinander."
5. „Ein Paar sollte alles gemeinsam tun."
6. „Für eine gute Beziehung muss man sich ständig anstrengen."
7. „In einer glücklichen Beziehung schenkt man sich einander grenzenloses Vertrauen."
8. „Ich muss meinen Partner glücklich machen."
9. „Erst zusammen kann man sich richtig gehen lassen."
10. „Alles ist gerettet, wenn wir ein Kind bekommen."
11. „In einer echten Partnerschaft wird alle Arbeit geteilt."
12. „Wer mich wirklich liebt, versteht mich auch ohne Worte."
13. „Lieber eine unglückliche Ehe als eine zerrüttete Familie."
14. „Seine Karriere ist wichtiger als ihr Beruf."
15. „Will der Partner sich trennen, muss man mit allen Mitteln um ihn kämpfen."

16. „Erloschene Liebe lässt sich wieder neu entfachen."
17. „Konkurrenz zwischen den Partnern belebt die Beziehung."
18. „Leben wir erstmal zusammen, wird sich mein Partner ändern."
19. „Gegensätze ziehen sich an."
20. „Beziehungsprobleme soll man nicht nach außen tragen."
21. „Kein Sex, wenn man sich streitet."
22. „Es ist besser, etwas, das mich beunruhigt, für mich zu behalten, als dadurch unnötige Probleme in unserer Beziehung zu verursachen."
23. „Die Bedürfnisse meines Partners sind mir wichtiger als meine eigenen."
24. „Wenn man sich liebt, sollte Sex jedes Mal besser werden."

<u>Raum für Notizen:</u>

Streitkultur

Die Kunst, die richtigen Fragen zu stellen

(Partnerübung)

„Dem guten Frager ist
schon halb geantwortet."
- *Friedrich Nietzsche*

Das Ziel dieser Übung ist die Entwicklung neuer Lösungsansätze für eine Vielzahl von Situationen. Vor allem eignet sich die Methode, um frühzeitig aus Konflikten auszutreten oder, um den Streit in eine konstruktive Richtung zu lenken. Der Ansatz basiert auf der simplen und effektiven Technik, zum geeigneten Zeitpunkt die richtigen Fragen zu stellen. Eine Frage signalisiert generell Neugier, Offenheit und den Wunsch nach einem Austausch auf Augenhöhe. Passend formuliert, kannst du deinem Partner gegenüber mit einer einzigen Frage deine Wertschätzung, deinen Respekt und deine Motivation zur Lösung eines Problems ausdrücken. Es handelt sich um eine Strategie, mit der man komplett aus dem Streitkreislauf ausbricht, um dem Partner mit einem Angebot entgegenzukommen. Essenziell sind dabei ein wohlwollender Tonfall und eine offene Mimik. Stimmt die Körpersprache nicht mit der Aussage überein, können die Fragen nach hinten losgehen.

Übungsteil:

Akut:

Fragen, die sich in der Beratungspraxis bewährt haben und während des Streits gestellt werden können:

- „Was brauchst du jetzt von mir?"
- „Wie kann ich dazu beitragen, die Situation besser zu machen?"
- „Was sollte ich gerade auf gar keinen Fall tun?"

Präventiv:

Fragen, die es generell in der Beziehung zu klären gibt:

- „Was brauchst du von deinem Partner, wenn ihr streitet, damit es dir besser geht?"
- „Welche Verhaltensweisen deines Partners machen dich richtig wütend?"
- „Welche vergangenen Erfahrungen verbindest du mit dem Wutgefühl?"

Raum für Notizen:

Streitkultur

Beziehung vs. Bedrückung (Partnerübung)

„An einem kleinen Muster können
wir oft das ganze Stück beurteilen."

- Miguel de Cervantes Saavedra

Beziehungen halten oft als Projektionsfläche für unerfüllte Bedürfnisse aus der Kindheit her. Das Wortspiel „Beziehung vs. Bedrückung" soll als Metapher dafür dienen, dass manche Erfahrungen aus dem eigenen Elternhaus als förderlich und manche als hinderlich für die Partnerschaft empfunden werden. Der Gedanke dahinter ist, dass du dich deinem Partner besser öffnen kannst, wenn du weißt, weshalb du wie empfindest und dich verhältst, und was deine Vergangenheit damit zu tun hat.

Übungsteil:

Ihr seid herzlich dazu eingeladen, euch zu den folgenden Fragen Gedanken zu machen und miteinander zu diskutieren. Die Leitlinien von „Gut gesagt" sind hier von Vorteil.

- Wie würdest du deine Familie beschreiben?
- Wie würdest du die Beziehung deiner Eltern beschreiben?
- Welche Ereignisse in deiner Familie haben dich im Besonderen geprägt?
- Wer waren deine Vorbilder in oder außerhalb der Familie? Wer fungiert aktuell als dein Vorbild?
- Welche Werte hast du von deinen Eltern übernommen?
- Welches Frauen- und Männerbild wurde dir zu Hause vorgelebt?
- Welches Beziehungsmodell wurden dir vorgelebt?

- Welches traumatische Erlebnis aus deiner Kindheit gibt es?
- Welches schöne Erlebnis aus deiner Kindheit gibt es, aus dem du jetzt Kraft ziehst?
- Wie wurden Emotionen in deiner Familie gezeigt?
- Welche Emotionen durftest du zeigen und welche nicht?
- Was willst du anders als deine Eltern machen? Was machst du bereits anders?
- Was hast du Positives aus der Beziehung deiner Eltern gelernt?
- Welche Verhaltensweisen deiner Eltern empfindest du aktuell als Last für eure Beziehung?
- Welche Verhaltensweisen empfindest du aktuell als Bereicherung für eure Beziehung?
- Was hat dein Partner gelernt, was du noch nicht gelernt hast? Was kannst du von ihm und seiner Familie lernen?

<u>Raum für Notizen:</u>

Streitkultur

Kein Schaden ohne Nutzen (Partnerübung)

„In den Wäldern drüben, tief unter
der Last des Schnees, ist letzte Nacht
ein Pflaumenzweig erblüht“

- Japanischer Vers

Diese effektive Übung hilft euch negative Denkmuster zu durchbrechen und für euch und eure Beziehung zu nutzen. Ziel ist es, zu lernen, besser mit negativen Situationen und Erfahrungen umzugehen. Durch eine auf Ressourcen fokussierte Herangehensweise kann eine neue Gelassenheit erreicht werden, die besonders in Konflikten wertvoll ist.

Beim Kintsugi (金継ぎ), einer traditionellen japanischen Methode zur Reparatur von Keramik, werden Bruchstücke mit einem speziellen Lack, in den pulverisiertes Gold oder andere Edelmetalle eingestreut werden, wieder zusammengefügt. Risse und abgesprungene Teile werden durch diese Methode veredelt. In anderen Worten wird aus einem kaputten Gegenstand ein Wertgegenstand kreiert. Je öfter Teekannen, Teller oder andere Gegenstände mit dieser Methode repariert werden, desto auserlesener werden sie. Kintsugi-Keramik wird zu bemerkenswert hohen Preisen gehandelt.

Ähnlich können Beziehungen in gewissen Rahmen von Problemen und Auseinandersetzungen profitieren und wachsen. Konflikte und eine ehrliche Fehlerkultur sind Teil jeder resilienten Beziehung, die stressigen Phasen standhalten kann. Krisen, Stress und negative Erfahrungen sorgen zunächst für eine Imbalance im Leben. Resilienz beschreibt die Fähigkeit, diese Balance wiederherzustellen. Sie ist erlernbar und kann in Krisen geübt werden.

Übungsteil:

1. Sucht euch jeweils drei Situationen im Leben aus, die euch damals wie schwer zu überwindende Hindernisse und/oder große emotionale Belastungen vorgekommen sind.
2. Sprecht darüber, wie ihr es geschafft habt, diese Situationen zu bewältigen. Legt euren Fokus in erster Linie auf die Fähigkeiten, Einstellungen und Kompetenzen, die ihr dadurch erlernt habt.

<u>Raum für Notizen:</u>

Rituale

Mit dem richtigen Fuß aufstehen (Partnerübung)

„Der Morgen und der Abend
sind die Stunden der Seele.“
- Elmar Kupke

Stell dir vor, du freust dich jeden Abend auf den nächsten Morgen. Du hast morgens keinen Stress, sondern beginnst den Tag entspannt mit einem Morgenritual deiner Wahl. Der ganze Tag kann dadurch positiv beeinflusst werden, wenn du dir morgens mehr Zeit für dich und die Beziehung nimmst. Dabei stehen dir drei Optionen zur Auswahl:

1. Du kannst ein gemeinsames Ritual mit deinem Partner vollziehen,
2. den Morgen für dich gestalten oder
3. eine Mischung aus beidem.

Schau darauf, was dir und euch in der Vergangenheit gutgetan hat oder findet etwas Neues, wie zum Beispiel ein bisschen länger im Bett zu bleiben und kuscheln, ein Morgengetränk ans Bett, ein ausgefallenes Frühstück, Musik zum Aufstehen, eine kurze Massage oder den Tagesablauf und erfreuliche Erlebnisse zu planen. Das Ritual muss dabei nicht jedes Mal gleich bleiben, sondern kann gern abgewechselt werden. Wichtig dabei ist, sich die Zeit dafür zu nehmen, den Tag mit Freude und Dankbarkeit zu starten.

Übungsteil:

Beantwortet die folgenden Fragen:

- Welche der drei Optionen passt am besten zu euch?

- Wie viel Zeit möchtet ihr euch morgens jeweils für euch und den Partner nehmen?
- Was wirkt auf dich wohltuend?
- Was wirkt auf deinen Partner wohltuend?
- Wie sieht der bestmögliche Kompromiss aus?

Raum für Notizen:

Rituale

Traumtag (Partnerübung)

„Geben macht das Leben liebevoller."
- Oscar Wilde

Beziehungen bestehen aus einer ausgewogenen Balance von Geben und Nehmen in Form vieler kleiner Aufmerksamkeiten. Zärtlichkeit zählt zu den bedeutsamsten Formen der Liebe, die regelmäßig Raum in der Beziehung haben sollte. Zärtlichkeit schenken und damit beschenkt werden kann Freude bereiten, da die Gefühle der Liebe, Geborgenheit und Vertrautheit geteilt werden. Der Schenker bietet seine Mühe, Motivation und volle Aufmerksamkeit, der Beschenkte zeigt Vertrauen und lässt sich komplett in die Arme des Schenkers fallen. Da man dies in der Hektik des Alltags vergessen kann, lohnt es sich, sich aktiv Zeit für das Geben und Nehmen zu schaffen und ein eigenes Ritual entstehen zu lassen.

Übungsteil:

Wie könnte dein idealer Tag aussehen? Lass dich einmal von deinem Partner verwöhnen.

1. Jeder Partner schreibt seinen Traumtag auf ein Blatt Papier. Beschreibt den Tag vom Aufwachen bis zum Einschlafen. Dies kann gerne etwas Außergewöhnliches sein, aber seid realistisch, sonst bleibt der Tag ein Traum. Du kannst dich auch von deinem Partner überraschen lassen.
2. Besprecht nacheinander eure Traumtage und unter welchen Voraussetzungen sich dein Partner vorstellen kann, den Tag für dich zu planen und durchzuführen.
3. Findet jeweils ein Datum für die Tage.
4. Bedanke dich bei deinem Partner für den Tag

und geht ins Gespräch darüber, was im Besonderen gelungen war.

5. Wiederholt die Übung nach Lust und Laune.

Raum für Notizen:

Rituale

Die vier Jahreszeiten (Partnerübung)

„Denn das ist eben die Eigenschaft der wahren Aufmerksamkeit, dass sie im Augenblick das Nichts zu Allem macht.“

- Johann Wolfgang von Goethe

Rituale sind die wahren Schätze der Beziehung. Sie sorgen für emotionale Verbundenheit, spiegeln den Charakter und die Einzigartigkeit der Partnerschaft wider und machen glücklich. Ein schönes Jahr zu haben heißt, viele einzigartige Momente zu erleben. Die Jahreszeiten mit ihren unterschiedlichen Stimmungen bieten euch dabei genügend Inspiration, um euer Jahr zu etwas Außergewöhnlichem zu machen. In dieser Übung geht es darum, besondere Momente zu zelebrieren, scheinbar Alltägliches zu genießen und gemeinsame Bedürfnisse zu kommunizieren und auszuleben.

Übungsteil:

1. Beantwortet die folgenden Fragen:

- Welche Bilder habt ihr im Kopf, wenn ihr an die vier Jahreszeiten denkt?
- Mit welchen Bildern verbindet ihr die angenehmsten Erfahrungen?
- Welche Aktivitäten findet ihr jeweils besonders wohltuend in den jeweiligen Jahreszeiten?
- Mit welchen Unternehmungen könnt ihr den Alltag in den vier Jahreszeiten zelebrieren?
- Über was würdet ihr euch in höchstem Maße freuen?
- Mit welchen Aufmerksamkeiten könnt ihr euch gegenseitig den Tag versüßen?

2. Leitet für jede Jahreszeit mindestens ein Ritual ab (gemeinsame Aktivitäten, wie zum Beispiel ein Aperol Spritz bei den ersten Sonnenstrahlen im Frühling, eine Bootsfahrt auf dem See im Sommer, ein Spaziergang im Wald durchs duftende Laub im Herbst oder eine winterliche Schlittenfahrt auf einer Berghütte).

Raum für Notizen:

Rituale

Dankbarkeit als Weg zum Glück

(Einzel- und Partnerübung)

„Dankbarkeit und Liebe
sind Geschwister.“
- Christian Morgenstern

Dankbarkeit ist eine ebenso effektive wie wohltuende Methode, um sich und seinem Partner Glück zu schenken. Dankbarsein wirkt durch das freigesetzte Serotonin wie Wellness für die Seele und ist dabei vollkommen kostenlos. Von Zeit zu Zeit ist es daher sinnvoll, innezuhalten, um an die vielen Dinge zu denken, für die du in deiner Beziehung dankbar bist.

Im herkömmlichen Verständnis zeigt man Dankbarkeit oft aus Höflichkeit oder wenn man ein Geschenk bekommen hat. Wahre Dankbarkeit ist eine tief gehende, wertschätzende Haltung und kann in vielen Gewändern erscheinen. Losgelöst von Besitz und Reichtum sind es oft die alltäglichen Dinge, die eine dankbare Haltung ermöglichen. Nimm dir die Zeit, um das wertzuschätzen, was für dich bedeutsam ist.

Übungsteil:

Variante I (Einzelübung):
Ergänze diese Sätze eine Woche lang täglich:

- Ich bin dankbar, dass ich heute …
- Ich bin meinem Partner dankbar dafür, dass er heute …
- Ich bin dankbar, dass mir meine Beziehung heute die Gelegenheit dazu gibt … Ich bin dankbar dafür, dass ich heute … von meinem Partner lernen durfte.

Variante 2 (Partnerübung):

1. Sucht euch einen Ort in der Wohnung aus, an dem ihr euch beide regelmäßig aufhaltet, z.B. die Küche, und stellt dort eine Box auf.
2. Schreibt einen Monat lang jeden Tag drei Dinge auf, für die ihr in der Beziehung dankbar seid, und legt sie in die Box. Je konkreter diese Dinge sind, desto besser.
3. Jedes Mal, wenn euch danach ist, könnt ihr die Box öffnen und euren Fokus auf die schönen Seiten eures Lebens richten.

Raum für Notizen:

Rituale

Jeden Tag wachsen (Einzel- und Partnerübung)

„Man kann nicht in die Zukunft schauen, aber man kann den Grund für etwas Zukünftiges legen - denn Zukunft kann man bauen.“

- Antoine de Saint-Exupéry

Pärchen wollen ihre Beziehungen nicht einzig am Leben halten, sondern mit ihnen wachsen. Eine Beziehung, die sich nicht weiterentwickelt, kann mit der Zeit einschlafen. Eine Beziehung wachsen zu lassen, bedarf der kontinuierlichen Pflege. Ältere, größere Pflanzen brauchen mehr Wasser als jüngere, kleinere Pflanzen. Dasselbe gilt für Beziehungen. Je fortgeschrittener die Beziehung ist, desto mehr Pflege benötigt sie. Wichtig ist, wachstumsfördernde Verhaltensweisen als festen Bestandteil des Alltags zu etablieren und somit zur Normalität werden zu lassen.

Die folgende Übung zeigt euch, wie ihr eure Beziehung mit minimalem Aufwand zum Wachsen bringen und jeden Tag den Fokus ein bisschen mehr auf eure Stärken richten könnt. Beginne am besten mit der Einzelübung, damit du mehr von der Partnerübung profitierst.

Übungsteil:

1. Einzelübung: Schreibe jeden Tag fünf Dinge auf, die dir an diesem Tag an dir gefallen. Welche davon dürfen gern weiter ausgebaut zu werden? Wovon kannst du mehr machen? Was hast du heute gut gemacht?
2. Partnerübung: Schreibe jeden Tag fünf Dinge auf, die an diesem Tag ein positives Gefühl in dir auslösen (z.B. Aussagen, Verhaltensweisen, körperliche Merkmale, Mimik, Gestik etc.).

3. Welche davon sind es wert, weiter ausgebaut zu werden? Wovon darf dein Partner gern mehr machen? Was hat dein Partner heute gut gemacht?

<u>Raum für Notizen:</u>

Cooldown

Erfolg sehen (Partnerübung)

Ihr habt es geschafft! Ihr habt alle Übungen absolviert, die euch einen Mehrwert bringen und könnt euren Fortschritt durch das Training sehen. Ihr dürft erneut eure jeweilige Einschätzung vornehmen und diese im Anschluss mit der ersten Einschätzung vom Erfolgsrezept vergleichen. Die Ergebnisse könnt ihr mit der darauffolgenden Reflexion diskutieren.

1. Unsere Beziehung ist mir wichtig.
   nein - eher nein - ich weiß nicht - eher ja - ja

2. Ich will an unserer Beziehung arbeiten.
   nein - eher nein - ich weiß nicht - eher ja - ja

3. Wir sprechen die gleiche Sprache.
   nein - eher nein - ich weiß nicht - eher ja - ja

4. Wir wachsen an Konflikten.
   nein - eher nein - ich weiß nicht - eher ja - ja

5. Wir wertschätzen uns gegenseitig.
   nein - eher nein - ich weiß nicht - eher ja - ja

6. Wir unterstützen uns im Alltag.
   nein - eher nein - ich weiß nicht - eher ja - ja

7. Wir sind ein Team und treffen Entscheidungen gemeinsam.
   nein - eher nein - ich weiß nicht - eher ja - ja

8. Wir verbringen unsere Zeit sinnvoll miteinander.
   nein - eher nein - ich weiß nicht - eher ja - ja

9. Wir unternehmen Dinge, die wir aufregend finden.
   nein - eher nein - ich weiß nicht - eher ja - ja

10. Wir erfreuen uns mit gegenseitigen Aufmerksamkeiten.
   nein - eher nein - ich weiß nicht - eher ja - ja

11. Wir tauschen Zärtlichkeiten aus.
   nein - eher nein - ich weiß nicht - eher ja - ja

12. Wir leben unsere sexuellen Bedürfnisse miteinander aus.
   nein - eher nein - ich weiß nicht - eher ja - ja

Reflexionsfragen:

- Wie geht es euch jetzt?
- Welche Erfolge konntet ihr durch das Training verzeichnen?
- Mit welchen Ergebnissen seid ihr zufrieden?
- Was hat sich verbessert?
- Wo seht ihr weiterhin Handlungsbedarf?
- Was hat nicht funktioniert?
- Wie geht es für euch weiter?

Option A:

Ihr seid mit den Ergebnissen komplett zufrieden

→ Beendet das Training, bis ihr erneuten Handlungsbedarf seht. Wenn ihr Lust habt, könnt ihr die Übungen nach Lust und Laune weiter durchführen.

Option B:

Ihr seid mit den Ergebnissen zufrieden und wollt ein paar Module vertiefen

→ Führt die infrage kommenden Übungen (regelmäßig) durch, bis ihr zufrieden seid.

Option C:

Ihr findet trotz der Übungen zu keiner zufriedenstellenden Lösung

→ Sucht euch Unterstützung in Form einer Paartherapie.

Interlude

Bis Zen zählen

Atemübungen sind ausgesprochen wirksam, wenn es darum geht von beherrschenden Emotionen Abstand zu gewinnen und dabei präsent zu bleiben. Durch die direkte Verbindung des Zwerchfells mit dem Gehirn kannst du in Echtzeit Einfluss auf die Aktivität deines autonomen Nervensystems nehmen. Diese Übung kann, neben den anderen Interludes (engl. für Zwischenspiel) auch abseits des Kontexts dieses Buches in den Alltag integriert werden. Ihr könnt sie beispielsweise vor, während oder nach der Arbeit, nach dem Aufwachen oder vor dem Einschlafen anwenden. Ein Nebeneffekt ist, dass Disziplin durch Atemübungen mühelos geübt und die konstruktive Verarbeitung der Gefühlswelt angeregt werden kann. Diese Atemübung sorgt für Entspannung und besseren Fokus. Ich empfehle, tief in den Bauch einzuatmen und sich dabei vorzustellen, wie sich der ganze Körper mit frischer Luft füllt. Unerwünschte Gedanken, Sorgen und Ängste werden ausgeatmet.

Variante 1:
Ein- und Ausatmen, im Kopf bis Zehn mitzählen (Einatmen 1, Ausatmen 1, … Einatmen 10, Ausatmen 10)

Variante 2:
Nur Einatmen, im Kopf bis Zehn mitzählen, das Ausatmen geschieht „stumm“ (Einatmen 1, … Einatmen 10)

Variante 3:
Nur Ausatmen, im Kopf bis Zehn mitzählen, das Einatmen geschieht „stumm“ (Ausatmen 1, … Ausatmen 10)

Interlude

Clearmind

Dies ist eine weitere Übung, die dir dabei hilft Anspannung zu vermindern und einen klaren Kopf zu bekommen. Die Visualisierung eines „geklärten Geistes" wirkt dabei wie das Aufräumen eines chaotischen Zimmers und eignet sich als Einleitung, Übergang und Abschluss im Alltag, wie beispielsweise vor und nach der Arbeit, zwischen Terminen und nach aufwühlenden Ereignissen.

1. Such dir eine bequeme Sitzposition und schließe die Augen.
2. Komme kurz im Raum um dich herum an und lege deinen Fokus auf deine Atmung.
3. Stelle dir vor Wellen schwappen über dich und nehmen dabei alle belastenden Eindrücke in deinem Kopf mit.
4. Beim Einatmen kommen die Wellen an und beim Ausatmen spülen sie alle Gedanken von dir fort.
5. Mach die Übung so lange, wie es sich für dich angenehm anfühlt.

Interlude

Heilende Hände

Diese Übung aus dem japanischen Heilströmen, einer traditionellen Heilmethode, hilft dir dabei, deinen ganzen Körper zu entspannen. Durch den sanften Druck auf die Finger werden Ängste gelöst und Gefühle der Geborgenheit und des Glücks angeregt. Du kannst die Übung jederzeit durchführen, beim Warten, vor dem Fernseher, bei der Arbeit und vor aufregenden Situationen.

1. Umschließe mit einer Hand jeden Finger der anderen Hand für mindestens 30 Sekunden.
2. Wende dabei sanften Druck an.
3. Wiederhole das Ganze mit der anderen Hand.

Interlude

Dankbarkeit

Suche dir fünf Momente, Ereignisse und Dinge von heute aus, für die du dankbar bist. Dankbarkeit hat viele Gesichter, sie kann die Gestalt der Freude, der Zufriedenheit, des Genusses, der Lebenslust und vieler weiterer positiver Gefühle und Empfindungen annehmen. Wenn du dich beispielsweise auf eine Unternehmung, ein Essen oder eine bestimmte Gesellschaft in deinem Alltag freust, steckt dahinter die Dankbarkeit, das Leben auf diese Art genießen zu dürfen. Sprich die Dankbarkeit aus oder stelle sie dir in deinem Kopf vor und konzentriere dich auf das wohlige Gefühl, das dadurch in dir entsteht.

Interlude

Augen entspannen

Durch diese Übung wird der Vagusnerv, ein Teil des Parasympathikus und damit des zentralen Nervensystems, angesprochen. Deine Augenmuskulatur ist nach einem langen Tag oft angestrengt, wodurch diese Massage zur erholsamen Entspannung für den ganzen Körper wird.

1. Reibe deine Hände warm.
2. Lege sie für ein bis drei Minuten auf deine Augen, sodass du nichts mehr sehen kannst.
3. Im Anschluss massiere die Muskeln rund um die Augenhöhlen sanft mit den Fingern. Gute Entspannung!

Vielen Dank fürs Lesen!

Falls dir dieses Buch gefallen hat, würde ich mich sehr sehr über deine Rezension freuen. Selbst eine kurze Bewertung ist für mich als unabhängiger Autor schon enorm wertvoll.

Kill your darlings, find love.
Marco

Literaturverweise

(1) Lewin, K. (1989). Changing as three steps: Unfreezing, moving, and freezing of group standards. *Organizational development: Theory, practice, and research, 87.*

(2) Porges, S. W. (2001). The polyvagal theory: phylogenetic substrates of a social nervous system. *International journal of psychophysiology, 42*(2), 123-146.

(3) Dana, D. A. (2018). *The Polyvagal Theory in Therapy: Engaging the Rhythm of Regulation (Norton Series on Interpersonal Neurobiology).* WW Norton & Company.

(4) Dar-Nimrod, I., & Heine, S. J. (2006). Exposure to scientific theories affects women's math performance. *Science, 314*(5798), 435-435.

(5) Schulz von Thun, F. (1981). Miteinander reden 1: Störungen und Klärungen. *Reinbek bei Hamburg, 380,* 409.

(6) Luft, J., & Ingham, H. (1961). The johari window. *Human relations training news, 5*(1), 6-7.

(7) Prior, M. (2002). MiniMax-Interventionen. *Heidelberg: Carl-Auer-Systeme Verlag, 2.*

(8) (8) Lazarus, A. A. (2000). *Fallstricke der Liebe: vierundzwanzig Irrtümer über das Leben zu zweit* (Vol. 36185). Klett-Cot

Danksagungen

Ich danke meiner Familie und Freunden, und speziell:

Karin Seibold,
Sigrid Kerhsenfischer
KJP Julia Bresgen,
Andreas Cofré-Espinoza,
Alina Motyka,
Maximilian Bachmann,
Hanna Janzen,

für wertvolle Unterstützung, Anmerkungen und kreative Inspiration.

Darüber hinaus gehen herzliche Grüße an das Münchner Institut für systemische Weiterbildung (MISW) und an die gesamte Gruppe des Jahrgangs 2014 - 2016, die diese Ausbildung zu einem unvergesslichen Lebensabschnitt gemacht haben.

Ebenso will ich mich bei dem talentierten Illustrator Hiram Espinosa bedanken (seine Kunst kann man hier bewundern: lontanuccio.myportfolio.com).

Ich ziehe außerdem den Hut vor Philip Riesinger, dessen Einsatz auf den letzten Meilen eine große Hilfe war.

Besonderer Dank gilt Simon Seibold, ohne den dieses Buch nicht entstanden wäre.

Impressum

Bibliografische Information der Deutschen Nationalbibliothek: Die Deutsche Nationalbibliothek verzeichnet diese Publikation in der Deutschen Nationalbibliografie; detaillierte bibliografische Daten sind im Internet über http://dnb.dnb.de abrufbar.

Kontakt: htnkyd@t-online.de

2. Auflage

Cover & Illustrationen: Hiram Espinosa
Korrektorat & Satz: Melanie Günther & Philip Riesinger

Dieses Buch ist auch als E-Book erhältlich.

How to (not) kill your darling

Das Erfolgsrezept für eine glückliche
Beziehung

Marco Kerhsenfischer
Psychologischer **Tat**geber

VORWORT

Am Morgen mit einer Leichtigkeit aufstehen, sich Dingen widmen, die guttun und für die Du sonst im Alltag kaum Zeit findest und dann mit einer inneren Ruhe die Arbeit beginnen. Klingt nach einem perfekten Start in den Tag? Genau! Der Morgen hat so viel mehr zu bieten, als nur Müdigkeit und schlechte Laune. Doch ist es für jeden Schlaftyp – ob Morgen- oder Abendmensch – möglich, die frühen Morgenstunden positiv zu nutzen?

Gehörst Du zu den Menschen, die am Morgen am liebsten den Wecker ausschalten würden und gar nicht erst aufstehen wollten? Ich kann das gut nachempfinden, denn so ging es mir auch, bevor ich zum Frühaufsteher wurde. Genau wie Du, hatte ich aber beschlossen, etwas ändern zu wollen. Ich sehnte mich danach, erfolgreicher zu sein, mehr zu erreichen und am Abend positiver auf den Tag zurückblicken zu können.

Ich arbeite oft im Homeoffice. An solchen Tagen fiel es mir besonders schwer, aus dem Bett zu kommen. Der

Gedanke, mich direkt an die Arbeit machen zu müssen, hat meine Motivation nicht gerade positiv beeinflusst. Stand ich dann irgendwann auf, fiel es mir schwer, in die Gänge zu kommen. Ich fühlte mich alles andere als frisch und meine Konzentration ließ ebenfalls zu wünschen übrig.

Natürlich blieb dadurch viel Arbeit liegen, die ich dann abends aufholen musste, bevor der Tag zu Ende war. Meine Vorsätze, mich sportlich zu betätigen, blieben sehr häufig auf der Strecke. Das frustrierte mich zusätzlich. Ich suchte nach einer Strategie, wie ich den Tag besser nutzen konnte. Eigentlich liegt es nahe, wenn der Tag bestmöglich genutzt werden soll, dass er dann möglichst früh beginnen sollte. Es wird wohl etwas dran sein an „Morgenstund hat Gold im Mund“ oder „der frühe Vogel fängt den Wurm“. Außerdem sind viele bekannte erfolgreiche Persönlichkeiten Frühaufsteher. Doch wie wird man zum Frühaufsteher?

Ich begann damit, jeden Tag früher ins Bett zu gehen. Mein Ziel war es, spätestens um 22:30 Uhr im Bett zu sein und um 7 Uhr aufzustehen. Zum Vergleich: Davor ging ich nicht vor Mitternacht ins Bett und schlief teilweise bis nach 9 Uhr. Doch früher ins Bett zu gehen fiel mir sehr schwer. Die ersten Tage lag ich am Abend hellwach im Bett und wälzte mich hin und her. Ich schlief nicht unbedingt früher ein und am Morgen war ich dementsprechend unausgeruht. Trotzdem quälte ich mich aus dem Bett, fühlte mich aber platt und überhaupt nicht so leistungsfähig, wie ich es mir erhofft hatte. Nach ein paar Tagen schaffte ich es zwar, zwischen 22:15 und 22:30 Uhr ins Bett zu gehen, weil das frühe Aufstehen mich abends schlussendlich doch müde machte, trotzdem fühlte ich mich tagsüber nicht leistungsfähiger und das Aufstehen blieb eine Qual. Nach ein paar Tagen gab ich auf und war wieder in meinem alten Tagesablauf – meine Unzufriedenheit inklusive.

Die Idee, den Morgen richtig zu nutzen, anstatt ihn zu verschlafen, ließ mich aber dennoch nicht los. Ich setzte mich mit den Themen Schlaf, Schlaftypen und auch Morgenroutine auseinander. Dabei stieß ich auf interessante Fakten, die mir bei meinem ersten Versuch nicht bewusst waren. Mit meinem neuen Wissen, wagte ich einen zweiten Versuch mit einer anderen Methode. Das interessanteste am Ganzen ist für mich, dass ich mit weniger Schlaf besser aufstehen konnte, als beim ersten Versuch. Anstatt um 22:30 Uhr ins Bett zu gehen, ging ich erst um 23:15 Uhr. Die Weckzeit blieb bei 7:00 Uhr morgens. Warum das besser klappte? Ich legte meine Schlafenszeit nach meinen Schlafphasen fest. Beim ersten Versuch wurde ich morgens wahrscheinlich aus dem Tiefschlaf gerissen, was das frühe Aufstehen zur Qual machte. Beim zweiten Versuch passte ich mein Schlafverhalten meinem biologischen Rhythmus an und siehe da, es funktionierte. Das Aufwachen war viel angenehmer und leichter und ich fühlte mich leistungsfähiger.

Das Problem, abends nicht müde zu sein, war dadurch natürlich nicht behoben. Mit einigen Anpassungen meiner Abendroutine konnte ich aber deutlich schneller und besser einschlafen. Ein entscheidender Punkt dabei war, auf Bildschirme wie den TV, Laptop und das Smartphone zu verzichten. Ohne zu übertreiben, fand man mich abends gerne vor dem Fernseher platziert, mit dem Laptop auf den Knien und dem Handy in der Hand. Zu viele Informationen, die bis spät in die Nacht auf mein Gehirn eindrangen und zu viel blaues Licht, das meine Hormonproduktion störte.

Ich widmete mich stattdessen wieder vermehrt meinen Büchern. Eigentlich bin ich eine Leseratte, kam aber früher kaum dazu, weil ich – wie schon gesagt – anderen Beschäftigungen nachkam, die mir rückblickend gar nicht guttaten.

Die Anpassung meiner Abendroutine half mir dieses Mal tatsächlich, meine 30-Tage-Frühaufsteher-Challenge erfolgreich abzuschließen. Nebst meiner Abendroutine plante ich diesmal auch meine Morgenroutine besser. Abends im Bett wusste ich ganz genau, was ich in welcher Reihenfolge am Morgen tun werde und das Beste dabei war, ich freute mich sogar darauf. Morgens etwas Sport oder Yoga mit einer kurzen Meditationsrunde zu machen, gab mir ein richtig gutes und freies Gefühl, das mich über den Tag begleitete. Die Ruhe am Morgen ist unbezahlbar, ohne diese fühle ich mich heute, als hätte ich etwas Wichtiges vom Tag verpasst.

Wie hat sich das auf meine Arbeit ausgewirkt? Nach meiner 90-minütigen Morgenroutine starte ich mit frischer Inspiration und bin direkt leistungsfähig und hochkonzentriert bei meiner Arbeit. Am Vormittag ist so das Meiste des Tages bereits erledigt. Die Abende nutze ich heute nicht mehr mit Arbeiten, sondern meist für sozialen Aktivitäten, wie meine Freunde und Familie zu treffen oder ich mache ausgiebige Spaziergänge in die Natur. Für mich fühlt es sich an, als hätte ich heute viel mehr Freizeit, obwohl die Menge an Arbeit die gleiche geblieben ist. Es kommt also vor allem darauf an, wie der Tag organisiert wird.

Mittlerweile habe ich meinen Tagesrhythmus sogar noch eine Stunde vorverschoben, ich stehe jetzt um 6:00 Uhr auf anstatt um 7:00 Uhr und gehe dementsprechend auch 1 Stunde früher zu Bett. Als ich richtig in meinem neuen Frühaufsteher-Rhythmus drin war, hatte ich das Bedürfnis, noch mehr vom Morgen zu nutzen. Um 6:00 Uhr ist es noch viel stiller und die Morgenatmosphäre noch ganz anders, wenn der Tag noch in der Dämmerung liegt. Genau diese Zeit liebe ich, um mich ganz mir selbst zu widmen.

Ich habe es geschafft, von der Eule zur Lerche zu werden und möchte nicht mehr zurück in mein früheres Schlafmuster. Die Vorteile als Frühaufsteher überwiegen für mich stark, ich bin den ganzen Tag über um einiges entspannter und dabei viel erfolgreicher, als früher. Meine 24 Stunden nutze ich heute bestmöglich und hole 100% aus dem Tag heraus.

Möchtest auch Du das erreichen? Dann lasse Dich inspirieren, mit Motivation und Wille wirst auch Du es schaffen, täglich den frühen Morgen mit einem Lächeln zu begrüßen und am frühen Abend den Tag mit einem positiven Gefühl ausklingen zu lassen.

Dieses Buch soll für alle – unabhängig ob Langschläfer oder Frühaufsteher – eine Inspiration sein, Ideen für seine Abend bzw. Morgenroutine zu erhalten, um den Tag bestmöglich zu nutzen.

In diesem Buch erhältst Du Hintergründe zum Schlaf und unserem Körper. Das bildet die Grundlage, um Deine Tagesroutine zu planen. Zudem erhältst Du nützliche Tipps, wie Du Deine Morgen- bzw. Deine Abendroutine verbessern kannst und was es dabei zu beachten gibt. Ein paar Ernährungstipps erhältst Du mit dazu, genauso wie sportliche Ideen und zwei Anleitungen, um in den Tag zu starten.

Ich wünsche Dir viel Erfolg und Durchhaltewillen für Deine ganz persönliche Frühaufsteher-Challenge!

- Kapitel 1 -

DIE INNERE UHR

Wissenschaftler sprechen meist nur von einer inneren Uhr, tatsächlich besitzt unser Körper aber Milliarden davon. Denn jede einzelne Zelle hat einen eigenen Zeitmesser und jedes Organ hat nochmals eine ganze Reihe davon. Diese Uhren sind kontinuierlich miteinander in Kontakt, um im selben Takt zu bleiben.

Wie das funktioniert und was alles dazu gehört, zeigen die folgenden Kapitel.

DER ZIRKADIANE RHYTHMUS

Der zirkadiane Rhythmus steuert physiologische Prozesse des Körpers innerhalb von etwa 24 Stunden. Darunter fällt die Regulierung der Schlaf-Wach-Phasen, die zeitliche Orientierung und sämtliche regelmäßigen und sich wiederholenden Tätigkeiten wie Schlafen, Essen und sich Fortpflanzen. Er wird auch die innere Uhr genannt und muss wegen wechselnder Tageslängen im Zusammenhang mit Jahreszeit-wechseln und Zeitumstellungen ständig neu angepasst werden. Heutzutage bringen wir unseren zirkadianen Rhythmus auch mit einem Wechsel der geo-graphischen Lage aus dem Gleichgewicht, wie z.B. durch einen Langstreckenflug oder auch durch Schichtarbeit. Bis sich unsere innere Uhr wieder auf die neue Zeitzone eingestellt hat, merken wir die Auswirkung anhand des bekannten Jet-Lags. Im Falle eines Jet-Lags sind Hungergefühl und Schlafbedürfnis beispielsweise noch an der vorherigen Zeitzone orientiert und der Körper muss sich erst wieder neu auf diese Veränderung einstellen.

Diese Steuerung und Anpassung erfolgt über Zellen in unseren Augen, sogenannte Photorezeptoren, die sich in der äußeren Körnerschicht der Netzhaut (Retina) befinden. Der Lichtreiz, den diese Zellen aufnehmen, wird an das Gehirn weitergeleitet. Der Nucleus suprachiasmaticus (kurz SCN) ist ein Teil des Hypothalamus und gilt als die zentrale Schaltstelle des Gehirns, die noch weitere periodisch wechselnde Körperfunktionen koordiniert wie:

- Körpertemperatur
- Hormonausschüttung
- Blutdruckschwankungen
- Herzfrequenz
- Urinproduktion

SCHLAF-WACH-RHYTHMUS

Der bedeutendste Rhythmus, welcher vom zirkadianen Rhythmus gesteuert wird, ist unser Schlaf-Wach-Rhythmus. Er steuert den periodischen Wechsel zwischen Schlafen und Wachen.

Auch Pflanzen besitzen einen Schlaf-Wach-Rhythmus. Bei Sonnenaufgang am Morgen öffnen sie ihre Blüten und richten sich zur Sonne, denn diese benötigen sie für ihr Wachstum und ihren Stoffwechsel. Gegen Abend bei Sonnenuntergang schließen sich ihre Blüten und die Stoffwechselprozesse der Pflanze verlangsamen sich über Nacht. Am nächsten Morgen beginnt der Rhythmus dann wieder von vorne.

Bei Tieren ist der Schlaf-Wach-Rhythmus an ihr Beutefangverhalten und ihre Lebensrhythmik angepasst. Nachtaktive Tiere schlafen tagsüber und jagen nachts in der Dunkelheit. Tiere wie Löwen schlafen und ruhen in der heißen Mittagszeit und jagen in den kühleren Morgen- oder Abendstunden.

WAS PASSIERT IM KÖRPER?

Die Steuerung des Schlaf-Wach-Rhythmusses erfolgt über Hormone und sogenannte Neurotransmitter (Botenstoffe in unserem Körper, die als Verbindungsstellen in allen Nervenzellen vorkommen und von dort elektrische Impulse weiterleiten).

Zwei Hormone spielen beim Schlaf-Wach-Rhythmus eine besondere Rolle: Das Serotonin und das Melatonin.

Bei Tageslicht wird Serotonin und bei Dunkelheit Melatonin produziert. Dabei sind die Melatonin- und die Serotoninproduktion stark voneinander abhängig.

Serotonin gilt auch als das körpereigene Antidepressivum und wird deshalb auch Glückshormon genannt. Es hat eine entspannende Wirkung auf den Körper, ist stimmungsaufhellend, schmerzlindernd und wirkt allgemein antidepressiv.

Das Hormon Melatonin wird auch Schlafhormon genannt. Es reguliert den Schlaf und gibt den Takt für die Hormonzyklen an. Die Produktion von Melatonin ist vom Lichteinfall auf die Netzhaut des Auges abhängig. In der Dunkelheit, wenn kein Licht mehr vorhanden ist, steigt die Produktion von Melatonin an, erleichtert uns das Einschlafen und reguliert die Schlafphasen.

Eine unausgeglichene Melatonin-Konzentration geht mit Antriebslosigkeit, Erschöpfung und Müdigkeit einher. Dunkelheit ist für die Ausschüttung eine wichtige Voraussetzung. Helligkeit vermindert die Produktion von Melatonin was sich negativ auf die Schlafqualität auswirkt.

Im Herbst oder Winter, wenn die Helligkeit abnimmt, kann es zu einem Überschuss an Melatonin kommen. In den dunklen Jahreszeiten fehlt uns das Licht, das wichtig ist, um fit und ausgeglichen zu sein.

ÄUßERE EINFLÜSSE

Beim Menschen wird der Schlaf-Wach-Rhythmus durch die festgelegten äußeren Taktgeber wie zum Beispiel die Arbeitszeiten beeinflusst. An freien Tagen ist unser Schlaf-Wach-Rhythmus meist anders, als an Arbeitstagen.

Der Körper kann sich zwar anpassen und gewöhnt sich an Schlafphasen, doch meist fallen Weckzeiten nicht mit Wachzeiten zusammen und es kommt zu Störungen bestimmter Schlafphasen. Je nachdem, welche Phasen dabei betroffen sind, kann es dann zu Schlafproblemen kommen.

STÖRUNGEN

Störungen im Schlaf-Wach-Rhythmus erkennst Du als erstes durch Symptome wie Müdigkeit, Abgeschlagenheit, Erschöpfung und erhöhte Infektanfälligkeit.

Wird der Schlaf-Wach-Rhythmus dauerhaft gestört, kann sich eine Depression oder Psychose entwickeln. Besonders ausgeprägt zeigt sich dies bei akutem Schlafentzug. Schon nach 2-3 Nächten Schlafentzug zeigen sich starke körperliche Symptome, die, wenn der Schlafentzug weiter anhält, sogar bis zum Tod führen können.

ZEITGEFÜHL

Die Zeit scheint einersetis in manchen Situationen still zu stehen und anderseits rennt sie uns teilweise fast davon. In der Meditation gelingt es einigen Menschen, sich sozusagen von Raum und Zeit zu lösen. Von Unfallopfern wird oft berichtet, dass sie den Aufprall als unnatürlich lange wahrgenommen haben. Manche sehen in diesem Augenblick sogar ihr ganzes Leben noch einmal an sich vorbeiziehen. Jedem kommt es wahrscheinlich bekannt vor, dass sich die Minuten beim Warten in die Ewigkeit dehnen können. Beim Lesen eins interessanten Buches scheinen wiederum 30 Minuten extrem schnell zu verfliegen.

Im Alltag geht uns der Tag immer mehr verloren, bevor alle Erledigungen abgearbeitet werden konnten. Immer öfters sind wir gezwungen, mehr Dinge in derselben vorgegeben Zeit zu erledigen. Das ist vor allem in der Berufswelt gut spürbar. Eine Studie der Bundesanstalt für Arbeitsschutz zeigt, jeder zweite Deutsche steht im Beruf unter großem Zeitdruck und etwas mehr als die Hälfte dieser leidet darunter.

Seit Jahrzehnten versuchen Forscher herauszufinden und zu verstehen, wie die Zeit in den Menschen kommt. Experimente, bei denen Menschen aus der Zivilisation in die Höhle zurückkehrten, bestätigten Vermutungen, dass wir im Kopf einen Taktgeber mit uns herumtragen.

Eigentlich läuft unsere innere Uhr von Natur aus nicht im 24-Stunden-Takt, sondern im 25-Stunden-Takt. Das konnte der deutsche Psychologe Jürgen Aschoff zu Beginn der 60er Jahre feststellen, indem er freiwillige Testpersonen beobachtete, die für längere Zeit in einem lichtlosen Bunker eingeschlossen waren. Die Erklärung dafür, warum wir uns normalerweise auf 1 Stunde weniger beschränken, liegt hauptsächlich an der Sonne. Das Sonnenlicht sorgt dafür, dass unser innerer Zeitmesser mit dem 24-Stunden-Takt der Erdumdrehung gleichgeschaltet ist.

Zur gleichen Zeit führte der französische Geologe Michel Siffre ein ähnliches Experiment an sich selbst durch. Er stieg ohne Uhr in eine stockfinstere Höhle der Südalpen und lebte 2 Monate alleine unter der Erde. Auch er wollte damit herausfinden, welche Wirkung die Dunkelheit und endlose Langeweile auf das

Zeitempfinden und den Rhythmus des Körpers hat. Er verlor recht schnell das Zeitgefühl, alles kam ihm entsetzlich lange vor. Trotzdem schien die innere Uhr von Siffre nicht aus dem Gleichgewicht geraten zu sein. Obwohl er keinem Sonnenlicht ausgesetzt war und keine Uhrzeit ablesen konnte, folgte er einem Rhythmus von etwas mehr als 24 Stunden. Er schlief ungefähr 8 Stunden, war etwa 16 Stunden wach und wurde wieder müde.

Diese Experimente konnten nicht nur eine, sondern gleich zwei innere Uhren enthüllen. Die eine steuert den Tag-Nacht-Rhythmus und die andere ist für das Zeitgefühl zuständig. Die Uhren unterscheiden sich nicht nur in ihrer Präzision und in den Zeiträumen, die sie messen, sie sind zudem völlig individuell von äußeren Reizen und dem Bewusstsein abhängig, wie spätere Experimente zeigten.

Es zeigt sich, dass unser Körper in der Lage ist, den zirkadianen Rhythmus auch dann noch aufrecht zu erhalten, wenn wir keinem Tageslicht ausgesetzt sind. Unsere innere Uhr sagt uns, wann wir müde oder hungrig sind, steuert Herzfrequenz, Stoffwechsel, Hormonspiegel, Körpertemperatur und sogar die geistige Leistungsfähigkeit. Ihre eigene Taktfrequenz würde etwas länger als einen Tag dauern, doch das Tageslicht eicht sie auf 24 Stunden.

Was der zirkadiane Rhythmus aber nicht beeinflussen kann, ist die Empfindung für die gefühlten Sekunden, Minuten oder Stunden, in denen wir an der Ampel stehen, wir im Wartezimmer sitzen oder auf unseren Freund warten. Forscher nennen das „interval timing“ des Gehirns, was das Zeitgefühl meint, welches bei Aschoffs Freiwilligen im Bunker und bei Michel Siffre in der Höhle – im Gegensatz zum zirkadianen Rhythmus – aus den Fugen geraten ist.

LEBEN GEGEN DEN BIOLOGISCHEN RHYTHMUS

Wenn Du gegen Deinen inneren Taktgeber leben musst oder in Situationen gerätst, die es unumgänglich machen, so können dadurch Probleme für Deinen Körper und Deine Psyche entstehen. Wenn Du ausschließlich nachts arbeiten musst, lebst Du so gut wie immer gegen Deine innere Uhr. An den veränderten Rhythmus kann Dein Körper sich nicht vollständig gewöhnen, weil es in unseren Genen verankert ist, dass unser Schlafbedürfnis zusätzlich vom Tageslicht beeinflusst wird.

Schichtarbeiter wie zum Beispiel Ärzte oder Pflegefachkräften, deren Arbeitszeit mal Tagsüber und mal nachts stattfinden, sind einer Art chronischem Jet-Lag ausgesetzt. Ähnlich ist es auch bei vielen Menschen, die am Wochenende ausgehen. Die Nacht zum Tag werden zu lassen und unter der Woche dem gewohnten Rhythmus nachzugehen, hat anfangs der Woche ebenfalls einen ähnlichen Jet-Lag Effekt, wie die Schichtarbeit. Nur kommen beim Ausgehen meist noch zusätzliche Einflussfaktoren wie Alkohol mit dazu.

Gerade bei Schülern oder Studenten beobachten Lehrer und Dozenten, dass die Konzentration und Lernfähigkeit der müden Jugendlichen nach den Wochenenden gestört ist, weil sie sich eigentlich im Jet-Lag befinden.

Die jährliche Umstellung von der Winterzeit auf die Sommerzeit wird von vielen Menschen deutlich wahrgenommen. Der Körper muss diese eine Stunde ebenfalls erst ausgleichen und die innere Uhr wieder eichen.

- Kapitel 2 -

SCHLAF

Dass wir schlafen müssen, wird teilweise als lästig empfunden, vor allem dann, wenn der Film im TV spätabends so spannend ist und es schwerfällt, auszuschalten und sich auf den Weg ins Bett zu machen. Andersrum gibt es am Morgen nichts Schöneres, als den Schlaf. Am liebsten gar nicht aufwachen, einfach weiterschlafen wäre in diesem Moment das Schönste auf der Welt.

Wir machen aber nicht nur die Augen zu, sind auf „stand by" und stehen nach ein paar Stunden in diesem Modus wieder auf. Der Schlaf ist ein komplexer Ablauf, der verschiedene Phasen und Zyklen durchläuft. Während der Nacht laufen viele wichtige Prozesse in unserem Körper ab, die uns dabei unterstützen, gesund zu bleiben.

In Anbetracht der Tatsache, dass wir insgesamt ein Drittel unseres Lebens verschlafen, lohnt es sich auf jeden Fall, sich näher mit dem Schlaf zu beschäftigen.

Um das Schlafverhalten zu verändern, ist es von großem Nutzen, den Schlaf zu verstehen, um ihn so zu optimieren, dass wir am Morgen erholt und leistungsfähig sind.

WOZU SCHLAFEN WIR?

Eine schlafende Person sieht ruhig und friedlich aus. Kaum zu glauben, dass im Körper während des Schlafes nicht vollständige Ruhe herrscht, sondern viele komplexe Prozesse ablaufen.

Lange Zeit ist man in der Forschung davon ausgegangen, dass Schlaf keine wichtige Funktion hat, er wurde sogar als totenähnliche Ruhe angesehen und deshalb nannte ihn der Volksmund auch den „kleinen Bruder des Todes“. Bis heute gilt es noch nicht als vollständig geklärt, warum Menschen und Tiere schlafen. Es steht aber mittlerweile fest, dass genügend Schlaf unverzichtbar für die Entwicklung und Gesundheit des Menschen ist.

INFORMATIONSVERARBEITUNG

Das Gehirn ist während wir schlafen nicht im Ruhemodus. Schlaf- und Hirnforscher gehen davon aus, dass das Gehirn in der Nacht intensiv damit beschäftigt ist, die Informationen des Tages zu verarbeiten.

Während des Tages ist der Mensch mit unzähligen Reizen und Informationen konfrontiert, die über die Augen zum Gehirn gelangen. Wir nehmen davon aber nur einen Bruchteil bewusst war. Während Du beispielsweise diese Zeilen liest, denkst Du vielleicht, dass Du nur auf das Lesen des Buches fokussiert bist. Tatsächlich nimmt Dein Gehirn aber gerade in diesem Moment noch sehr viele andere Informationen auf, zum Beispiel das Licht in Deiner Umgebung, Geräusche oder Gerüche. Die meisten dieser Reize sortiert das Gehirn gleich aus, weil sie als unwichtig eingestuft werden. Ansonsten könntest Du Dich wohl kaum auf das Lesen konzentrieren.

Nachts entscheidet das Gehirn dann, welche Eindrücke des Tages ins Langzeitgedächtnis übernommen werden und welche sozusagen vergessen werden. Diese Aktivität im Gehirn kann mit modernen bildgebenden Verfahren und anhand von Hirnstrommessung (EEG) eindeutig nachgewiesen werden. Es lässt sich sogar sagen, welche Hirnareale nachts besonders aktiv sind.

ERHOLUNG DES HERZ-KREISLAUFSYSTEMS

Schlaf schützt uns auch vor Schlaganfällen und Erkrankungen des Herz-Kreislaufsystems. Kurz nach dem Einschlafen nimmt der Blutdruck ab, der Puls verlangsamt sich auf bis zu 50 Schläge pro Minute (ein normaler Puls ist im wachen Zustand in Ruhe beim Erwachsenen zwischen 60 und 80 Schlägen pro Minute). Dieser Effekt ist im Tiefschlaf besonders ausgeprägt. Durch die geringere Anzahl an Schlägen pro Minute werden das Herz und die Blutgefäße entlastet. Diese Erholung ist wichtig für den Körper und senkt das Risiko für Herzinfarkte und Schlaganfälle. Eine Untersuchung von japanischen Forschern mit mehr als 1200 Probanden zeigte, dass bei einer Schlafdauer von mehr als 7,5 Stunden pro Nacht das Risiko deutlich sinkt, im Vergleich zu kürzerer Schlafdauer.

REGULATION DES STOFFWECHSELS

Tagsüber sammeln sich im Körper Stoffwechselprodukte an, von denen sich der Körper im Schlaf wieder reinigt. Durch zu wenig Schlaf können diese Stoffwechselprodukte nicht vollständig abgebaut werden und so den Stoffwechsel aus dem Gleichgewicht bringen. Das führt zu einem erhöhten Risiko, an Zivilisationskrankheiten wie Diabetes oder Übergewicht zu erkranken.

STÄRKUNG DES IMMUNSYSTEMS

In der Nacht ist auch das Immunsystem sehr aktiv. Es bekämpft Krankheitserreger und mindert Entzündungsprozesse. Im Tiefschlaf ist die Aktivität am größten. Es heißt, der Mensch kann sich gesund schlafen. Im Falle von Fieber kann dies tatsächlich zutreffend sein, denn durch Schlafen lässt sich Fieber senken. Während des Schlafes erholt sich der Mensch am besten.

Im Gegensatz dazu schwächt Schlafmangel das Immunsystem. Es gibt zahlreiche Studien, die das belegen. Sogar ein kurzfristiger Schlafmangel kann zu einer deutlichen Schwächung des Immunsystems führen, wie der Lübecker Wissenschaftler Jan Born belegt. Für seine Untersuchung impfte er Menschen gegen Hepatitis A. Die eine Hälfte der Probanden hatte nach der Impfung direkt geschlafen, die andere Hälfte musste bis zum nächsten Abend wach bleiben. 4 Wochen nach der Impfung zeigte die Blutuntersuchung, dass bei der Hälfte, die geschlafen hatte, die Zahl der Antikörper im Blut doppelt so hoch war, wie bei der anderen Hälfte, die wach bleiben musste. Das ist ein deutlicher Effekt nach nur einer einzigen Nacht des Nicht-Schlafens.

AUSSCHÜTTUNG VON WACHSTUMSHORMONEN

Kinder wachsen vor allem im Schlaf. Das liegt daran, dass während der Nacht besonders viele Wachstumshormone produziert werden. Das hilft auch, die Wundheilung anzukurbeln, sodass sich Gewebe in der Nacht schneller regeneriert.

Zu kurze Schlafphasen führen also dazu, dass der Körper sich nicht ausreichen regenerieren kann. Das zeigt sich am Morgen nach einer kurzen Nacht durch faltige und unreine Haut. Der gleiche Effekt tritt aber auch im Körperinneren auf. Das ist zwar nicht direkt sichtbar, schadet aber den Organen und lässt uns schneller altern.

ERHOLUNG DER PSYCHE

Schlaf kommt auch der Psyche zu Gute, denn nicht nur der Körper benötigt Ruhe. Untersuchungen haben gezeigt, dass Menschen mit andauernden Schlafproblemen deutlich häufiger an Depressionen leiden, als Menschen, die einen gesunden Schlaf haben. Das wurde darauf zurückgeführt, dass sich auch das Gehirn während des Schlafs regeneriert und umgangssprachlich ausgedrückt Ordnung in den Gedanken schafft, damit der Mensch am nächsten Morgen mit freiem Kopf in den neuen Tag starten kann. So wird auch die psychische Gesundheit durch ausreichend gesunden Schlaf gefördert.

DIE 5 SCHLAFPHASEN

Bei einem gesunden Schlaf ohne störende Einwirkungen folgen immer 5 Schlafphasen aufeinander. Ein solcher Zyklus mit 5 Phasen dauert bei allen Menschen ungefähr 90 Minuten (bei manchen ein paar Minuten mehr, bei anderen ein paar Minuten weniger), danach beginnt der Schlafzyklus von vorne. Pro Nacht wiederholt sich dieser Prozess mehrmals. Die Schlaftiefe variiert in den verschiedenen Schlafphasen und genauso unterscheiden sie sich auch in ihrer Erholsamkeit.

1. SCHLAFPHASE: EINSCHLAFPHASE (NON-REM-PHASE)

Wie am Namen zu erkennen ist, ist das die Zeit, in der wir einschlafen und ein paar Minuten unmittelbar danach. Beim Einschlafen entspannt sich der Körper, bis wir langsam in den Schlaf gleiten. Das Gehirn geht in den Ruhemodus und der Muskeltonus nimmt ab, das heißt, unser Körper wird schlaffer. Manchmal ist in dieser Phase ein Gefühl des Fallens oder ein plötzliches Muskelzucken der Beine wahrzunehmen. Das kommt daher, weil das Gehirn oft schon vor der Muskulatur zur Ruhe kommt.

Der Schlaf ist in dieser Phase noch sehr leicht und oberflächlich. Minimalste äußere Störungen wie Licht oder Geräusche können dazu führen, dass das Einschlafen gestört wird und wir wieder geweckt werden.

2. SCHLAFPHASE: LEICHTSCHLAFPHASE (NON-REM-PHASE)

Nach der Einschlafphase geht es unmittelbar in die Leichtschlafphase über. Unser Körper kommt in dieser Schlafphase noch mehr zur Ruhe. Der Puls verlangsamt sich und unsere Atmung wird tiefer und entspannter. Auch die Körpertemperatur sinkt leicht ab.

Die Leichtschlafphase dauert jeweils ca. 30 bis 60 Minuten in unseren 90-minütigen Schlafzyklus. Wir befinden uns also die Hälfte oder sogar etwas mehr als die Hälfte unseres Gesamtschlafs in dieser Schlaf-phase.

In dieser Phase beginnen wir auch mit der Verarbeitung des am Tag Erlebten. Unser Schlaf ist immer noch oberflächlich, sodass uns kleine Reize oder Störungen recht schnell aufwachen lassen.

3. UND 4. SCHLAFPHASE: DIE TIEFSCHLAFPHASE (NON-REM-PHASE)

Von der Leichtschlafphase geht es langsam in die Tiefschlafphase über. Die Tiefschlafphase ist sowohl physisch als auch psychisch die erholsamste Phase und macht sie deshalb gleichzeitig zur Wichtigsten unserer Schlafphasen. Sie hat also besonders viel Einfluss auf einen erholsamen Schlaf und unsere Abläufe im Körper während des Schlafens.

Die Tiefschlafphase wird offiziell in folgende zwei Phasen unterteilt:

- Die Phase des mitteltiefen Schlafes
- Die Phase des sehr tiefen Schlafes

In der Tiefschlafphase ist der Schlaf, wie der Name schon sagt, besonders tief. Dementsprechend schwierig ist es, in dieser Phase wach zu werden. Werden wir geweckt, fühlen wir uns erst einmal benommen und müssen uns erst orientieren und zurück ins Bewusstsein finden.

In dieser Schlafphase ist Schlafwandeln oder Sprechen im Schlaf möglich.

Bei der Tiefschlafphase handelt es sich um die Phase mit der tiefsten körperlichen Entspannung. Der Atem ist ruhig und rhythmisch, unsere Muskel-, und auch unsere Hirnaktivität sind auf ein Minimum heruntergefahren. Unser Körper bleibt sozusagen auf „Stand-by“. Auch der Puls und die Körpertemperatur sind weiterhin gesenkt.

5. SCHLAFPHASE: DER TRAUMSCHLAF – DIE REM-PHASE

Nach der Tiefschlafphase gleiten wir in eine kurze Leichtschlafphase, die dann gleich in die sogenannte Traumschlafphase – oder auch REM-Phase genannt – übergeht.

REM ist die englische Abkürzung für „rapid eye movement“ und meint die charakteristischen schnellen Augenbewegungen in dieser Phase bei geschlossenen Augenlidern. Beim genauen Hinsehen kann man zuckende Augenlieder erkennen und daraus schließen, dass sich die Person in der REM-Phase befindet.

Sie wird auch Traumschlafphase genannt, weil wir in der REM-Phase träumen. Wir träumen zwar auch in anderen Schlafphasen, aber in der REM-Phase träumen wir besonders intensiv und am längsten. Der Schlaf ist nach der Tiefschlafphase in der REM-Phase wieder leichter. Deshalb können wir aus dieser Schlafphase trotz Träumen wieder relativ schnell aufgeweckt werden. Von Schlafforschern wird vermutet, dass in dieser Traumphase nicht nur

Informationen, sondern vor allem emotionale Sinneseindrücke verarbeitet werden.

Die Muskulatur ist in der REM-Phase völlig entspannt und fast vollständig regungslos. Das ist eine Art natürlicher Schutzmechanismus unseres Körpers, damit wir die geträumten Bewegungen nicht tatsächlich ausführen, denn das könnte zu Verletzungen führen.

Aufgrund des Träumens beschleunigt sich unsere Hirnfrequenz in dieser Phase stark, der Puls ist wieder beschleunigter als in den Phasen zuvor und wir atmen nicht mehr langsam und tief, wie noch in der Tiefschlafphase, sondern schneller und flacher.

Während der Tiefschlaf vor allem für die körperliche Regeneration zuständig zu sein scheint, ist die REM-Phase wahrscheinlich eher für die psychische Erholung notwendig.

Ein erwachsener Mensch verbringt etwa 20 % seiner Schlafzeit in diesem Stadium. Bei Säuglingen und Kleinkindern ist es sogar wesentlich mehr.

SCHLAFZYKLEN

Diese 5 Schlafphasen wiederholen sich pro Nacht ungefähr 4 bis 7 Mal je nach Schlafdauer. Bildlich dargestellt verläuft ein Schlafzyklus treppenartig: Von der Einschlafphase steigen wir erst in den Leichtschlaf, dann tiefer in den Tiefschlaf hinab und dann wieder in den leichteren REM-Schlaf, von wo aus wir wieder in den Leichtschlaf gelangen.

Der erste Schlafzyklus am Anfang der Nacht ist von einer besonders langen Tiefschlafphase gekennzeichnet. Sie kann bis zu einer Stunde dauern. Die REM-Phase ist in diesem Zyklus vergleichsweise kurz mit ungefähr 1 Minute.

Während der Nacht kehrt sich dieses Verhältnis. Die Tiefschlafphase wird von Schlafzyklus zu Schlafzyklus kürzer und die REM-Phase dauert gegen Morgen immer länger. Bereits ab dem dritten Schlafzyklus haben wir deshalb fast keine Tiefschlafphasen mehr, dafür aber umso längere REM-Schlafphasen. Das unterstreicht erneut die Wichtigkeit ausreichend langen Schlafs in der Nacht.

Auf die Gesamtschlafdauer beziehungsweise die gesamten Schlafzyklen verteilt, ergeben sich folgende Anteile pro Schlafphase:

- Einschlafphase: 4-6%
- Leichtschlafphase: 45-55%
- Mitteltiefer Schlaf: 4-6%
- Tiefschlaf: 12-15%
- REM-Schlaf / Traumschlaf: 20-25%

NÄCHTLICHES AUFWACHEN

Durchschlafen heißt nicht, dass wir nachts überhaupt nicht aufwachen. Im Gegenteil, guter Schlaf ist gekennzeichnet von häufigen, kurzen Aufwachphasen. Bis zu zehn Mal pro Stunde kann es sein, dass wir für einige Sekunden erwachen. Auf den ganzen Schlafzyklus gesehen wachen wir ungefähr 23 Mal auf und sind ungefähr 1 Minute wach.

Du denkst, das trifft auf Dich nicht zu? Das liegt daran, dass Du Dich nicht daran erinnern kannst, wenn das Aufwachen unter 5 Minuten dauert. Erst, wenn die Wachphase länger als 5 Minuten anhält, werden wir uns dessen bewusst. Das kann etwa 3 bis 4 Mal pro Nacht vorkommen. Geschieht dies häufiger und länger, bewerten wir unseren Schlaf als gestört.

In der zweiten Nachthälfte, die mit weniger tiefen Schlafphasen einhergeht, kann es vorkommen, dass wir das häufige kurze Erwachen und die leichten Schlafphasen dazwischen als durchgehende Wachperiode wahrnehmen. Bei schlafgestörten Menschen reicht dann schon die Sorge darüber, wieder wach geworden zu sein, damit aus dem kurzen Aufwachen tatsächlich eine längere Wachphase werden kann.

Wissenschaftler gehen davon aus, dass der Grund für die häufigen kurzen Perioden, in denen wir nachts aufwachen, genetisch bedingt ist. Wenn wir uns die Schlafumgebung unserer Vorfahren vorstellen, war diese bestimmt nicht so sicher wie heute und das Aufwachen hatte eine Schutzfunktion, um das Umfeld auch nachts immer mal wieder zu überprüfen und mögliche Gefahren zu erkennen.

Übrigens passen sich die Aufwachphasen sowie die Schlafphasen einer Mutter sogar ihrem Säugling an, sofern sie gemeinsam im Bett schlafen. Unbewusst überprüft die Mutter in den Aufwachmomenten die Situation ihres Kindes und ändert teilweise dessen Position, ohne sich daran zu erinnern. Ebenfalls ein Verhalten, das noch von unseren Vorfahren stammt, aber auch heute noch sehr nützlich ist.

SCHLAFDAUER

Aktuelle Untersuchungen zeigen, die ideale Schlafdauer für den Menschen liegt zwischen 7 und 8 Stunden. Dies hat eine groß angelegte Studie ergeben, bei der das Schlafverhalten von 10.000 Menschen über ein Jahr lang untersucht wurden. Die Probanden mussten Tests absolvieren, wobei diejenigen am schlechtesten abgeschnitten haben, die mit weniger als 4 Stunden Schlaf auskommen mussten.

Wer weniger als sechs Stunden schläft, gilt als sogenannter Kurzschläfer, wer mehr als neun Stunden schläft, gilt als Langschläfer. Dabei wird vermutet, dass Kurzschläfer effektiver schlafen. Obwohl die Tiefschlafphasen bei beiden Schlaftypen die gleiche Länge aufweisen, zeigt sich, dass Langschläfer im Schnitt leichter schlafen und dementsprechend mehr träumen. Auf die reine Schlafdauer kommt es also nicht alleine an. Viel entscheidender ist der Erholungswert des Schlafes.

Unser Schlafbedürfnis verändert sich im Laufe des Lebens und nimmt kontinuierlich ab. Nach der Geburt schlafen Säuglinge etwa 20 Stunden am Tag, hingegen kommen ältere Menschen oft mit nur noch 5 Stunden Schlaf aus.

SCHLAFMANGEL

Bereits nach einer kurzen Nacht zeigt sich eine Reduktion unsere kognitiven Fähigkeiten. Häuft es sich, dass wir über mehrere Tage hintereinander zu wenig schlafen, so sind die Einbußen oftmals gravierend. Vergleichbar ist unser Verhalten dann mit einem Blutalkoholgehalt von 0,6 Promille.

Bei chronischem Schlafmangel konnte bei Probanden festgestellt werden, dass sich der Mensch selbst als geistig fitter und wacher einschätzt, als er es tatsächlich ist. Den Leistungsverlust durch Schlafmangel und die damit zusammenhängenden Auswirkungen werden oft unterschätzt.

URSACHEN DES SCHLAFMANGELS

Es gibt ganz unterschiedliche Gründe, warum Menschen zu wenig Schlaf bekommen. Wer geschäftlich oder auch privat häufig in verschiedenen Zeitzonen unterwegs ist, hat oft mit einem Jet-Lag zu kämpfen. Hierzu zählen auch die Berufsgruppen, die nur im Flugzeug unterwegs sind wie Piloten oder Stewards / Stewardessen.

In anderen Berufsgruppen, in denen Schichtgearbeitet oder Nachtarbeit gefordert wird, wie beispielsweise im Krankenhaus oder Sicherheitsdienst, kommt es aufgrund der vielen Schichtwechsel über den Monat hinweg auch zu kleineren Jet-Lags oder Schlafmangel. Menschen, die Nacht- oder Schichtarbeit leisten, machen etwa 16 Prozent aller Angestellten aus. Sie sind aufgrund des Schlafmangels besonders gefährdet, Fehler zu machen. Gegen den zirkadianen Rhythmus zu schlafen, verkürzt den Schlaf einerseits, anderseits verschlechtert sich auch die Qualität des Schlafes. Ein großer Anteil dieser Berufsgruppe klagt über Schlafstörungen und oft wird als Selbsttherapie zu Koffein, Nikotin oder Alkohol gegriffen.

Nebst verschiedenen gefährdeten Berufsgruppen sind wir aber alle in unserer Gesellschaft einem erhöhten Risiko für chronischen Schlafentzug ausgesetzt. Das liegt vor allem an unserem aktuellen Lebensstil. Mehrfachverpflichtungen, den ganzen Tag über Arbeiten, dann noch Einkaufen und andere Dinge erledigen. Abends Fernsehen, entspannen oder Freunde treffen und ein Blick auf die Uhr sagt plötzlich, dass es schon wieder so spät geworden ist und noch nicht mal alles erledigt ist.

Die Arbeitszeiten sind in den meisten Berufen beziehungsweise durch gesellschaftliche Zwänge fix vorgegeben. Wenn wir also mit vielen Dingen beschäftigt sind und es nicht frühzeitig ins Bett schaffen, so klingelt der Wecker trotzdem zur gewohnten Zeit und der Schlaf kommt aufgrund des Zeitmangels zu kurz.

Till Roenneberg von der Ludwig-Maximilians-Universität München und sein Team analysierten Daten von 65.000 Europäern. Sie stellten fest, dass die durchschnittliche Schlafzeit bei 40- bis 55-Jährigen an Werktagen regelmäßig etwas weniger als sieben Stunden beträgt. Dass ihnen diese Schlafdauer eigentlich nicht ausreicht, zeigen die Ergebnisse von den Wochenenden, an denen die Schlafdauer dieser Gruppe im Schnitt um eine Stunde verlängert wird. Bei Vorschulkindern und Rentnern ist das nicht so, diese beiden Gruppen schlafen Wochentags sowie am Wochenende gleich lange. Die Ursache des Schlafmangels dieser Personengruppe wird von Forschern auch „sozialen Jet-Lag" genannt, weil der biologische Schlafrhythmus nicht mit den gesellschaftlich üblichen Schlaf-Wach-Zeiten übereinstimmt.

AUSWIRKUNGEN

Neben der zermürbenden Tagesmüdigkeit zeigen Menschen mit Schlafmangel häufig noch andere Defizite oder Gefahren, die damit im Zusammenhang stehen:

Gefahr für Diabetes

Schlafmangel verändert die Blutzuckerregulation. Die Glukosetoleranz und die Empfindlichkeit für Insulin sinken. Beides gilt als Vorbote für einen Diabetes Typ 2. Andere Studien zeigen, dass Schlafmangel die hormonelle Sättigungsregulation durcheinanderbringt. Bei Schlafmangel wird nämlich vermehrt das appetitanregende Hormon Ghrelin ausgeschüttet. Die Müdigkeit macht also hungrig und es wird mehr gegessen als im ausgeschlafenen Zustand, was den Blutzuckerspiegel beeinflusst.

Höhere Infektanfälligkeit

Ausreichend Schlaf ist für ein starkes Immunsystem besonders wichtig. Schlafmangel dagegen dämpft das Immunsystem und der Körper wird anfälliger für Infekte. Der kalifornische Neuroimmunologe Aric

Prather und sein Team haben 2015 versuchsweise Probanden eine Dosis Schnupfenauslösende Viren (Rhinoviren) per Spray verabreicht. Das Ergebnis war: Die Probanden, welche in den vorangegangenen zwei Wochen jede Nacht weniger als sechs Stunden geschlafen hatten, bekamen im Vergleich zu den anderen 4 Mal so häufig einen Schnupfen.

Gefahr für Unfälle und Fehler:

Zu wenig Schlaf führt zu Konzentrations- und Gedächtnisstörungen sowie verlangsamten Reaktionszeiten. Es können zudem kurze Ausfälle in der Wahrnehmung und Aufmerksamkeit auftreten oder sogar Sekundenschlaf. Dieser wird besonders beim Autofahren gefürchtet, da es jährlich zu zahlreichen Unfällen im Straßenverkehr kommt, die auf Schlafmangel beziehungsweise Sekundenschlaf zurückzuführen sind.

8 TIPPS FÜR EINEN BESSEREN SCHLAF

1. *Schlafumgebung:*

Die optimale Gestaltung des Schlafzimmers und des Bettes kann viel bewirken. Eine Nachttischlampe mit gemütlichem Dämmerlicht sorgt beispielsweise für eine schöne Abendstimmung. Auch ein schöner Bettbezug, eine Tagesdecke, verschiedene Kissen oder ein schönes Bild an der Wand können für eine angenehme Atmosphäre sorgen. Wichtig ist, dass Du Dich in Deinem Schlafzimmer wohlfühlst und gerne zu Bett gehst.

Eine Zimmertemperatur von ungefähr 17 bis 22 Grad ist ideal. Oft machen wir den Fehler, dass wir die Heizung im Schlafzimmer zu stark aufdrehen, vor allem im Winter. Das sorgt zudem für trockene Luft. Im Winter kann ein Luftbefeuchter Abhilfe verschaffen.

2. *Schlafrhythmus einhalten:*

Ein regemäßiger Schlaf-Wach-Rhythmus ist für eine gute Schlafqualität sehr wichtig. Eine gleichbleibende Abend- sowie Morgenroutine erhöhen die Effektivität. Unsere innere Uhr sorgt dafür, dass wir ganz von alleine abends müde werden und morgens ausgeruht aufwachen, sofern wir unseren Schlaf-Wach-Rhythmus nicht durcheinanderbringen. Versuche auch am Wochenende Deinen Schlaf-Wach-Rhythmus beizubehalten.

3. *Sport:*

Tagsüber Sport zu treiben ist für einen guten Schlaf sehr förderlich. Kurz vor dem Schlafengehen solltest Du aber anstrengendes Training vermeiden, denn es aktiviert den Kreislauf und den Körper. Du fühlst Dich dann aufgeputscht und kannst wahrscheinlich nicht gleich einschlafen. Der Körper benötigt erst einmal Zeit, um wieder runterzukommen.

Es helfen auch schon leichte körperliche Betätigungen, wie ein etwa einstündiger Spaziergang am Nachmittag oder frühen Abend, um besser zu schlafen.

4. *Leichte Mahlzeiten:*

Kurz vor dem ins Bett gehen eine größere Mahlzeit zu essen, ist nicht zu empfehlen. Ein voller Magen ist ungünstig für einen guten Schlaf, weil der Körper dann mit der Verdauung beschäftigt ist.

Versuche, Dein Abendprogramm so zu gestalten, dass Du mindestens 2 Stunden vor dem Schlafen nichts mehr isst oder wenn nötig, dann nur leichte Kost.

5. *Verzichte auf Koffein, Alkohol, Nikotin:*

Auf Koffein solltest Du bereits ab dem Nachmittag verzichten. Es kann bis zu 5 Stunden dauern, bis die Hälfte des konsumierten Koffeins abgebaut ist. Koffein bereitet Schwierigkeiten beim Einschlafen, Du schläfst dadurch leichter und kürzer.

Alkohol macht zwar müde und lässt Dich schneller einschlafen. Besser schläfst Du aber nicht. Regelmäßiger Alkoholkonsum kann auf die Dauer sogar zu Schlafstörungen führen.

Nikotin macht wach. Noch Stunden nach der letzten Zigarette stört diese die Schlafqualität. Fast jeder dritte Raucher schläft regelmäßig schlecht, weil nachts zudem der Nikotinspiegel sinkt.

6. *Meditation, Atem- und Entspannungsübungen:*

Wissenschaftliche Studien zeigen, dass langsames, kontrolliertes Atmen den Herzschlag und Blutdruck senkt und so den ganzen Körper beruhigt. Dafür eignen sich nebst Meditation auch Entspannungstechniken wie beispielsweise Autogenes Training oder Progressive Muskelrelaxation nach Jacobson.

7. *Entspannende Musik:*

Um besser schlafen zu können, ist ruhige, klassische Musik während des Einschlafens zu empfehlen. Die Musik sollte nach einiger Zeit sanft ausklingen, um ein abruptes Ende zu vermeiden, was Dich wieder aufwecken könnte.

8. *Verzichte auf blaues Licht:*

Der wahrscheinlich wichtigste und gleichzeitig schwierigste Punkt ist der Verzicht auf blaues Licht von Deinem Laptop, Tablet und Smartphone. Wer abends lange vor einem LED-Bildschirm sitzt, verzögere seinen Schlaf-Wach-Rhythmus, sagt der Schweizer Schlafforscher Christian Cajochen. Die blauen Wellenlängen dieses Lichtes aus Leuchtdioden, mit denen Laptop und Handy ihre Helligkeit erzeugen, machen uns wach und beeinträchtigen die Regulation der Hormone, die für den Schlaf zuständig sind.

Versuche, etwa 2 Stunden vor der Schlafenszeit auf Dein Handy und Laptop zu verzichten oder wenn, dann den Blaulicht-Filter zu benutzen, mit dem moderne Geräte ausgestattet sind.

- Kapitel 3 -

EULEN UND LERCHEN

Gehörst Du zu den Menschen, die schon am frühen Morgen putzmunter sind und gut gelaunt aus dem Bett kommen? Oder bevorzugst Du lieber länger zu schlafen, weil Du erst spät nachts müde wirst? Langschläfer und Frühaufsteher gibt es von Natur aus. Der Schlaf-Wach-Rhythmus der meisten Menschen liegt irgendwo in der Mitte zwischen den morgenfrischen Lerchen und den nachtaktiven Eulen.

Wissenschaftler haben die beiden extremen Schlaf-Wach-Varianten nach Vorbildern aus der Vogelwelt benannt, denn Lerchen sind schon in den frühen Morgenstunden aktiv, wohingegen die Eule erst nachts aktiv wird.

LERCHE: FRÜHAUFSTEHER

Unter Managern sind häufig Lerchen zu finden. Sie sind möglichst früh auf den Beinen und erledigen Dinge, bevor andere wach werden:

- Apple-CEO Tim Cook: Er gilt als wahrer Frühaufsteher. Angeblich steht er jeden Morgen um 3:45 Uhr auf, sodass er sich um seine E-Mails kümmern kann und Zeit bleibt, um noch vor der Arbeit im Fitness-Studio zu trainieren.
- Claus Hipp, Chef des gleichnamigen Babynahrungsproduzenten: Seine Nacht endet um 4:30 Uhr. Bevor er zur Arbeit fährt, geht er zur morgendlichen Besinnung in eine Kapelle.
- Twitter-Gründer Jack Dorsey: Sein Tag startet zwar etwas später aber immer noch früh, nämlich um 5:30 Uhr. Bevor er seinen Arbeitstag beginnt, meditiert er oder joggt zehn Kilometer, um seinen Tag zu starten.

Die Arbeitszeiten in unserer Gesellschaft kommen den Lerchen sicher zu Gute. Der frühe Tagesablauf entspricht genau ihrem Biorhythmus. Warum sie mit früher Leistungsfähigkeit punkten können, kann auch davon beeinflusst sein, dass, wenn sie als erste im Büro sind, sie viel mehr Ruhe zum Arbeiten haben und weniger durch Anrufe oder andere Mitarbeiter gestört und abgelenkt werden.

Im Arbeitsalltag haben Lerchen gegenüber Eulen sicher einen großen Vorteil. Was sich dagegen schwieriger gestalten kann, ist das soziale Leben, das oft abends stattfindet, wenn alle fertig sind mit Arbeiten. Die typischen Lerchen, die früh auf den Beinen sind, werden auch früher müde. So nimmt der Früh-aufsteher tendenziell weniger oft an spätabendlichen Aktivitäten teil.

EULE: SPÄTAUFSTEHER

Auch unter den Langschläfern sind viele erfolgreiche Menschen vertreten. Einige Bekannte darunter sind:

- Amazon-CEO Jeff Bezos: Er gilt als der reichste Mann der Welt. Er achtet darauf, täglich auf 8 Stunden Schlaf zu kommen. „Für mich ist das die notwendige Menge, um genug Energie zu haben“, sagte er in einem Interview.
- Microsoft-Gründer Bill Gates: Als Eule geht er oft erst um Mitternacht zu Bett und gönnt sich dann 7 Stunden Schlaf. Die brauche er, um scharfsinnig, kreativ und gut gelaunt zu bleiben, wie er sagt.
- Albert Einstein, der geniale Physiker: Er hat gern bis zu 10 Stunden oder länger im Bett verbracht. Wesentliche Gedanken zu seiner Relativitätstheorie kamen ihm anscheinend im Schlaf.

Die Eulen unter uns haben es deutlich schwerer, in unserer Gesellschaft ihren Biorhythmus auf die äußerlichen Faktoren abzustimmen. Spätabends noch hellwach zu sein und dann am frühen Morgen aus dem Bett geweckt zu werden hat meist Schlafmangel zur Folge. Dieser Dauerstress kann sich für den Körper langfristig negativ auswirken.

WER IST ERFOLGREICHER?

Sowohl unter den Lerchen, wie auch den Eulen scheint es erfolgreiche Menschen zu geben. Welcher Typ ist denn nun erfolgreicher? Dazu gibt es inzwischen unzählige Studien. Es scheint ein Thema zu sein, welches die Menschen beschäftigt. Hier eine kleine Auswahl an Fakten, die durch Untersuchungen belegt sind:

1. In einer Studie mit Studenten hat der Biologe Prof. Christoph Randler herausgefunden, dass Frühaufsteher erfolgreicher sind. Wenn es um beruflichen Erfolg geht, würden Morgenmenschen die Nase vorn haben. Sie bekommen tendenziell bessere Schulnoten, was dazu führt, dass sie auf besseren Unis landen und somit bessere Karrierechancen haben. Zudem würden sie Probleme voraussehen und proaktiv sein, wie er in einem Interview sagte. Mehrere Studien hätten den Zusammenhang zwischen Proaktivität, besserer Arbeitsleistung,

größerem Joberfolg und höheren Gehältern bestätigt.

2. Der belgische Arzt Dr. Philippe Peigneux konnte bei seiner Untersuchung Mithilfe von Hirnscans nachweisen, dass Nachtmenschen 10,5 Stunden nach dem Aufstehen weniger schläfrig sind und schneller arbeiten, als Lerchen. 1,5 Stunden nach dem Aufstehen waren die Ergebnisse jedoch bei beiden Gruppen gleich.

3. Eine aktuelle Langzeitstudie aus Großbritannien mit rund 430.000 Menschen zwischen 38 und 73 Jahren zeigt: Eulen haben ein größeres Risiko, Diabetes, Atemwegs- und Magen- und Darm-Erkrankungen oder neurologische Störungen zu entwickeln. Zudem sterben sie früher, als Frühaufsteher. Es werden diverse mögliche Ursachen dafür vermutet: Stress, Schlafmangel und eine ungesunde Ernährung.

4. Die Harvard University führte ein Experiment mit Studenten durch, wobei sie sich knapp 100 Begriffe merken und zwölf Stunden

später möglichst viele davon aufschreiben sollten. Die eine Hälfte der Studenten bekam die Begriffe morgens um 9 Uhr und die andere Hälfte abends, sodass sie eine Nacht drüber schlafen konnten. Das Ergebnis war: Die ausgeschlafenen Studenten konnten sich an viel mehr Begriffe erinnern, was zeigt, Langschläfer verarbeiten viele Informationen im Unterbewusstsein.

5. Die Untersuchung von Christopher M. Barnes, einem amerikanischen Uni-Professor, zeigt, dass, wenn eine Firma flexible Arbeitszeiten bietet, die Vorgesetzten die Mitarbeiter, die früher im Büro sind, besser bewerten, als solche, die später auf der Arbeit erscheinen. Das gilt selbst dann, wenn die Leistung gleich gut ist.

6. Psychologen von der Uni Mailand haben bei einer Untersuchung mit 120 Teilnehmern herausgefunden, dass Eulen kreativer sind, als Frühaufsteher. Es mussten dafür verschiedene Aufgaben gelöst werden, die nach

künstlerischer Ausführung, dem Ideenreichtum und der gedanklichen Flexibilität bewertet wurden. Eulen müssen durch ihren Tagesrhythmus im Job und vor allem morgens viel improvisieren. Daher ist wahrscheinlich die Kreativität der Eulen besser trainiert.

7. Franzis Preckel, eine Hochbegabtenforscherin von der Uni Trier, hat beim Zusammentragen mehrere Daten aus verschiedenen Studien einen leicht positiven Zusammenhang zwischen Abendaktivität und Intelligenz feststellen können. Morgenmenschen zeigten aber bessere schulische Leistungen. Ihre Schlussfolgerung zu ihrer Untersuchung: Wer abends lange aktiv ist und morgens früh raus muss, kann aufgrund von Schlafmangel nicht seine volle Leistungsfähigkeit abrufen.

Abschließend kann gesagt werden, dass beide Typen ihre Stärken haben. Die Eulen haben in unserer heutigen Gesellschaft, insofern sie keine an ihren Rhythmus angepassten Arbeitszeiten haben, aber sicher deutlich mehr Probleme. Ein Frühaufsteher kann seine Tagesplanung viel effektiver gestalten und mehr aus dem Tag machen.

SELBSTTEST

Gehörst Du von Natur aus eher zu den Eulen oder den Lerchen? Nicht immer ist ein Mensch das eine oder das andere, es kann auch eine Mischform aus beidem sein. Zudem ändert sich im Laufe des Lebens der Schlaftyp. Wenn Du jetzt eine Eule bist, bedeutet das nicht, dass Du immer eine Eule bleibst.

Der Test ist dazu da, Deinen Schlaftyp grob einzuschätzen. Es kann ganz interessant sein, diesen Test nach Beendigung der Frühaufsteher-Challenge zu wiederholen, um das Ergebnis zu vergleichen. Haben sich Deine Schlafgewohnheiten sowie Deine Tagesaktivitäten danach zeitlich verändert oder sind sie gleichgeblieben?

DER TEST

1. ***Wann gehst Du normalerweise ins Bett?***

    - Ich gehe meist vor 22 Uhr ins Bett und schlafe schnell ein. (1 Punkt)
    - Meistens gehe ich erst zwischen 22 und 1 Uhr ins Bett. (3 Punkte)
    - Ich gehe nie zur gleichen Zeit ins Bett. (2 Punkte)

2. ***Wie gut kannst Du durchschlafen?***

    - Gegen Morgen wache ich immer wieder auf. (2 Punkte)
    - Ich schlafe fast immer durch. (1 Punkt)
    - Das Einschlafen bereitet mir zwar Mühe, dafür schlafe ich danach meist durch. (3 Punkte)

3. ***Wie gestaltet sich das Aufwachen?***

    - Morgens schlummere ich gerne. Das Aufstehen fällt mir schwer. (3 Punkte)
    - Oft wach ich vor dem Wecker auf und stehe auch sofort auf. (1 Punkt)

- Das Aufwachen ist jeden Tag anders. (2 Punkte)

4. *Wie fühlst Du Dich am Morgen?*

- Ich bin nach dem Aufstehen sofort fit und munter. (1 Punkt)
- Es ist unterschiedlich und abhängig davon, wie schnell ich wach werde. (2 Punkte)
- Ich brauche am Morgen viel Zeit, bis ich richtig wach bin. (3 Punkte)

5. *Zu welcher Tageszeit bist Du am leistungsfähigsten?*

- Meine Leistungsfähigkeit ist morgens oder am frühen Vormittag am höchsten. (1 Punkt)
- Mein Leistungshoch ist jeden Tag zu einer anderen Tageszeit. (2 Punkte)
- Am Nachmittag und am Abend bin ich am leistungsfähigsten. (3 Punkte)

6. *Wann planst Du meistens, wichtige Tätigkeiten durchzuführen?*

- Meine Tagesplanung erfolgt oft spontan. (2 Punkte)
- Ich plane wichtige Sachen am Abend zu erledigen. (3 Punkte)
- Ich versuche, wichtige Aufgaben am Morgen zu erledigen. (1 Punkt)

7. *Wann erholst Du Dich am besten?*

- Die Nacht ist für mich der beste Zeitpunkt, um mich zu entspannen. (3 Punkte)
- Entspannen und abschalten kann ich erst am Abend richtig. (1 Punkt)
- Ich entspanne mich an unterschiedlichen Tageszeiten. (2 Punkte)

8. *Wann erwachst Du an freien Tagen?*

- Ich wache auch wenn ich frei habe früh auf. (1 Punkt)
- Ich schlafe sehr gerne aus. (3 Punkte)
- Wenn ich frei habe, wache ich mal später und mal früher auf. (2 Punkte)

AUSWERTUNG

Zähle für die Auswertung die Punkte all Deiner Antworten zusammen und vergleiche unten, welcher Schlaftyp Du bist.

8 bis 12 Punkte: Lerche

Du bist schon von Natur aus ein Frühaufsteher. Der Morgen bietet sich für Dich besonders gut an, um zu Arbeiten und wichtige Dinge zu erledigen. Vielleicht nutzt Du Deinen Biorhythmus nur noch nicht richtig. Jetzt gilt es, Deine Morgenroutine so zu optimieren, um Dein Potential als Frühaufsteher auch bestmöglich nutzen zu können.

13 bis 18 Punkte: Mischtyp

Du bist ein Mischtyp. Es ist nicht eindeutig, ob Du zu den Lerchen oder den Eulen zählst. Du bist wohl eher ein Mensch mit Schlafgewohnheiten, die sich etwas dazwischen bewegen oder auch variieren. Manchmal fällt es Dir leicht, aufzustehen und manchmal würdest Du lieber die Nacht zum Tag machen. Mit einem regelmäßigen Schlaf-Wach-Rhythmus fallen Dir das Einschlafen und das Aufstehen leichter.

19 bis 24 Punkte: Eule

Bei Dir handelt es sich definitiv um eine Eule. Der Morgen ist nicht unbedingt Dein Freund und das Aufwachen ein täglicher Kampf. Du gehörst wahrscheinlich zu den Menschen, die sehr gerne die Snooze-Option nutzen und denen dann schlussendlich nur noch wenige Minuten bleiben, bis sie aus dem Haus zur Arbeit springen müssen. Für Dich ist es deutlich schwieriger, Deinen Schlaf-Wach-Rhythmus umzustellen, als bei anderen Schlaftypen. Die gute Nachricht ist, es ist auch für Dich nicht unmöglich, zu einer Lerche zu werden, sofern Du die Motivation dazu mitbringst.

- Kapitel 4 -

MORGENROUTINE

Die meisten Menschen haben nicht wirklich eine feste Morgenroutine. Einen Kaffee zu trinken und dann aus dem Haus zur Arbeit zu gehen, gehört nämlich nicht dazu. Die Morgenroutine ist der von einem selbst und bewusst gestaltete Ablauf in den ersten Stunden des Tages, der zur Gewohnheit geworden ist.

Damit es sich um eine hilfreiche Morgenroutine handelt, sollte sie:

- Selbst gewählt sein
- Gezielt gestaltet werden
- Täglich umgesetzt werden
- Positive Effekte mit sich bringen
- Auf die persönlichen Bedürfnisse abgestimmt sein
- Langfristig beibehalten werden

Dabei spielt die Anpassung der persönlichen Bedürfnisse eine große Rolle. Es soll Dir selber guttun und Du solltest einen positiven Nutzen davon haben, sodass Du es langfristig umsetzt.

Nehmen wir das Beispiel einer Yogaübung nach dem Aufstehen. Ist es einerseits etwas, das Du gerne machst und stellst Du zusätzlich fest, dass Deine Rückenschmerzen vom vielen Sitzen tagsüber besser geworden sind, so ist das etwas, was leichter fällt in der Morgenroutine beizubehalten, als etwas, für das Du auch sonst keine Motivation hast, sagen wir zum Beispiel eine Runde zu joggen. Die ersten Tage wirst Du Dich vielleicht noch überwinden müssen, um morgens rauszugehen und eine Runde zu joggen. Die nächsten Tage wird es nach und nach seltener, bis Du es wahrscheinlich ganz sein lassen wirst. Anders ist es aber mit Dingen, die Dir selber eher entsprechen und Spaß machen.

Das Ziel der Morgenroutine ist, dass sie kontinuierlich stattfindet, das heißt jeden Tag. Ansonsten handelt es sich um Morgenaktivitäten, nicht aber um eine Routine. Sie muss auch nicht mehrere Stunden dauern, die meisten haben nicht so viel Zeit, die verplant werden kann. Die Zeit, die Du für Deine morgendliche Routine einplanst, richtet sich danach, wieviel Zeit Du zur Verfügung hast und wieviel davon Du für Deine Routine nutzen möchtest.

DESHALB LOHNT ES SICH, DIE FRÜHEN MORGENSTUNDEN ZU NUTZEN

Ein schlechter Start in den Tag zieht sich gerne durch den ganzen restlichen Tag hindurch. Die richtige Morgenroutine kann dabei helfen, erfolgreich den Tag anzugehen.

Der Mensch ist bekanntlich ein Gewohnheitstier und genau hier kommt die Morgenroutine ins Spiel. Hektik und Stress am Morgen werden schnell zur Gewohnheit und jeder Tag beginnt auf dieselbe, ungemütliche und zum Teil sogar schädigende Art und Weise.

Schaffst Du es jedoch, Deine Gewohnheiten zu durchbrechen und durch eine optimalere Morgenroutine zu ersetzen, wirst Du mehrere Vorteile daraus ziehen können.

Mehr Leistungsfähigkeit:

Am Morgen ist unser Kopf noch klar und frei von Eindrücken und Informationen vom Tag. So gelingt es Dir besser, Dich zu konzentrieren und Du bist deshalb produktiver und leistungsfähiger.

Mehr Disziplin:

Am Morgen ist die Willensstärke am größten. Das hilft, diszipliniert zu bleiben und an den eigenen Zielen zu arbeiten. Gehst Du eine Sache an, ist die Chance am Morgen am größten, dass Du es auch durchziehst.

Mehr Fokus:

Bist Du vor den Anderen auf den Beinen, so hast Du den großen Vorteil, dass Du ungestörter bist. Noch keine Telefonate oder Gespräche mit Mitarbeitern, die Dich von der Arbeit ablenken. Du kannst also ganz fokussiert an einer Sache arbeiten, ohne lästige Unterbrechungen.

Mehr Effizienz:

Durch die Ruhe am Morgen bist Du in der Lage, mehr in kürzerer Zeit zu erreichen. Die Zeit kannst Du bestmöglich nutzen. Ohne große Ablenkungen von außen bist Du in der Lage, viel mehr zu erledigen, als beispielsweise am Nachmittag oder am Abend.

Mehr Produktivität:

Bist Du am Morgen einmal im „Flow“, wird sich das über den ganzen Tag weiterziehen und Du bist viel produktiver, als wenn Du träge in den Tag startest und später versuchst, Dich zu steigern.

Mehr Zufriedenheit:

Blickst Du in Deiner wohlverdienten Mittagspause auf den Morgen zurück, so stellst Du fest, dass Du sehr viel erreicht hast. Dieser Erfolg löst Zufriedenheit aus und motiviert Dich, genau so weiter zu arbeiten. Diese Motivation hilft Dir schlussendlich auch, Deine Morgenroutine täglich durchzuziehen.

DIE HÄUFIGSTEN FEHLER IN DER MORGENROUTINE

Der größte Fehler ist sicherlich, gar keine Morgenroutine zu haben. An diesem Schritt arbeitest Du bereits, das ist also die erste positive Veränderung in die richtige Richtung, um zu einem erfolgreichen Frühaufsteher zu werden.

Denn noch gibt es auch in der Morgenroutine selbst Fehler, die häufig gemacht werden und die es zu vermeiden gilt.

1. *Ausreden:*

Eine Morgenroutine benötigt ein gewisses Maß an Disziplin. Sobald Du mit Ausreden wie: „Heute schlafe ich etwas länger“ oder „bei dem Wetter gehe ich nicht laufen“, anfängst, umso häufiger wirst Du zu Ausreden zurückgreifen und weniger konsequent sein. Bei morgendlichen Aktivitäten, die witterungsabhängig sind, empfehle ich Dir eine Alternative, die Du bei schlechtem Wetter drinnen durchführen kannst, sodass die Aktivität nicht komplett wegfällt.

2. *Ablenkungen:*

Morgens neigen wir dazu, vor uns hin zu trödeln und uns schnell ablenken zu lassen. Während Deiner Morgenroutine solltest Du Dich ganz auf das konzentrieren, was Du gerade tust. Lasse Dich nicht ablenken und schalte beispielsweise Dein Smartphone bewusst aus, um nicht in Versuchung zu geraten, auf den sozialen Medien hängen zu bleiben und wertvolle Zeit zu verlieren.

3. *Hektik:*

Wo Du früher den Tag vielleicht in Hektik gestartet hast, so geht es in der Morgenroutine um das Gegenteil. Mit Ruhe in den Tag zu starten, ist das Ziel. Bist Du schon morgens gestresst durch zu viele Dinge, die Du zu erledigen versuchst, dann entspricht dies kaum einer guten Morgenroutine. Plane nur so viele Dinge ein, die Du auch in einer gewissen Gelassenheit angehen kannst.

4. *Planlosigkeit:*

Aufstehen und planlos Dinge angehen ist wenig erfolgsversprechend und raubt Dir zudem viel Zeit, die Du besser nutzen könntest. Eine Morgenroutine muss erst geplant werden, bevor sie zum Erfolg führt. Plane deshalb Deine Morgenroutine und verfolge Deine Ziele, um erfolgreich zu sein.

5. *Nachmachen:*

Natürlich kannst Du den Beispielen der Morgenroutinen erfolgreicher Menschen folgen, das ist aber wenig erfolgversprechend. Die Person ist mit ihrer Morgenroutine nur deshalb erfolgreich, weil sie von ihr selbst gewählt ist. Morgendliche Aktivitäten anderer zu kopieren bringt also nichts. Finde heraus, was Du am Morgen für Dich einplanst, sodass die Morgenroutine ganz auf Dich abgestimmt ist.

6. *Sprunghaftigkeit:*

Zwei Tage das eine zu versuchen und die nächsten Tage das andere kann anfangs richtig sein, um erst einmal eine Morgenroutine zu finden. Schnellstmöglich solltest Du Dich aber festlegen, was Dir morgens guttut und was Du täglich durchführst. Hast Du das einmal festgelegt, ändere nichts mehr daran und lasse diese Aktivitäten zu Deiner täglichen Routine werden.

7. *Smartphone nach dem Aufwachen*

Bekanntlich greifen heutzutage die meisten Menschen nach dem Erwachen erst einmal zum Smartphone. Meist wird die Weckfunktion des Mobiltelefons genutzt, damit der Wecker erst einmal ausgeschaltet werden muss. Dann vor dem Aufstehen die sozialen Medien zu öffnen und WhatsApp Nachrichten zu lesen ist eine häufige Gewohnheit in der heutigen Welt der Digitalisierung geworden.

Für unser Gehirn ist diese Entwicklung jedoch Gift. Die Flut an Informationen, die in wenigen Sekunden auf unser Gehirn einströmt, überfordert uns und führt zu einem Suchtverhalten. Mit jedem „Like" oder „Share", das Deine Postings erhalten, sowie bei jeder empfangenen Nachricht schüttet Dein Gehirn Glückshormone aus und Du möchtest automatisch mehr davon. Dieses Verhalten ist vergleichbar mit einer Alkoholsucht. Die heutige junge Generation ist davon in erschreckend hohem Maße betroffen. Bei der sogenannten Smartphone-Sucht oder Internet-Sucht handelt es sich aber um Süchte, welche von der Gesellschaft nicht als solche bewertet werden. Es gilt eher als nicht normal, sich den sozialen Medien und dem Smartphone-Konsum zu entziehen.

Oft wird mehr Zeit mit den sozialen Medien verbracht, als eigentlich gewollt, so verstreichen wichtige Minuten am Morgen, die wir besser mit einem freien Kopf genutzt hätten. Vor allem am Morgen ist das Gehirn noch besonders empfänglich für die positiven Reize des Smartphones. Viele Menschen blicken nach dem Aufwachen als erstes auf ihr Handy. So wird das Gehirn direkt in der sensibelsten Phase auf „Zerstreuung“ umprogrammiert und auf die Sucht nach Bestätigung durch „Likes“, „Shares“ oder Nachrichten.

Einer der größten Fehler in der Morgenroutine ist, in den ersten 3 Stunden nach dem Aufwachen das Internet beziehungsweise das Smartphone zu nutzen. Das Risiko für die Smartphone-Sucht erhöht sich damit und es zerstört die Konzentration und Produktivität für den bevorstehenden Tag.

Vermeide also die Zerstreuung durch Dein Smartphone und Internetnutzung am Morgen, bevor sie zur Gewohnheit wird und negative Auswirkungen hat.

8. Snooze-Funktion

Ein anderes Problem stellt die Snooze-Funktion dar. Besonders, weil viele Menschen sich heutzutage mit dem Smartphone wecken lassen und sich die Möglichkeit zu „snoozen“ dadurch anbietet. Kaum mehr jemand nutzt den guten alten Radiowecker oder gar einen analogen Wecker.

„Nur noch 5, 10 oder 15 Minuten länger schlafen, dann fällt das Aufstehen bestimmt leichter“, denken sich die meisten. Leider stimmt das nicht, denn „Snoozen“ ist nicht hilfreich, um aufzustehen. Du fühlst Dich mit ein paar Minuten längerem Schlaf nicht ausgeruhter, als wenn Du direkt beim ersten Wecken aufstehst.

Beim Snoozen kommen auch schon die ersten Gedanken, wie „heute wird es ein anstrengender Tag“ oder „oh je, heute steht das Mitarbeitergespräch an“, die unweigerlich in das noch schläfrige Bewusstsein treten.

Verzichte besser auf die Snooze-Funktion und das morgendliche Nachdenken und genieße den freien Kopf. Versuche, Dich beim ersten Wecker aus dem Bett zu schwingen und nicht unnötig Zeit für Deine

Morgenroutine zu verlieren. Ein Tipp dazu: Platziere Dein Smartphone oder den Wecker außer Reichweite, so dass Du zum Ausschalten aufstehen musst und dann bereits schon auf den Beinen bist und gleich Deinen Morgen starten kannst.

WAS HILFT BEIM AUFSTEHEN?

Was Dir beim Aufstehen hilft, ist selbstverständlich ganz individuell. Versuche herauszufinden, was für Dich am besten ist und Dich dabei unterstützt, den Tag in voller Frische zu beginnen. Zwei der wichtigsten Punkte wurden im Kapitel davor bereits erwähnt: Vermeide das Smartphone oder andere LED-Bildschirme wie den des Laptops am frühen Morgen und verzichte aufs „Snoozen“. Nebst diesen beiden Empfehlungen gibt es noch ein paar andere hilfreiche Tipps, wie diese:

Wecker:

Auch wie wir am Morgen geweckt werden, hat Auswirkungen auf unseren Tag. Mit einem nervigen Weckton aus dem Bett geklingelt zu werden, ist sicher weniger angenehm, als wenn Musik Dich aus dem Schlaf holt. Am besten eignen sich natürlich treibende Beats und energiegeladene Songs, die zum Mitsingen und Tanzen anregen. Ob Du Dein Lieblingslied wählst oder einen anderen kraftvollen Song, ist Dir überlassen. Einige verzichten lieber auf den Lieblingssong, weil sie ihn sonst nach ein paar Tagen nicht mehr hören können, andere schwören auf Lieblingslieder, um Gute Laune zu verbreiten. Du kannst das Weck-Lied für etwas Abwechslung ja auch regelmäßig wechseln, damit Du Dir das Lied nicht verleidest.

Leider ist es meist nicht möglich, mit dem Sonnenlicht aufzuwachen. Die meiste Zeit des Jahres ist es frühmorgens noch stockdunkel im Zimmer und bis die Sonne aufgeht, dauert es noch einige Zeit. Lichtwecker können helfen, das fehlende Sonnenlicht zu imitieren. Die Nachttischleuchten werden etwa 20 bis 60 Minuten vor der eingestellten Weckzeit aktiv und strahlen ein immer heller werdendes Licht aus. Das regt die Ausschüttung des körpereigenen Glückshormons Serotonin an und bremst die Produktion des Schlafhormons Melatonin. Beide Effekte erleichtern auf natürliche Weise das Aufwachen. So kann ein Lichtwecker für ein angenehmeres Aufwachen sorgen.

Lächeln:

Etwas Kleines mit großem Effekt ist, den Morgen mit einem Lächeln zu begrüßen. Als erstes am Morgen zu lächeln sorgt nämlich für die Ausschüttung zahlreicher Glückshormone im Gehirn und lässt Dich gleich mit einem angenehmen Gefühl den Tag beginnen. Lächle dem Morgen entgegen und er lächelt zurück! Probiere daher, die erste Minute eines jeden Tages lächelnd zu verbringen. Du wirst überrascht sein, wie sich das auf Deinen Körper auswirkt.

Positive Gedanken:

Anstatt Dir zu überlegen, welche Herausforderungen dieser Tag mit sich bringt, ist es sinnvoller, den Tag mit positiven Gedanken zu starten. Auf was freust Du Dich heute besonders? Versuche alles auszublenden, was Dich stresst und nur das Gute vor Augen zu haben. Triffst Du heute eine Freundin? Oder planst Du einen ausgiebigen Spaziergang durch den Park? Überlege Dir täglich, auf was Du Dich an diesem Tag besonders freust. Es sollte sich immer etwas finden lassen, denn nur dann kann es ein guter Tag werden.

Frische Luft:

Nach dem Aufstehen gleich das Fenster aufmachen und die frische Luft einatmen, vertreibt Müdigkeit und versorgt das Gehirn mit Sauerstoff. Die Luft am Morgen ist meist noch kühl und hilft Dir dabei, Deine Lebensgeister zu aktivieren und in Schwung zu kommen.

Kalte Dusche:

Die gefürchtete kalte Dusche am Morgen ist vielleicht zunächst nicht so verlockend. Tatsächlich hat sie aber eine enorme Wirkung auf unseren Körper und bringt den Kreislauf so richtig in Schwung, sodass Du Dich direkt wach und fitter fühlst. Natürlich musst Du nicht 10 Minuten unter der kalten Dusche verbringen, das wäre gerade auch in kalten Jahreszeiten zu viel verlangt. Versuche es täglich mit einer Wechseldusche und Du wirst sehen, mit der Zeit wirst Du kälteresistenter.

Frühsport:

Sport ist eine sehr effektive Möglichkeit, am Morgen so richtig wach zu werden. Bist Du nicht der sportliche Typ? Das macht nichts. 5 bis 7 Minuten Yoga oder Krafttraining reichen bereits, um den Blutkreislauf komplett in Schwung zu bringen. Wer am Morgen gar keinen Sport machen kann, dem wird alternativ gründliches Durchstrecken aller Glieder direkt nach dem Aufstehen empfohlen. Wenn Du sehr sportlich bist, versuche eine Runde um den Block zu joggen, um den Körper in Gang zu bringen. Frühsport hat den angenehmen Nebeneffekt, dass Du Dich den ganzen Tag über gut fühlst, denn Deine Trainingseinheit ist bereits absolviert, Du fühlst Dich fit und lebendig und hast am Abend Zeit für andere Dinge.

Sport vor oder nach dem Frühstück? Kurze, leichte Trainingseinheiten können auch schon vor dem Frühstück absolviert werden. Ansonsten empfiehlt sich ein leichtes Frühstück vor dem Work-out. Jeder Mensch hat einen anderen Stoffwechsel und reagiert anders, finde heraus, was Dir am besten tut.

Gesundes Frühstück:

Die meisten Menschen sind es gewohnt, mit leerem Magen aus dem Haus zu gehen oder die Zeit reichte gerade noch für einen schnellen Kaffee oder Tee, bevor sie losmüssen. Ein leichtes Frühstück kurbelt Deinen Stoffwechsel an, die körperlichen Prozesse kommen in Gang und liefern Dir Energie für den Tag. Zudem versorgst Du Dich mit wichtigen Vitaminen und Mineralien.

Rechtzeitig ins Bett gehen:

Damit das frühe Aufstehen klappt, musst Du natürlich auch dementsprechend früher ins Bett gehen, als Du es vielleicht gewohnt warst. Wann der Zeitpunkt für Dich ist, musst Du selbst herausfinden. Einige kommen mit 6 Stunden Schlaf prima zurecht und andere benötigen fast 8 Stunden Schlaf. Deinen Schlafzyklus bei der Planung Deiner Schlafenszeit zu kennen und zu berücksichtigen, kann sehr hilfreich sein.

- Kapitel 5 -

ERNÄHRUNG UND GETRÄNKE

Unsere Ernährung sowie die Getränke, die wir tagsüber konsumieren, haben einen großen Einfluss auf unser Schlafverhalten. Um einen regelmäßigen Schlaf-Wach-Rhythmus beizubehalten, lohnt es sich, Deine eigene Ernährung zu evaluieren und gegebenenfalls anzupassen.

KOFFEIN

Koffein ist für viele kaum mehr aus dem Alltag wegzudenken. Eine Tasse Kaffee am Morgen weckt die Lebensgeister und die wenigsten möchten darauf verzichten. Ungefähr 30 Minuten nach dem Konsum tritt die Wirkung von Koffein ein und hält etwa 4 Stunden an.

Koffein wirkt in unserem Körper folgendermaßen:

- Eine hohe Dosis Koffein führt zu erhöhtem Puls. Wenn Personen nur selten Koffein zu sich nehmen, lässt es zudem den Blutdruck ansteigen.
- Bereits in geringen Dosen kann Koffein die Konzentration verbessern und Müdigkeit kurzfristig verringern.
- Koffein hat eine verengende Wirkung auf die Blutgefäße im Gehirn. Dadurch kann es leichte Kopfschmerzen und Migräne lindern.

- Wenn wir Koffein zu uns nehmen, können die Muskeln besser mit Sauerstoff versorgt werden. Das ist der Grund, warum viele Sportler vor dem Training Koffein in Form von Tabletten zu sich nehmen.

Bei regelmäßigem Konsum gewöhnt sich der Körper jedoch an die Wirkung von Koffein und wirkt nur noch schwach oder fast gar nicht mehr.

Bei übermäßigem Konsum von Koffein kann es zu Beschwerden wie Kopfschmerzen, Schlafstörungen, Unruhe, Nervosität oder Magen-Darm-Beschwerden kommen.

Die Europäische Behörde für Lebensmittelsicherheit hat ermittelt, dass 200mg Koffein pro Einzeldosis und 400mg pro Tag für den Menschen unbedenklich sind. Bei Kindern liegt die Grenze bei maximal 3mg Koffein pro Kilogramm Körpergewicht.

Wieviel Koffein ein Kaffee enthält, ist von vielen Faktoren abhängig. Es kommt darauf an, wie heiß der Kaffee geröstet und gebrüht wurde, wie lange er zieht, welche Bohnen verwendet wurden und wie fein die Bohnen gemahlen sind. Richtwerte pro 100ml sehen ungefähr so aus, wobei mit Abweichungen gerechnet werden muss:

- Kaffee: 50mg pro100 ml
- Espresso: 130mg pro 100ml
- Schwarzer und grüner Tee: 20mg pro 100ml
- Coca-Cola: 10mg pro 100ml
- Club Mate: 20mg pro 100ml
- Red Bull: 32mg pro 100ml
- Bitterschokolade: 90mg pro 100g
- Vollmilchschokolade: 15mg pro 100g

Eine Tasse Kaffee mit 250ml hat somit ungefähr 125mg Koffein. Was viele nicht wissen, auch Schokolade enthält Koffein, besonders die dunkle Schokolade.

TEEIN ODER KOFFEIN IM TEE?

Umgangssprachlich wird der enthaltene Wirkstoff in Grüntee oder Schwarztee oft als „Tein“, „Thein“ oder „Teein“ bezeichnet. Es handelt sich dabei aber auch um Koffein. Das Koffein, welches im Tee enthalten ist, wird an Polyphenole gebunden. Das Koffein wird dadurch erst im Darm freigesetzt, was bewirkt, dass die Wirkung später eintritt und dafür länger anhält.

Eine Tasse grüner Tee kann Dich deshalb genau so gut mit Power durch den Tag bringen. Im Vergleich zum Kaffee ist der Koffeinschub dann nicht so stark zu spüren, dafür aber länger anhaltend.

Aufgepasst, wenn grüner Tee zu lange zieht, wird die aufputschende Wirkung geringer. Es gelangen dann zu viele Gerbstoffe aus den Blättern ins Wasser, die mit dem Koffein reagieren und seine Wirkung blockieren. Zudem kann Dein Tee auch leicht bitter werden. Andererseits bleibt der gewünscht Effekt aus, wenn grüner Tee nur ganz kurz zieht, dann haben die Blätter weniger Zeit, um Koffein freizusetzen. Empfohlen wird eine Ziehzeit von ca. 1—2 Minuten. So wirst Du munter und Dein Tee schmeckt nicht bitter.

ALKOHOL

„Noch ein Gläschen Wein vor dem ins Bett gehen und dann lässt es sich besser schlafen“, denken viele, ist aber falsch. Zwar kann es tatsächlich beim Einschlafen zunächst hilfreich sein, denn der Alkohol setzt die Hirnaktivität herab, was die kreisenden Gedanken unterbrechen lässt. Das schnellere Einschlafen hat aber seinen Preis. Die Schlafqualität ist bei Alkoholkonsum vor dem Zubettgehen deutlich schlechter und es kann zu Schlafstörungen führen, wie zahlreiche Studien belegt haben. Oft lässt der Alkohol einen häufiger erwachen. Harndrang verstärkt dies zusätzlich noch. Bei größeren Mengen Alkohol trocknet der Körper aus, so muss nach dem Toilettengang häufig noch Wasser getrunken werden, um den Nachdurst zu löschen. Morgens sind die Effekte immer noch zu spüren, es fehlt das ausgeruhte Gefühl, dafür ist die Müdigkeit umso stärker. Der Schlaf ist somit weniger erholsam.

Alkohol ist ein Suchtmittel. Wer es regelmäßig als Einschlafhilfe nutzt, riskiert zudem, in eine

Abhängigkeit zu geraten. Wenn Du gut und erholsam schlafen möchtest, solltest Du auf folgendes achten:

- Trinke Alkohol generell nur in Maßen.
- Trinke ca. 4 bis 6 Stunden vor dem Schlafgehen keinen Alkohol mehr

REGELN FÜR EIN GUTES FRÜHSTÜCK

Die Briten nennen Frühstück Breakfast, wörtlich „Fasten brechen“, die Franzosen nennen es „kleines Fasten brechen“: Petit-déjeuner. Der deutsche Begriff stammt laut Duden aus dem 15. Jahrhundert und bedeutet „das am frühen Morgen gegessene Stück Brot“. Das ist bis heute so geblieben, zum typisch deutschen Frühstück gehören Brot und Brötchen.

In Deutschland stehen an Wochenenden morgens auf 87 Prozent der Tische Brötchen und Brot. Dazu gibt es Butter, Konfitüre, Wurst, Käse und Eier. Es wird auch immer mehr mit Frühstücksvarianten aus anderen Ländern experimentiert. Die einen versuchen es britisch üppig mit Eiern, Speck und Würstchen, andere wählen die französische Variante mit Croissant zum Milchkaffee.

Für etwa 37 Prozent der Deutschen ist das Frühstück an den Wochentagen die wichtigste Mahlzeit, noch vor dem Mittag- und Abendessen.

Die folgenden drei Regeln helfen, um mit dem Frühstück gut in den Tag zu starten:

REGEL 1: VOLLKORN

Vollkorn ist reich an Ballaststoffen. Die Deutsche Gesellschaft für Ernährung (DGE) empfiehlt als Richtwert für die Zufuhr bei Erwachsenen mindestens 30g pro Tag. 2 Scheiben Vollkornbrot (100g) enthalten ungefähr 8g, eine Kiwi (75g) knapp 3g Ballaststoffe. So kannst Du bereits morgens Deinen Bedarf zu einem Drittel decken.

Ballaststoffe helfen laut der Deutschen Gesellschaft für Ernährung (DGE) nicht nur, länger satt zu bleiben, sondern beugen auch Bluthochdruck sowie koronaren Herzkrankheiten vor und senken wahrscheinlich das Risiko, an einem Diabetes Typ 2 zu erkranken.

REGEL 2: ZUCKER REDUZIEREN

Achtung, in ganz vielen Produkten ist eine Menge Zucker versteckt, in denen man ihn nicht vermutet. Dieser Einfachzucker lässt den Blutzuckerspiegel schnell in die Höhe schießen, sinkt aber genauso schnell wieder ab und ist somit kein optimaler Energielieferant.

Zuckergesüßte Lebensmittel wie zum Beispiel Knusperflocken oder Nuss-Nougat-Creme enthalten unnötige leere Kalorien, auf die besser verzichtet werden soll.

REGEL 3: UNGESUNDE FETTE REDUZIEREN

Nebst Zucker versteckt sich oft auch ungesundes Fett in Speisen und Getränken. Zum Beispiel im Latte Macchiato oder Caffè Latte, aber auch in Aufschnitt wie Salami und anderen verarbeiteten Lebensmitteln sind sie zu finden. Diese gesättigten Fettsäuren erhöhen die Blutfette, vor allem das schädliche LDL-Cholesterin.

GESUNDE ALTERNATIVEN

Es gibt gesunde Alternativen, die genauso gut schmecken und Dir helfen, Deinen Tag gesund zu starten, Dich mit wertvollen Vitaminen zu versorgen und eine optimale Energieversorgung zu liefern.

Natur-Jogurt:

Jogurt enthält wertvolles Eiweiß, Kalzium und Magnesium und ist ideal zum Frühstück. Fruchtjoghurt ist jedoch oft viel unnötiger Zucker zugesetzt, pro Becher können das bis zu vier Stücke Würfelzucker sein.

Naturjogurt ist die zuckerärmere Variante. Um nicht auf die fruchtige Note zu verzichten, kannst Du etwas Fruchtmus dazugeben. Früchte kurz pürieren oder Äpfel dazu raffeln. Wem die Süße fehlt, kann beispielsweise mit etwas Honig, Ahornsirup oder Dattelsirup nachhelfen.

Übrigens schon mal Kokosjogurt probiert? Die vegane Joghurtalternative auf der Basis von Kokosmilch ist mild im Geschmack, zuckerfrei und auch für Personen mit Laktoseintoleranz sowie Glutenintoleranz geeignet.

Fruchtaufstrich:

Statt Nuss-Nougat-Creme wäre ein Fruchtaufstrich eine gute Alternative, da so einige Kalorien durch Zucker und Fette eingespart werden können. Den Fruchtaufstrich aber wenn möglich selber herstellen oder beim Kauf auf den Zuckergehalt achten. Auch Brotaufstriche wie Honig, Dattelsirup oder Ahornsirup sind süß und besitzen viele positive Eigenschaften, sofern es sich um ein reines Naturprodukt handelt. Die Süße kommt der von Schoko Aufstrich sehr nahe.

Müsli:

Gekaufte Knuspermüsli Mischungen enthalten oft viel Zucker und Fette. Als Alternative lässt sich die Mischung fürs Müsli auch selber herstellen. Eine andere Alternative wären zum Beispiel Haferflocken, Chia-Samen, Sesam, Sonnenblumenkerne oder Goji Beeren. Dazu ein paar Löffel Naturjogurt und ein paar frische Früchte geben und Du hast ein ausgewogenes und schnelles Frühstück kreiert.

Lässt Du Chia-Samen in Wasser über Nacht einwirken, so werden sie zu einer Art Pudding. Sie sind sehr gesund und kalorienarm. Oder Du kannst auch Overnight-Oats fürs Müsli vorbereiten: Dafür Haferflocken über Nacht in Milch oder Wasser einweichen lassen.

Fettreduzierte Varianten:

Bist Du morgens eher der herzhafte Esser? Salami enthält viel Fett, magerer Schinken wäre die fettärmere Variante. Oder falls Du Fisch magst, wäre Räucherlachs ebenfalls eine gesunde Option. Denn dieser enthält viele wertvolle Omgea-3-Fettsäuren, von denen wir in Deutschland tendenziell zu wenig über die Nahrung aufnehmen. Omega-3-Fettsäuren können das schlechte LDL-Cholesterin im Blut senken, haben eine positive Wirkungsweise auf die Hirnfunktion und sind dazu entzündungshemmend.

ERNÄHRUNGSTIPPS FÜR EINEN GESUNDEN SCHLAF

Was und wann wir essen und trinken, hat einen großen Einfluss auf unseren Schlaf. Schwer im Magen liegendes Abendessen ist dabei nicht gerade förderlich. Mit ein paar Tricks lässt es sich besser schlafen.

WANN ESSEN?

Zwischen der letzten Mahlzeit und dem Schlafengehen sollten etwa 2 bis 3 Stunden liegen. Ein zu langer Abstand kann dazu führen, dass sich der Hunger im Bett wieder ankündigt und das Einschlafen erschwert.

Ein zu kurzer Abstand führt dagegen dazu, dass Du mit einem unangenehmen Völlegefühl im Bett liegst und ebenfalls nicht einschlafen kannst. Der goldene Mittelweg von 2-3 Stunden ist hier die beste Lösung.

EIN VERDAUUNGSSCHLAF NACH DEM MITTAGESSEN?

In vielen Kulturkreisen gehört ein Verdauungsschlaf nach einem üppigen Essen zu den weitverbreiteten Gewohnheiten. Essen macht müde, denn der Körper braucht Energie für die Verdauung. Diese Energie fehlt dann für Aktivität. Nach dem Mittagessen fällt es häufig schwer, sich zurück an die Arbeit zu machen, ein Nickerchen wäre genau das Richtige, denken sich viele. Ein Mittagsschlaf kann aber das Einschlafen am Abend erschweren, wenn Du dieses Nickerchen nicht gewohnt bist. Zudem kann das Liegen nach einem sehr üppigen Mahl Sodbrennen hervorrufen. Tendenziell sollte daher eher auf einen Mittagsschlaf verzichtet werden, hier gehen die Meinungen in der Wissenschaft aber noch auseinander, eine abschließende Bewertung steht noch aus.

WAS UND WANN ESSEN?

Die einfachste Faustregel besagt: Je später, desto leichter. Schwer verdauliche Nahrung stört das Einschlafen am Abend. Deshalb sollte für das Abendessen besser auf blähende Speisen wie frisches Vollkornbrot oder Hülsenfrüchte verzichtet werden. Ebenso auf sehr fettige Speisen wie Pommes, oder Schweineschnitzel. Mageres Fleisch wie Putenbrust, fettarme Milch und nicht allzu scharfe Gewürze sind für ein leichtes Abendessen eher zu empfehlen.

In Milchprodukten ist das Schlaf fördernde Tryptophan enthalten, ebenso in Datteln oder Fisch. Auch Vitamin B6 kann sich positiv auf den Schlaf auswirken. Dieses Vitamin ist unter anderem in Bananen und vielen Blattsalaten enthalten.

WANN DIE LETZTEN KOFFEINHALTIGEN GETRÄNKE TRINKEN?

Wer Mühe hat einzuschlafen, sollte ab spätestens 16 Uhr auf koffeinhaltige Getränke wie Kaffee oder Energy-Drinks verzichten.

Koffein und Guarana, das in vielen Energy-Drinks enthalten ist, bauen sich im Körper sehr langsam ab. Spätestens 4 Stunden vor dem Schlafengehen solltest Du deshalb auf diese Getränke verzichten.

Bei grünem und schwarzem Tee verhält es sich ähnlich. Da jeder Körper anders reagiert und eine andere Toleranzgrenze hat, gilt es manchmal auch etwas zu experimentieren, wann der Zeitpunkt gekommen ist, an dem Du nicht mehr zu koffeinhaltigen Getränken greifen solltest, damit das Einschlafen besser klappt.

WELCHER TEE IST SCHLAFFÖRDERND?

Kräutertees eigenen sich besonders gut für die Nacht, weil sie beruhigende und schlaffördernde Eigenschaften besitzen. Es muss auch nicht jeden Abend die gleiche Teesorte sein, Du kannst auch etwas abwechseln, dabei entdeckst Du vielleicht auch, welcher Tee Dir am besten beim Einschlafen hilft.

Folgende Teesorten sind zu empfehlen:

- Baldrian
- Melisse
- Kamille
- Passionsblume
- Zitronenmelisse
- Magnolienrinde
- Lavendel
- Johanniskraut
- Katzenminze

IST EIN BETTHUPFERL ERLAUBT?

Aus Sicht der Schlafforscher und Ärzte ist etwas Süßes vor dem Schlafen erlaubt und hat sogar positive Effekte. Ein bisschen Milchschokolade, eine Tasse warmer Kakao, ein paar Kekse oder eine kleine Portion süße Früchte beeinflussen den Blutzuckerspiegel so, dass es das Einschlafen verbessert. Süßes in kleinen Dosen wirkt außerdem beruhigend und dabei besteht nicht einmal die Gefahr der Abhängigkeit und es stört auch die Schlafqualität nicht, wie es bei Alkohol der Fall ist. Nur das Zähneputzen dadurch nicht vergessen und nur eine Kleinigkeit essen!

- Kapitel 6 -

KÖRPER UND GEIST AKTIVIEREN

Sowohl Sport wie auch Entspannungstechniken haben wissenschaftlich bestätigt positive Effekte auf Deinen Schlaf-Wachrhythmus. Ähnlich wie eine Waage benötigt unser Körper immer eine ausgeglichene Menge an Aktivität und Ruhe.

FRÜHSPORT

Zugegeben, kurz nach dem Aufstehen ist uns meist nicht nach Sport zumute. In den ersten wachen Minuten fehlt meist noch die Morgenfrische. Mit einer Portion Sport lässt sich aber genau diese Frische erreichen und Du wirst lockerer und energiegeladener durch den Tag gehen.

Auf den folgenden Seiten stelle ich Dir ein ausgeklügeltes und ausgwogen dosiertes Frühsportprogramm vor, das Dich fit für den Tag macht

EINE 10 MINUTEN MORGEN-ÜBUNG

Diese Übung bringt Dich garantiert in Schwung. Sie besteht aus 10 einzelnen Übungen, die jeweils 1 Minute dauern und die sich im Schwierigkeitsgrad steigern. Sie eignet sich als Morgensport-Einheit oder auch als Aufwärmübung für anstrengendere Trainingseinheiten.

Ich habe anfangs meine morgendliche Sporteinheit mit dieser Übung als Einstieg absolviert. Da sie kurz und intensiv ist, war es für mich für den Anfang genau das richtige. Mein morgendliches Training habe ich deutlich ausgebaut. So nutze ich diese Übung heute manchmal zum Aufwärmen für ein etwas längeres Sportprogramm.

Achtung, wenn Du Deine körperliche Fitness in der letzten Zeit etwas vernachlässigt hast, kann es gut sein, dass Du am Anfang etwas Muskelkater am nächsten Morgen spüren wirst. Je öfter Du Dich sportlich betätigst, umso weniger wird es werden.

1. *Greifen auf Zehenspitzen*

Strecken am Morgen ist ideal, um Deine Lebensgeister zum Erwachen zu bringen.

Bei dieser Übung streckst Du abwechselnd einen Arm nach oben und den anderen ziehst Du angewinkelt nach unten. Es entsteht eine schöne Körperspannung und Dein Körper wird richtig durchgestreckt.

Gehe gleichzeitig auf die Zehenspitzen und zwar jedes Mal, wenn Du einen Arm nach oben streckst.

2. *Schulterkreisen rückwärts*

Diese Übung lockert Dein Schultergelenk und ist vor allem für die Arbeit am Schreibtisch eine gute Möglichkeit, um Schulterverspannungen zu vermeiden.

Bei dieser Übung rotierst Du mit den Händen nach außen soweit es geht und kreist dann im Schultergelenk rückwärts.

Als Tipp im Alltag: Diese Übung eignet sich wunderbar auch im Sitzen am Schreibtisch für zwischendurch, um Deine Schultern zu entspannen.

3. *Einmal um Dich herum*

Bei dieser Übung geht es darum, einen möglichst großen Kreis rund um Deinen Körper in die Luft zu zeichnen.

Strecke einen Deiner Arme vor Deinen Körper und drehe Deine Handfläche nach oben.

Zeichne dann mit dem gestreckten Arm einen möglichst großen Kreis horizontal um Deinen Körper. Die Handfläche zeigt immer nach oben. Erst am Ende des Kreises den Arm abwinkeln, unter der Achsel durchführen und so den Kreis schließen. Wechsle dann nach ca. einer halben Minute die Seite und führe das Gleiche mit dem anderen Arm durch.

4. Katzenbuckel und Pferderücken

Bei dieser Übung gehst Du im Stehen leicht in die Hocke und drückst zunächst Deine Wirbelsäule nach oben, machst den sogenannten Katzenbuckel. Dann lässt Du den Rücken ins Hohlkreuz absinken und machst den Pferderücken.

Lasse Dein Kopf mit der Bewegung mitgehen, genauso Deine Hüfte.

Beim Katzenbuckel ist Dein Blick nach unten zu Deinen Füßen gerichtet, beim Pferderücken nach oben.

Alternativ kannst Du Diese Übung auch im Vierfüßlerstand machen.

5. *Adlerschwingen*

In dieser Übung stehst Du mit weit parallel auseinandergestellten Füßen in einer Grätsche und machst Kniebeugen.

Strecke Deine Arme wie ein Adler zur Seite aus, wenn Du nach unten in die Grätsche kommst. Beim Aufrichten senkst Du die Arme gerade nach unten.

Lasse Deinen Rücken gerade und senke Dein Gesäß soweit ab, wie es Dir Deine Kraft und Beweglichkeit in den Beinen ermöglicht.

6. *Ausfallschritt mit Rotation*

Mache einen Ausfallschritt, das heißt mache einen großen Schritt nach vorne mit dem rechten Fuß und senke gleichzeitig Deinen Körper nach unten.

Drehe Deinen Körper seitwärts nach links, so dass es zu einer Rotation des Oberkörpers kommt. Strecke dabei Deine beiden Arme parallel zu Deinen Beinen aus.

Richte Dich wieder auf und führe die Übung erneut durch. Beginne jetzt den Ausfallschritt mit dem linken Fuß. Führe die Übung abwechselnd rechts und links durch.

Die Rotationsbewegung sorgt für eine gute Beweglichkeit Deiner Wirbelsäule.

7. *Streckung aus der Krabbe*

Sitze mit dem Gesäß auf den Boden und drücke Deine Hüfte mit den Füßen und Händen nach oben. Lasse Dich auf einen Arm aufgestützt und strecke den anderen nach hinten.

Komme zurück zum Boden und drücke Deine Hüfte erneut hoch, diesmal streckst Du den anderen Arm nach hinten durch.

Diese Übung hilft, Probleme eines sitzenden Alltags auszugleichen.

8. *Wildkatze*

Jetzt wirst Du merken, dass es langsam schwieriger wird.

Starte in der Liegestützposition. Setze Dich dann nach hinten auf Deine Fersen ab, ohne dass Deine Knie den Boden berühren.

Gehe wieder in die Liegestützausgangsposition und mache einen Liegestütz. Wiederhole die Übung eine Minute lang.

Dabei trainierst Du Deine Körperspannung und Deine Arm- und Brustmuskeln.

9. *Laufvogel-Tritt*

Komme in die Grätsche, setze Deine Hände am Boden auf und führe dann ein Bein zwischen Arm und Bein der anderen Seite durch und senke Dein Gesäß zum Boden.

Bei dieser Übung sind nur die Hände und Füße auf dem Boden. Das nach vorne gestreckte Bein schwebt in der Luft.

Diese Übung ist perfekt, um Deine Bauchmuskeln zum Brennen zu bringen.

10. *Der aufwachende Hund*

Langsam kommen wir zum Schluss. Jetzt machen wir noch den aufwachenden und schnüffelnden Hund, um richtig zu erwachen.

Gehe zunächst in die Ausgangsposition: In Bauchlage, Hände und Füße am Boden, Gesäß so weit nach oben wie möglich.

Senke Dein Gesicht zum Boden ab und führe Deinen Körper ohne den Boden zu berühren in eine Bogenspannung.

Kehre das ganze wieder um und führe Deine Nase am Boden entlang wie ein schnüffelnder Hund während Du zurück zur Ausgangsposition kommst.

ENTSPANNUNGSTECHNIKEN

Nebst Sport am Morgen sind auch andere Aktivitäten, die Körper und Geist in Einklang bringen, sehr sinnvoll. Dazu gehören Entspannungstechniken wie Autogenes Training, Progressive Muskelrelaxation nach Jacobson, Atemübungen, Meditation oder Yoga. Es kann auch eine Kombination von zweien oder mehreren sein.

Auch nach einem absolvierten Fitnesstraining ist Entspannung für Körper und Geist wichtig. Die Entspannungstechniken, sowie Meditation und Yoga sind alle im Selbststudium erlernbar, trotzdem ist es natürlich von Vorteil, es von einer Fachperson zu erlernen, um konkrete Hinweise und Verbesserungsvorschläge zu erhalten.

Einige gut geeignete Möglichkeiten werden auf den folgenden Seiten vorgestellt.

DER YOGA SONNENGRUß

Der Yoga Sonnengruß eignet sich als tägliche Übung nachdem Aufstehen, um Deine Lebensgeister zu wecken oder als Aufwärmübung einer Yogastunde oder Sporteinheit.

Die Abfolge des Sonnengrußes, auch Sonnengebet oder Surya Namaskar genannt, erfolgt nach der Yogalehre im Fluss des eigenen Atems.

Die Durchführung der Übungseinheiten wirkt belebend auf Körper, Geist und Seele. Du mobilisierst Deine Gelenke, Muskeln und Bänder werden gedehnt und das Herz-Kreislaufsystem trainiert. Es gibt viele Varianten des Sonnengrußes.

Ich erkläre Dir die genauen Abfolgen des Yoga Sonnengrußes A für Anfänger. Von diesem mache ich täglich nach dem Aufstehen mehrere Durchgänge. Wie viele Male Du die Übung wiederholst, ist Dir überlassen. Im Internet gibt es zahlreiche Videos dazu, die Dir anfangs helfen können, um abzuschauen, ob Du die Positionen richtig durchführst.

1. *<u>Berghaltung:</u>*

- Stelle Dich auf den Anfang der Yoga-Matte
- Komme in einen hüftbreiten Stand, die Innenseiten der Füße sind parallel ausgerichtet
- Stelle Dir einen Faden am Kopf vor, der Deinen Hinterkopf leicht nach oben zieht
- Kippe das Becken leicht nach vorne, um ein Hohlkreuz zu vermeiden
- Lasse Deine Arme entspannt neben dem Körper, die Handflächen zeigen leicht nach vorne

2. *Gestreckte Berghaltung:*

- Atme tief ein
- Nehme dabei beide Arme über die Seiten nach oben, bis sich die Handflächen berühren
- Blicke nach oben zu Deinen Händen
- Der Bauch ist fest und das Steißbein zieht leicht nach unten
- Entspanne den Nacken und die Schulter und lasse sie nach unten sinken

3. *Ganze Vorbeuge:*

- Atme aus
- Beuge dabei den ganzen Oberkörper aus den Hüften über vorne nach unten
- Berühre den Boden mit den Händen
- Die Beine sollen – wenn möglich – gestreckt sein, sonst dürfen die Knie auch ein wenig gebeugt sein
- Entspanne den Oberkörper, der Nacken ist lang

4. *Halbe Vorbeuge:*

- Atme tief ein
- Rücken dabei aufrichten, sodass der Körper einen 90 Grad Winkel bildet
- Arme und Finger zeigen zu Boden, müssen diesen aber nicht berühren
- Konzentriere Dich auf die Länge Deines Oberkörpers

5. *Schiefe Ebene:*

- Atme aus
- Bringe dabei die Hände auf die Matte

- Bringe erst das eine und dann das andere Bein hinten auf die Matte in die Liegestützposition
- Hände sind ausgespreizt unter den Schultern, Schultern ziehen zueinander, der Bauch ist fest
- Zehen sind auf dem Boden, Ferse in der Luft
- Achte auf eine gerade Linie Deines Rückens
- Atme ein und halte den Atem

6. *Bauchlage:*

- Atme aus
- Bringe dabei die Knie zu Boden
- Lasse den Körper kontrolliert auf die Matte kommen
- Deine Stirn ist am Boden aufgelegt, Ellenbogen sind ganz eng, der Nabel zieht zur Wirbelsäule

7. *Kleine Kobra:*

- Atme tief ein
- Hebe den Oberkörper an
- Lasse Deinen Nacken langsam nach hinten sinken und richte Deinen Blick nach oben

- Schambein und Zehen pressen in die Matte
- Lasse Deine Ellenbogen eng am Körper anliegen

8. *Bauchlage:*

- Atme aus
- Lege den Körper wieder kontrolliert ab
- Achte auf die Länge Deines Körpers
- Deine Stirn ist am Boden aufgelegt, Ellenbogen sind ganz eng, der Nabel zieht zur Wirbelsäule

9. *Herabschauender Hund:*

- Atme tief ein
- Klappe dabei Deine Zehen um und schiebe Dein Gesäß Richtung Fersen
- Stirn ist weiterhin nach unten gerichtet
- Atme aus
- Strecke dabei langsam die Beine und komme in die Position des herabschauenden Hundes
- Verteile das Gewicht gleichmäßig auf Arme und Beine

- Der Blick bleibt nach unten gerichtet
- Atme tief ein

10. *Ganze Vorbeuge:*

- Atme aus
- Mache dabei mit jedem Bein einen großen Schritt an den Anfang Deiner Matte
- Beuge dabei den ganzen Oberkörper aus den Hüften über vorne nach unten
- Berühre den Boden mit den Händen
- Lasse den Kopf hängen

11. *Halbe Vorbeuge:*

- Atme tief ein
- Rücken dabei so aufrichten, dass der Körper einen 90 Grad Winkel bildet
- Arme und Finger zeigen zu Boden, müssen diesen aber nicht berühren
- Konzentriere Dich auf die Länge Deines Oberkörpers

12. *Ganze Vorbeuge:*

- Atme aus
- Beuge dabei den ganzen Oberkörper aus den Hüften über vorne nach unten
- Berühre den Boden mit den Händen
- Entspanne den Oberkörper, der Nacken ist lang

13. *Gestreckte Berghaltung:*

- Atme tief ein
- Nehme dabei beide Arme über die Seiten nach oben, bis sich die Handflächen berühren
- Blicke nach oben zu Deinen Händen
- Der Bauch ist fest und das Steißbein zieht leicht nach unten
- Entspanne den Nacken und die Schultern, lasse sie nach unten sinken

14. *Berghaltung:*

- Atme aus
- Lasse dabei Deine Arme über die Seite sinken

- Bringe die Handflächen vor der Brust in Gebetshaltung zusammen
- Dein Blick ist nach vorne gerichtet

FÜNF MOTIVATIONSTIPPS

Auf den folgenden Seiten gebe ich Dir fünf wichtige Tipps, wie Du Dich selbst motivieren kannst, Deinen hier gelernten neuen Tagesablauf umzusetzen und nicht in alte Verhaltensmuster zurückzufallen.

Sicher gibt es aber noch viel mehr Ideen, die Du für Dich entdecken kannst, um auch nachhaltig zum Frühaufsteher zu werden.

DIE RUHE NUTZEN

Morgens als erster auf den Beinen zu sein, hat einen großen Vorteil: Du bist ganz für Dich alleine. Das heißt auch, Du kannst Dich ganz auf Dich konzentrieren und bei Dir bleiben. Kein Mobiltelefon, Mitbewohner oder Nachbar, der Dich ablenkt oder unterbricht.

Bevorzugst Du es, eine Runde zu joggen? Dann wirst Du die morgendliche Ruhe wohl kaum mehr missen wollen. Die Atmosphäre am Morgen ist unbeschreiblich. Auf den Straßen ist es noch ruhig und die Gehwege sind frei von Menschen, Du hast freie Bahn. Auch eine Entspannungstechnik oder Meditation im Park bei der morgendlichen Ruhe und mit dem Vogelgezwitscher und den Naturgeräuschen ist sehr wohltuend und verhilft zu tieferer Entspannung.

Am frühen Morgen bist nur Du da, mit Deinen klaren Gedanken, Deinen Zielen und Deinen Plänen. Nutze diese Zeit für Dich.

STOFFWECHSEL ANKURBELN

Dein Stoffwechsel wird am Morgen aktiviert, sobald Du mit der Bewegung beginnst. Heizt Du ihn morgens mit einem Sportprogramm an und nimmst danach ein vollwertiges, ausgewogenes Frühstück zu Dir, arbeitet er den ganzen Tag auf Hochtouren weiter. Es gilt, je besser der Stoffwechsel funktioniert, desto besser sind die Nahrungsverwertung und Energiebereitstellung tagsüber.

DISZIPLIN

Kommen Dir die folgenden möglichen Ausreden, die Dich abends vom Sport abhalten, bekannt vor? Zu müde von der Arbeit, eine Verabredung mit Freunden, unerledigte Dinge, denen Du Dich widmen musst, wie Wäsche waschen, einkaufen und so weiter? Abends ist die Chance besonders hoch, dass Du Dich auf etwas anderes konzentrierst, als auf den Sport.

Auch mental fühlst Du Dich am Abend ausgelaugt? Für eine Meditation keine Konzentration? Dann versuche es morgens in voller Frische: Bist Du schon mal wach, fällt der Griff zu den Sportschuhen oder der Yogamatte um einiges leichter, denn all die möglichen Dinge, die Dich abends davon abhalten, sind morgens noch kein Thema. Dein Geist ist noch frei und empfänglich. Deine Selbstdisziplin ist am Morgen noch am stärksten, um etwas erfolgreich anzugehen.

Hast Du es erst einmal einige Tage geschafft, diszipliniert anzugehen, was Du Dir vorgenommen hast, so siehst Du, dass Du es schaffen kannst und Deine Disziplin ist leichter aufrechtzuerhalten. Dranbleiben!

ERFOLGREICH SEIN

Startest Du erfolgreich in den Tag, hast Du bereits den ersten Erfolg zu feiern. Dadurch strahlst Du Gelassenheit und Ausgeglichenheit aus und das wirkt auf andere Menschen sehr positiv. Dein Geist ist klarer und Dein Körper fitter, das führt zu mehr Erfolg tagsüber. So beschleunigt sich der Erfolg selbst immer weiter. Aber Achtung: Das funktioniert auch andersherum, also bleibe bei der Stange und lasse Deine neuen Gewohnheiten nicht einreißen.

GLÜCKSGEFÜHL DEN GANZEN TAG

Nutze den Morgen und die Zeit die Du hast bevor der Tag richtig beginnt, um die Dinge zu machen, die Dir richtig guttun, Dich motivieren, Dir Inspiration und Energie geben. Dass alle anderen noch im Bett liegen und diese erfolgreiche Zeit des Tages verstreichen lassen, während Du aktiv bist, ist doch ein gutes Gefühl und motiviert, oder etwa nicht?

Das Glücksgefühl kann Dir niemand mehr nehmen, Du nimmst es mit zu Deiner Arbeit und es begleitet Dich den ganzen Tag über.

Vielleicht geht es Dir wie mir und Du möchtest dieses Gefühl in Zukunft nicht mehr missen wollen und stehst voller Motivation auf, um das Bestmögliche aus dem Tag herauszuholen.

- Kapitel 7 -

DIE FRÜHAUFSTEHER CHALLENGE IN 10 SCHRITTEN

Denkst Du Dir nach all diesen Informationen, warum wird nur um den heißen Brei geredet und wann lerne ich konkret, wie es funktioniert, zum Frühaufsteher zu werden? All das Wissen, das Du bis jetzt vermittelt bekommen hast, ist von großer Bedeutung für Dich. Wissen ist der erste Schritt für die Veränderung, die Grundlage, dass wir überhaupt verstehen, was mit uns passiert und warum wir wie reagieren. Jetzt kannst Du alles, was Du erfahren hast, nutzen, um erfolgreich zum Frühaufsteher zu werden.

Die Hintergründe zum Schlaf – der Schlafrhythmus und die Schlafzyklen beispielsweise – haben bei mir zu einem totalen Umdenken geführt. Ich plane meine Schlafenszeiten ganz anders und nutze das Wissen, um möglichst zu vermeiden, aus dem Tiefschlaf gerissen zu werden.

Jetzt bist Du dran, Deine Gewohnheiten zu verändern und zum Frühaufsteher zu werden. Nimm Dir vor, die nächsten 30 Tage jeden Tag in der Frühe und immer zur gleichen Zeit aufzustehen. Ich bin überzeugt, Du wirst Deine neuen Gewohnheiten auch nach den 30 Tagen weiterführen wollen, wenn Du erst einmal die Vorteile gespürt hast.

Den genauen Zeitpunkt, zu dem Du aufstehen sollst, gebe ich Dir nicht vor. Ich empfehle aber 1 Stunde bis 2 Stunden vor dem Zeitpunkt aufzustehen, an dem Du bisher normalerweise aufgestanden bist. So hast Du ausreichend Zeit für Deine neue Morgenroutine und wirst fit und wach das Haus verlassen.

Ich stelle Dir jetzt die 10 wichtigsten Schritte vor, die Dich zum erfolgreichen Frühaufsteher machen:

SCHRITT 1: FINDE EINEN GRUND, AUFZUSTEHEN

Wer steht morgens in aller Früh ohne Grund auf? Niemand. Um aus dem Bett zu kommen, brauchst Du Motivation und Ziele. Was möchtest Du am Morgen vor der Arbeit erreichen?

Formuliere ein Ziel für Dich persönlich. Was ist Dein Ansporn / Deine Motivation, weshalb Du zum Frühaufsteher werden möchtest? Dein Ziel soll dabei folgende Punkte miteinschließen (beispielsweise nach der SMART-Regel):

- *Spezifisch:* Formuliere konkret, was Du erreichen möchtest. Vermeide Verallgemeinerungen. Setze lieber mehrere Ziele, anstatt nur eines übergeordneten.
- *Messbar:* Verwende Zeitangaben. Das Ziel soll sich daran überprüfen lassen.
- *Attraktiv / Akzeptabel:* Nehme als Ziel etwas, dass für Dich Sinn macht und auch von anderen Personen akzeptiert ist. Frühmorgens ein

Zumba Training wäre sehr wahrscheinlich störend für die Mitbewohner oder Nachbarn.

- *Realistisch:* Dein Ziel soll erreichbar sein. Nimm lieber kleine machbare Ziele, als eines, bei dem Du von Anfang an zweifelst, ob Du es erreichen kannst.

- *Terminiert:* Verwende eine Terminvorgabe bzw. eine Zeitdauer, in der Du das Ziel erreichen möchtest. So hast Du einen Zeitpunkt, an dem Du das Ziel überprüfst.

Hier als Beispiel, um Dir das besser vorstellen zu können, eines meiner Ziele, mit dem ich gestartet bin: „Ich stehe in den nächsten 30 Tagen an jedem Arbeitstag um 7:00 Uhr auf und mache eine 30-minütige Yoga Einheit."

Vermeide unbedingt Verneinungen bei einer Zielformulierung. Unser Gehirn hat die Angewohnheit ein „Nicht" oder „Kein" einfach zu übersehen oder wegzuradieren. Im Unterbewusstsein kommt so nur der Inhalt vom Satz an, den wir verhindern wollen. Zudem hat eine Verneinung einen negativen Touch, es erinnert an ein Verbot und ist nicht besonders motivierend. „Ich möchte nicht mehr bis 9:00 Uhr im Bett bleiben“ würde ich zum Beispiel zu folgendem Satz umwandeln „Ich stehe täglich um 07:00 Uhr auf“.

SCHRITT 2: FINDE DEINEN NEUEN SCHLAFRHYTHMUS

Du kennst sicher das Gefühl, wenn Du tief und fest am Schlafen bist, der Wecker klingelt und Du erst einmal völlig verwirrt bist, wo Du bist oder geschweige denn, was mit Dir geschieht. Es fällt Dir dann richtig schwer, Deine Augenlieder zu öffnen und wach zu werden. Der Grund liegt an den Schlafphasen beziehungsweise den Schlafzyklen. Sehr wahrscheinlich bist Du gerade aus einer Tiefschlafphase gerissen worden. Dein Schlafzyklus war noch nicht abgeschlossen und gerade in dieser Phase fällt das Aufstehen besonders schwer.

WENIGER SCHLAFEN DURCH RICHTIGES SCHLAFEN

Es gibt aber einen Trick, um dem Abhilfe zu verschaffen: Weniger schlafen durch richtiges Schlafen! Mit dem Wissen über die Schlafphasen und Schlafzyklen kannst Du trotz weniger Schlaf erreichen, besser aus dem Bett zu kommen. Wenn Du rechtzeitig aufwachst, das heißt am Ende der 5. Schlafphase, anstatt in der Tiefschlafphase, wirst Du mehr Energie haben und Dich nicht wie von einem Laster überrollt fühlen. Alles was dazu erforderlich ist, ist die Anpassung Deiner Schlafenszeiten an die Schlafphasen.

Im nächsten Absatz folgt nun eine Beispieltabelle im Stundentakt. Die Tabelle gilt aber natürlich genauso auch im Halb- oder Viertelstundentakt. Lediglich aus Platzgründen wurde sich hier auf die vollen Stunden beschränkt. Eine Spalte entspricht jeweils einer möglichen Schafablauf. Ziehe bei der Einschlafzeit noch Deine ungefähre Einschlafzeit (also die Zeit, die Du benötigst, um einzuschlafen) ab (z.B. Minus 15 Minuten).

Einschlafen:	21:00	22:00	23:00	00:00
1. Zyklus	22:30	23:30	00:30	01:30
2. Zyklus	00:00	01:30	02:30	03:30
3. Zyklus	01:30	02:30	03:30	04:30
4. Zyklus	03:00	04:00	05:00	06:00
5. Zyklus	04:30	05:30	06:30	07:30
6. Zyklus	06:00	07:00	08:00	09:00

Sagen wir, Du möchtest um 07:00 Uhr geweckt werden und Du benötigst ungefähr 15 Minuten zum Einschlafen. Dann heißt das für Dich, Deine ideale Einschlafzeit wäre um 22:00 Uhr, minus die 15 Minuten zum Einschlafen, heißt also um 21:45 Uhr. Verpasst Du diesen Einschlafzeitpunkt, so wäre der nächste um 23:30 Uhr minus 15 Minuten Einschlafzeit, also um 23:15 Uhr.

Das erscheint auf den ersten Blick vielleicht kompliziert, ist aber eigentlich ganz einfach, denn schlussendlich muss Deine Schlafdauer einfach nur durch 1,5 Stunden (= 90 Minuten) teilbar sein. Gesunde Schlaflängen wären somit 6 Stunden, 7,5 Stunden oder 9 Stunden, usw. Im Internet gibt es auch Schlafrechner, die Dir am Anfang bei der Berechnung helfen können.

Natürlich hat jeder Schlafzyklus auch seine Abweichungen, probiere es daher einfach aus. Mache Dir Anfangs am besten Notizen zu Deinen Einschlafzeiten und Deinen Weckzeiten, mit dem jeweiligen Befinden am Morgen. So lässt sich einfacher herausfinden, was Deine idealen Schlafzeiten sind. Manchmal ist es nur eine kleine Zeitspanne, die einen entscheidenden Unterschied dabei macht, ob Du Topfit am Ende des Schlafzyklusses erwachst oder Todmüde noch in der Tiefschlafphase.

SCHRITT 3: LEGE DEINE MORGENROUTINE FEST

Wie Deine Morgenroutine aussieht, legst Du selber fest. Nur wenn Du sie selber planst, kann sie Erfolg haben. Trotzdem können Inspirationen von erfolgreichen Frühaufstehern helfen, Ideen zu erhalten, wie eine Morgenroutine aussehen könnte.

Nachfolgend stelle ich die Strategie von Hal Elrod vor. Ich habe mich davon für meine persönliche Morgenroutine inspirieren lassen.

S.A.V.E.R. NACH ELROD

Der amerikanischen Bestsellerautor Hal Elrod hat sich in seinem Bestseller Buch "Miracle Morning. Die Stunde, die alles verändert" eine Strategie für die Morgenroutine festgelegt, die bei ihm 90 Minuten dauert.

Elrod empfiehlt sechs Gewohnheiten für den Morgen, die er "Life-S.A.V.E.R.S." nennt. Es geht dabei um eine Mischung von Entspannung und Aktivität.

S = Silence (Ruhe) - 5 Minuten:

In den ersten 5 Minuten die Ruhe nutzen mit Atemübungen oder Meditation.

A = Affirmationen - 5 Minuten:

Affirmationen nutzen zum Beeinflussen des Bewusstseins.

Affirmationen sind positive Glaubenssätze, die in verschiedenen Formen aufgenommen werden können. Sie können zum Beispiel vor sich hingesprochen sein, aufgeschrieben oder als aufgenommene Audiodatei abgespielt werden. Es geht darum, Dir selbst positiv zuzureden, Dich zu ermutigen, zu bestätigen und Dein Ziel in Worte zu fassen. Wichtig ist, die Affirmation muss aus Überzeugung und von Dir kommen, damit sie funktioniert.

V = Visualisierung -10 Minuten:

Führe Dir Dein Ziel vor Augen, erschaffe Dir Bilder davon im Kopf oder mithilfe von Zeichnungen.

Bei der Visualisierung geht es darum, die eigene Vorstellungskraft zu nutzen, um Deine Gedanken, Ideen und Botschaften wirkungsvoll darzustellen. Damit machst Du das Unsichtbare sichtbar, Ziele werden klarer und nehmen konkretere Formen an. Unbegreifliches wird greifbar und Du gibst Diffusem einen konkreten Inhalt.

E = Exercise (Sport) - 30 Minuten:

Eine halbe Stunde für sportliche Aktivitäten wie Joggen, Yoga, Body Workout reservieren. Du entscheidest selber, welche Sporteinheit Du nutzt.

R = Reading (Lesen) - 30 Minuten:

Morgens etwas inspirierendes Lesen.

S = Scribe (Schreiben) - 10 Minuten:

Bringe Deine Gedanken, Ideen und Ziele zu Papier oder schreibe sie in digitaler Form nieder. Das kann eine Art Tagebuch sein, wo Du alles niederschreibst, was Dich beschäftigt und was Du Dir wünschst bzw. was Du erreichen möchtest.

SCHRITT 4: LEGE DEINE ABENDROUTINE FEST

„Ein guter Tag beginnt am Abend davor", soll heißen, Deine Morgenroutine und der kommende Tag, können nur mit der richtigen Abendroutine erfolgreich werden.

Früher Aufstehen heißt gleichzeitig wohl oder übel auch früher ins Bett gehen. Gehörst Du zu den Eulen, so wird es Dir sehr wahrscheinlich erst mal schwerfallen, frühzeitig ins Bett zu gehen und dabei zur Ruhe kommen.

Vielleicht denkst Du auch, Du musst Deine sozialen Aktivitäten kürzen, weil Du nicht mehr bis spät in die Nacht Zeit hast, um mit Freunden unterwegs zu sein. Eigentlich nicht, sofern Du es zeitlich vorverschieben kannst, Deine Freunde zu treffen. Dadurch, dass Du beispielsweise die Yoga-Stunde oder Dein Fitness-Programm bereits am Morgen absolviert hast, steht Dir diese Zeit abends für andere Aktivitäten zur Verfügung.

TIPPS, UM ZUR RUHE ZU KOMMEN

Du hast Deine Morgenroutine bereits geplant und anhand der Schlafphasen bzw. des Schlafzyklus hast Du den idealen Zeitpunkt festgelegt, um ins Bett zu gehen. Verschiebe diesen nicht auf später. Beginne Deine Abendroutine früh genug, damit Du den Zeitpunkt nicht verpasst.

Hier ein paar Ideen, die Dir helfen können, zur Ruhe zu kommen:

Entspannung:

Ein entspannendes Yoga, eine Meditation oder Entspannungstechniken können Dir helfen, Dich auf Dich selbst zu konzentrieren und zur Ruhe zu kommen. Aber auch entspannende Hintergrundmusik während Du einer Beschäftigung nachgehst oder Lesen ist sehr hilfreich. Jeder bevorzugt etwas anderes, finde daher heraus, was Dir hilft, um abzuschalten.

Entspannungstechniken wie Autogenes Training oder Progressive Muskelrelaxation nach Jacobson können übrigens auch sehr gut im Bett vor dem Schlafen durchgeführt werden. Es gibt auch Audiodateien dazu, die Du während den Übungen über den MP3-Player laufen lassen kannst, um der Stimme zu folgen, wenn Du in diesen Techniken noch nicht so geübt bist.

Gedämpftes Licht:

Wie wir bereits wissen, benötigen wir Dunkelheit, damit die Produktion des Schlafhormons Melatonin aktiviert wird. Achte auf gedämpftes Licht in den Wohnräumen und vermeide es, noch spät abends am Laptop zu arbeiten.

Ich schalte am Nachmittag immer den Blaulichtfilter auf meinem Smartphone ein, mein Laptop und E-Reader bieten ebenfalls diese Funktion. Nicht bei jedem Gerät ist diese Funktion vorhanden, doch falls möglich, nutze sie, um das blaue Licht wo möglich zu verringern.

Sich von der digitalen Welt verabschieden:

Nimm Dir am besten einen Zeitpunkt vor, an dem Du täglich Dein Smartphone auf Flugmodus schaltest oder erstelle eine Erinnerung dafür. Soziale Medien, im Internet surfen, E-Mails checken und News lesen können sich entspannend anfühlen, lassen aber viele

Informationen auf Dein Gehirn einströmen und erschweren tatsächlich das Einschlafen. Auch Vibrationen oder Klingeltöne, die eingehende Nachrichten signalisieren, stören Deine Entspannung vor dem Einschlafen und lassen Dich wieder zum Smartphone greifen.

Meine Familie und mein Freundeskreis wissen inzwischen, dass mein Smartphone ab 21 Uhr auf Flugmodus ist und ich nicht erreichbar bin und wundern sich dann auch nicht mehr, wenn keine Reaktion kommt.

Getränk vor dem Schlafen:

Eine warme Milch mit Honig oder ein Tee mit beruhigender Wirkung können das Einschlafen erleichtern. Trinke es nicht direkt vor dem Schlafen, sondern etwas früher, damit die Wirkung sich entfalten kann, bis es Zeit ist, ins Bett zu gehen. Auch nächtliche Toilettengänge, die die Nachtruhe stören, können so verhindert werden. Natürlich kommt es auch hier auf die Menge an. Zu viel in zu kurzer Zeit zu trinken, ist ebenfalls nicht förderlich.

Lesen / Hörspiele:

Anstatt Dich abends mit einem Bildschirm zu beschäftigen, sind Lesen oder Hörbücher Hören gute Alternativen. Achte beim Lesen auf eine gute Leselampe, die für gesundes und ausreichendes Licht beim Lesen sorgt, nicht aber den ganzen Raum mit grellem Licht versorgt. Alternativ sind auch E-Reader mit Nachtlicht-Modus eine Option. Alternativ eignen sich Hörspiele besonders gut, weil sie kein Licht brauchen und sich auch im Dunkeln vor dem Einschlafen über einen MP3-Player abspielen lassen.

Spaziergang am Abend:

Bei Dämmerung einen Spaziergang zu machen, kann Dir helfen, Deine Melatoninproduktion auf natürliche Weise anzukurbeln. Zudem fördert leichte Bewegung und frische Luft das Einschlafen und macht den Kopf frei. Lasse mit jedem Schritt einen Gedanken wegfliegen.

Den Tag reflektieren:

Täglich sind wir so vielen Reizen und Eindrücken ausgesetzt. Das am Tag Erlebte abends nochmals

Revue passieren zu lassen, hilft Dir, zur Ruhe zu finden. Entweder im Gespräch mit dem Partner oder Mitbewohner oder auch als Tagebucheintrag.

Affirmationen:

Vor dem Schlafen Deine positiven Affirmationen nochmals aufzusagen, sie dir anzuhören, durchzulesen oder aufzuschreiben hilft, sie zu verinnerlichen und ins Unterbewusstsein einzulassen. Ich mache das, wenn ich schon im Bett bin und mir den nächsten Tag vorstelle und mich dabei auf die positiven Dinge freue.

SCHRITT 5: VORBEREITUNG IST ALLES

Früh aufstehen heißt auch, die Zeit richtig zu nutzen. Dazu empfehle ich, am Abend vorher bereits Vorbereitungen zu treffen, um am Morgen nicht unnötig Zeit zu verschwenden. Lege beispielsweise Deine Kleidung für den nächsten Tag zurecht oder bereite die Sportsachen vor.

Auch fürs Frühstück lassen sich einige Vorbereitungen treffen, zum Beispiel Overnight-Oats oder Chia-Pudding für Dein Müsli.

Ich lege auch immer die Yogamatte bereits ausgerollt bereit. Meine Kleidung ist ebenfalls bereits am Abend zuvor ausgewählt, sodass ich nicht die Zeit damit vertrödle, mich morgens mit meinem möglichen Outfit für den Tag zu beschäftigen.

SCHRITT 6: OPTIMIERE DEINEN WECKER

Manche Menschen schwören auf einen Lichtwecker. Falls Du nicht im Besitz von einem bist, kannst Du eventuell Deinen Weckton oder die Platzierung des Weckers noch optimieren. Wie bereits erwähnt, sind kraftvolle Songs empfohlen. Wähle einen Song, der Dich motiviert, den Tag zu beginnen.

Gehörst Du zu den chronischen „Snoozern", so platziere den Wecker außer Reichweite, damit Du gezwungen bist, aufzustehen.

SCHRITT 7: DIREKT AUS DEM BETT

Mit dem Abschalten des Weckers solltest Du direkt auf den Beinen sein. Gerate nicht in die Versuchung, Dich nochmals hinzulegen. Tageslicht hilft Dir beim Wachwerden, öffne die Vorhänge, auch wenn es im Moment noch dunkel ist und öffne das Fenster für eine Portion frische Luft, die Deine Lunge mit frischem Sauerstoff versorgt und die Lebensgeister weckt.

Vielleicht hilft es Dir, direkt unter die Dusche zu springen, um wach zu werden. Ich zum Beispiel gehe direkt ins Bad und wasche mir das Gesicht mit kaltem Wasser und dusche dann später nach dem Sport. So fühlen sich wenigstens meine Augen nicht mehr so geschwollen und schwer an. Bist Du erst einmal auf den Beinen und startest Deine Routine, so wirst Du gar nicht mehr daran denken, zurück ins Bett zu wollen.

SCHRITT 8: PLANE DIE WOCHENENDEN SINNVOLL

Halte Deinen neuen Schlafrhythmus in den nächsten 30 Tagen unbedingt auch an den Wochenenden aufrecht. Du benötigst Kontinuität, damit sich der Körper an den neuen Ablauf gewöhnen kann.

Sinkt Deine Motivation, auch am Wochenende früh aufzustehen? Das sollte eigentlich nicht der Fall sein, denn tatsächlich bringt es Dir viele Vorteile. Du hast nämlich auch so viel mehr vom Tag. Stehst Du zum Beispiel normalerweise um 6:00 Uhr auf und gehst um 8:00 Uhr zur Arbeit, so hast Du am Wochenende ab 8:00 Uhr Zeit, all das zu erledigen, was Du normalerweise erst am Nachmittag in Angriff genommen hättest. Wahrscheinlich bist Du bis zum Mittag mit allem fertig und hast den ganzen Nachmittag, um etwas zu unternehmen. Treffe Deine Freunde vorzugsweise morgens oder nachmittags, sodass Du am Abend früh ins Bett kannst. So, fehlt Dir dabei auch nicht die Zeit für soziale Kontakte, Du musst sie nur anders organisieren.

SCHRITT 9: BLEIB DRAN!

Heute bist Du wahrscheinlich noch voller Motivation, etwas zu ändern, die Herausforderung kommt erst noch: Nämlich dran zu bleiben. Viele geben nach ein paar Tagen auf und kehren in das alte Muster zurück. Damit das nicht eintrifft, helfen folgende 6 Punkte, um erfolgreich ein Frühaufsteher zu bleiben:

1. *Fange sofort an:*

Nutze die nächsten 72 Stunden, um mit der Umsetzung des Gelernten zu beginnen. Untersuchungen haben gezeigt, dass 99% aller Vorhaben und Ziele, die nicht innerhalb von 72 Stunden begonnen werden, niemals umgesetzt werden. Also fange am besten sofort an!

2. *Keine Ausnahmen:*

Einmal eine Ausnahme gemacht, ist die Versuchung groß, beim nächsten Mal wieder eine zu machen. Fange gar nicht erst damit an und sei stolz, dass Du täglich Dein Ziel erreichst.

3. *Mehr Motivation mit einem Partner:*

Eine Ideale Motivation ist, wenn Du einen Partner findest, der zum Beispiel mit Dir zusammen am Morgen eine Runde joggt. Bist Du erst einmal verabredet, so kommst Du nicht so einfach aus der Nummer raus.

4. *Erfahrungen teilen:*

Deine Erfahrungen und Deinen Erfolg zu teilen kann ungemein motivierend und anspornend sein. Berichte Deinen Freunden und Kollegen von Deiner Morgenroutine und was Du damit alles verbessern konntest. Vielleicht findet sich ja sogar eine interessierte Person, die Deinem Beispiel folgen möchte.

5. *Nicht Übertreiben:*

Überfordere Dich nicht. Plane nicht zu viele Dinge für Deine Morgenroutine, sondern gehe es langsam an. Zu viele Dinge auf einmal, die Du machen möchtest, können Deine Motivation hemmen, weil es am Morgen zu stressig wird. Fange klein an und füge mit der Zeit langsam weitere Gewohnheiten hinzu.

6. *Nicht entmutigen lassen:*

Hast Du es nicht geschafft, Deine übliche Morgenroutine durchzuziehen? Kein Grund, gleich aufzugeben und das ganze Vorhaben abzubrechen. Vor allem am Anfang fällt es schwer, alte Gewohnheiten abzulegen und diese durch neue zu ersetzen. Lasse Dich von Rückschlägen nicht entmutigen, sondern bleibe motiviert und versuche es am nächsten Morgen erneut.

SCHRITT 10: GENIEẞE DEIN NEUES LEBEN ALS FRÜHAUFSTEHER

Das ist der wichtigste Punkt von allen. Sei stolz auf Dich, Du hast es geschafft, Deine Gewohnheiten erfolgreich zu verändern. Die dadurch neu gewonnenen Stunden können die produktivsten des ganzen Tages werden und sind vielleicht schon gar nicht mehr aus Deinem Alltag wegzudenken. Jetzt wird Dir bewusst, wie viele Stunden Du bisher immer verschlafen hast. All die Vorteile, die Du als Frühaufsteher hast, kann Dir niemand nehmen. Genieße es, jeden Tag in voller Frische zu starten!

- Kapitel 8 -

FAZIT

Das Wissen über die Schlafphasen bzw. den Schlafzyklus war einer der wichtigsten Faktoren, die mir zum Erfolg verholfen haben. Die Anpassung meiner Schlafenszeit an den körpereigenen Rhythmus brachte mir eine enorme Erleichterung beim Aufstehen am Morgen. Was sich einfach anhört, mit einem Rechner auszurechnen, wann man sich schlafen legen sollte und wann man aufstehen sollte, braucht aber tatsächlich ein bisschen Zeit, um herauszufinden, wann die persönlichen Zeiten am idealsten sind. Nächtliche Toilettengänge mit anschließend längerer Zeit, bis man wieder einschläft, können die Schlafzyklen beispielsweise verschieben. Trotzdem ist es ein gutes Hilfsmittel für die Planung der Schlafenszeiten. Verpasst man mal den Zeitpunkt ins Bett zu gehen, so empfiehlt es sich, einen ganzen Zyklus zu überspringen und sich 1,5 Stunden später Schlafen zu legen, um am Morgen rechtzeitig am Ende des Schlafzyklusses aufzuwachen.

Die Strategie "Life-S.A.V.E.R.S." nach Hal Elrod hat mich inspiriert, meine Morgenroutine zu planen und die zusätzliche Zeit bestmöglich zu nutzen. Mir persönlich sind die vielen Wechsel von verschiedenen Aktivitäten aber zu viel am Morgen. Ich habe das Konzept für mich selber angepasst. Sportliche Aktivitäten schließe ich gerne mit einer Meditationseinheit ab. Direkt nach dem Aufwachen zu meditieren, liegt mir persönlich nicht, weil ich noch zu schläfrig bin und die Chance wieder in den Schlaf abzurutschen bei mir groß ist. Danach gehe ich unter die Dusche und sage dabei meine Affirmationen auf. Wie bereits erwähnt, lese ich sehr gerne. Ich kombiniere das Lesen daher häufig mit dem Frühstück. Bleibt mir danach noch Zeit, widme ich mich meinem Tagebuch beziehungsweise ich verbinde das mit der Visualisierung, in dem ich meine Ziele konkreter darstelle mit Gedanken und abstrakten Zeichnungen in meinem Tagebuch. Meine Morgenroutine dauert ebenfalls ungefähr 90 Minuten, wie bei Elrods Strategie, beinhaltet bei mir aber auch eine Dusche und meine Frühstückszeit.

Nachdem ich mich nach der Frühaufsteher-Challenge an meinen neuen Tagesablauf gewöhnt hatte, konnte ich meine Aufstehzeit sogar noch um 1 Stunde vorverschieben. Ich gehe also um 22:15 Uhr ins Bett uns stehe um 6:00 Uhr auf. Meine Morgenroutine dauert 90 Minuten, sodass ich um 7:30 Uhr bereits topfit meine Arbeit beginne. Im Vergleich dazu, bin ich früher erst ca. um 9:00 Uhr aufgestanden und brauchte dann noch einen Moment, bis ich anfing zu arbeiten. Ich bin heute viel produktiver, konzentrierter und effizienter in meiner Arbeit. Das fällt nicht nur mir auf, auch meinem Arbeitgeber und meinen Teamkollegen ist das positiv aufgefallen.

Egal, ob wir morgens eher sportliche oder entspannende Aktivitäten wählen, die ruhige Morgenatmosphäre dabei ist unbezahlbar und kann uns niemand nehmen. Wann sonst können wir diese Ruhe genießen, ungestört sein und uns voll und ganz auf uns selbst konzentrieren, sei es beim Sportprogramm, Yoga oder der Meditation? Dabei kann ich persönlich viel mehr Kraft schöpfen, als zu jeder anderen Tageszeit. Der Lärmpegel ist dann noch gering und es sind kaum Störungen in irgendeiner Form vorhanden, die uns ablenken.

Ich habe es geschafft, vom Spätaufsteher zum Frühaufsteher zu werden. Entscheidend war dabei, wie ich die Frühaufsteher-Challenge angegangen bin. Mein 1. Versuch scheiterte, weil ich keinen richtigen Plan und Wissen zum körperlichen Rhythmus hatte. Ich bin überzeugt mit der richtigen Vorbereitung, Durchhaltewille und Motivation ist es jedem möglich, zum Frühaufsteher zu werden. Das versuche ich nun, möglichst vielen Menschen zu ermöglichen, unter anderem durch dieses Buch.

Ich hoffe Deine Frühaufsteher-Challenge verläuft ebenfalls positiv und Du kannst langfristig eine Veränderung erreichen, um erfolgreicher und glücklicher durchs Leben zu gehen. Viel Erfolg dabei!

HINWEISE ZU WEITEREN INFOS IM NETZ

Für Entspannungsübungen (Atementspannung, Progressive Muskelentspannung und Body Scan) bietet diese Webseite nützliche MP3 Dateien mit Anleitung:

https://www.tk.de/techniker/magazin/life-balance/aktiv-entspannen/download-anleitung-entspannung-2006922

Eine Anleitung und Informationen zu der Entspannungstechnik „Autogenes Training“ gibt es hier:

https://mentalpower.ch/autogenes-training-uebungen-lernen/

Hier findest Du einige Hintergründe und eine Anleitung zur Entspannungstechnik „Progressive Muskel-relaxation nach Jacobson“:

https://mentalpower.ch/autogenes-training-uebungen-lernen/

Diese Webseite bietet einen Schlafrechner. Dieser berechnet Dir automatisch (inklusive der benötigten Einschlafdauer), wann Deine ideale Aufstehzeit beziehungsweise Schlafenszeit ist:

https://www.schlaffuchs.com/schlafrechner/

HAT DIR MEIN BUCH GEFALLEN?

Du hast mein Buch gelesen und weißt jetzt, wie Du im Handumdrehen zum Frühaufsteher wirst und mit Deiner neuen Morgenroutine ein erfüllteres Leben erreichen kannst. Und genau deshalb bitte ich Dich jetzt um einen kleinen Gefallen. Rezensionen sind bei Amazon ein wichtiger Bestandteil von jedem angebotenen Produkt. Es ist mit das Erste, worauf Kunden schauen und nicht selten geben die Rezensionen später den entscheidenden Ausschlag ein Produkt zu kaufen oder nicht. Gerade bei der endlos großen Auswahl von Amazon wird dieser Faktor immer wichtiger.

Wenn Dir mein Buch gefallen hat, wäre ich Dir mehr als dankbar, wenn Du mir eine Bewertung hinterlässt. Wie Du das machst? Klicke einfach auf meiner Amazon Produktseite auf folgenden Button:

Dieses Produkt bewerten

Sagen Sie Ihre Meinung zu diesem Artikel

Kundenrezension verfassen

Schreibe einfach kurz, was Dir ganz besonders gut gefallen hat oder wie ich das Buch vielleicht noch besser machen kann. Es dauert nicht länger als 2 Minuten, versprochen! Du kannst Dir sicher sein, dass ich persönlich jede Rezension lese, denn es hilft mir sehr stark dabei, meine Bücher noch besser zu machen und sie genau an eure Wünsche anzupassen.

Daher sage ich Dir:

HERZLICHEN DANK!

Dein Lutz

QUELLENANGABEN

Besser schlafen: sanfte Wege zu einer erholsamen Nacht,
1. Aufl. von Pütz, Jean Fricke, Sabine Pohl, Monika, 2000

Endlich wieder gut schlafen: Schlafen lernen, Schlafstörungen beseitigen
von Schneider, Ute, 2001

Wieder gut schlafen können: was Sie gegen Ein- und Durchschlafprobleme tun können
von Feld, Karsten, 1994

Endlich wieder schlafen können: ohne Medikamente gut schlafen; das erfolgreiche Selbsthilfe-Programm
von Coates, Thomas J Thoresen, Carl E, 1982

Endlich erholsam schlafen
von Chopra, Deepak
1994

Schlaf: Gehirnaktivität im Ruhezustand
von Hobson, J. Allan, 1990

Untersuchung zum Schlafverhalten von Schülern der Gymnasialen Oberstufe an einem beispielhaften Versuchsobjekt: Von Eulen und Lerchen
1. Aufl., von Blefgen, Carolin, 2011

Schlafgewohnheiten und Schlafqualität: Von der späten Kindheit bis ins Erwachsenenalter
1. Aufl., von Strauch, Inge, 2010

JuSt - Therapeutenmanual : Das Training für Jugendliche ab 11 Jahren mit Schlafstörungen
von Schlarb, Angelika, 2015

Karrierefaktor Guter Schlaf : Wie Sie Sich Zu Höchstleistungen Schlummern
von Pohl, Elke, 2015

Schluss mit Schlafproblemen : So verbessern Sie Ihre Schlafqualität und Ihr Wohlbefinden
von Jahn, Ruth Mathis, Johannes Roth, Corinne, 2014

Warum Schlafmangel dick und guter Schlaf schlank macht
von Worm, Nicolai, 2016

https://flexikon.doccheck.com/de/Zirkadianer_Rhythmus

https://www.stern.de/gesundheit/schlaf/geheimnis_schlaf/schlafrhythmus-wie-unsere-innere-uhr-tickt-3762946.htmlSchlafphasen

https://www.zeit.de/zeit-wissen/2008/02/Zeit

https://www.habitgym.de/fruehaufsteher-werden/

https://www.rnz.de/zeitjung_artikel,-beginn-des-schulunterrichts-die-eulen-haben-durchgehend-schlechtere-noten-_arid,301312.html

https://www.helsana.ch/de/blog/welcher-schlaftyp-sind-sie

https://www.derschlafraum.de/blog/die-fuenf-schlafphasen-so-sieht-gesunder-schlaf-aus/

https://utopia.de/ratgeber/besser-schlafen-tipp-abendroutine-schlafhygiene/

https://www.spektrum.de/news/was-bei-schlafmangel-im-gehirn-passiert/1560834

https://www.4yourfitness.com/blog/fruehsport-uebungen

https://www.gesundheit.de/krankheiten/gehirn-und-nerven/schlafstoerungen/schlaf-warum-schlafen-wir

https://www.netdoktor.de/schlaf/schlaftypen-von-eulen-und-ler-11355.html

https://www.sueddeutsche.de/gesundheit/schlafforschung-wie-viel-schlaf-ist-optimal-1.4164426

https://www.motivate-yourself.de/schlafzyklen-nutzen-schlaf-optimieren/

https://www.t-online.de/gesundheit/krankheiten-symptome/id_81354606/was-zu-wenig-schlaf-mit-unserem-koerper-macht.html

https://www.der-bank-blog.de/fruehaufsteher-langschlaefer/fuehrung-und-management/37107/

https://karrierebibel.de/morgenroutine/#Erklaerung-Was-ist-eine-Morgenroutine-ueberhaupt

https://arbeits-abc.de/morgenroutine-fuer-mehr-erfolg/

https://utopia.de/ratgeber/koffein-wirkung-nebenwirkung-und-was-du-sonst-noch-wissen-solltest/

https://www.meine-gesundheit.de/ratgeber/schlaf/schlaf-essen-trinken

https://www.evidero.de/sport-am-morgen

https://www.stern.de/gesundheit/miracle-morning--jeden-tag-eine-stunde-frueher-aufstehen--um-wacher-zu-sein-7922474.html

BUCHEMPFEHLUNGEN

Die Kraft der Atemtechnik –

Atemübungen für Fitness, Gesundheit und Entspannung

Wir können wochenlang ohne Essen und tagelang ohne Wasser auskommen, aber nur für ein paar kurze Minuten ohne Luft.

Wäre es nicht gerechtfertigt zu vermuten, dass die Luft, welche für das menschliche Überleben noch wichtiger ist als Nahrung oder Wasser, auch grundlegende Anforderungen erfüllen muss? Wie viel Luft sollten wir für eine optimale Gesundheit atmen? Und wie sollten wir sie einatmen?

Die Menge der Luft, die Du atmest, hat das Potenzial, alles zu verändern, was Du über Deinen Körper, Deine Gesundheit und Deine Leistung zu wissen glaubst.

In diesem Buch wirst Du die grundlegende Beziehung zwischen Sauerstoff und Deinem Körper entdecken. Eine erhöhte Sauerstoffversorgung ist nicht nur gesund, sondern ermöglicht auch eine höhere Trainingsintensität bei verminderter Atemnot. Kurz gesagt, Du wirst eine erhöhte Fitness sowie eine bessere Gesundheit und einen entspannteren Alltag feststellen können.

Sei gespannt auf viele Hintergründe, Erfahrungsberichte, Schritt-für-Schritt-Anleitungen und Geheimtipps die sich maßgeschneidert auf Deine Atemtechnik beziehen und Dir zu mehr Fitness, Gesundheit und Entspannung verhelfen.

Dieses Buch erhältst Du ebenfalls auf Amazon!

PERMAKULTUR
FÜR ANFÄNGER
AUSBILDUNG UND GRUNDLAGEN
DER PERMAKULTUR
EXPERTEN
GRUPPE
VERLAG
MIT 100%
PRAXISWISSEN
FRIEDHELM WEISS

Permakultur für Anfänger –

Ausbildung und Grundlagen der Permakultur

Wäre es nicht toll, wenn unsere Gebäude und Fahrzeuge Wasser filtern könnten und gleichzeitig auch noch die Luftqualität verbessern würden? Mit dieser Absicht, die Umwelt wieder aufzufüllen, könnte unsere Welt herrlich sauber sein.

Aber wie genau verändert Permakultur die Welt?

Zum einen kann Permakultur Wüsten in produktive Oasen für die Lebensmittelproduktion verwandeln. Zum anderen kann sie uns die dringend benötigten Lösungen bringen, mit der wir den heute so offensichtlich schädlichen Einfluss der Menschen auf unseren Planeten reduzieren, wenn nichts sogar umkehren können.

Alles ordnet sich dem einen Ziel unter, dauerhaft und nachhaltig funktionierende Kreisläufe zu schaffen, die im Einklang mit der Natur ablaufen.

Hier werden die wichtigsten Philosophien der Permakultur erklärt, um Ihnen einen breiten Einblick in das Gebiet der Permakultur zu geben

Fangen Sie heute an und gehen Sie voraus, um mit ein wenig mehr Permakultur unseren Planeten zu retten!

Dieses Buch erhältst Du ebenfalls auf Amazon!

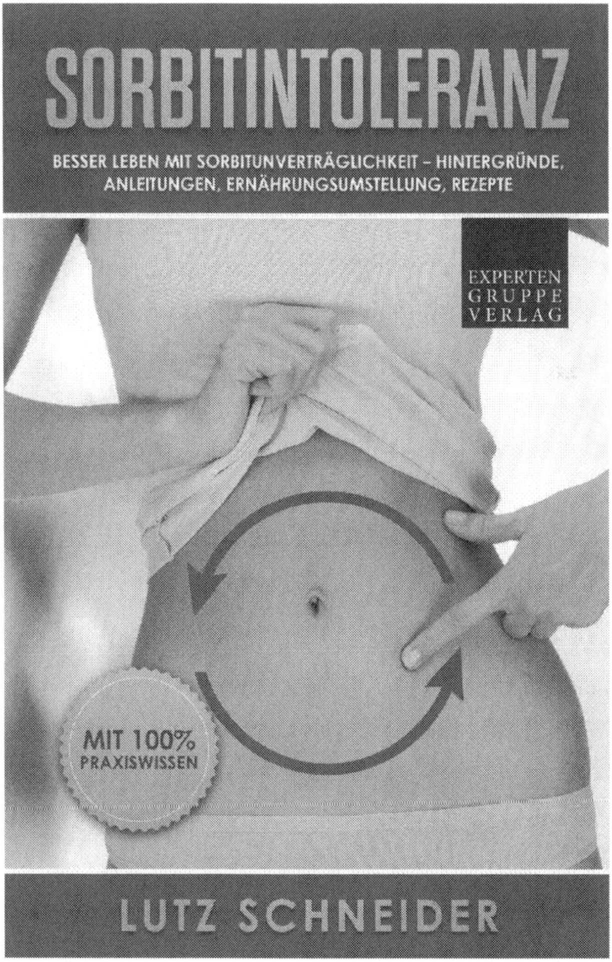
SORBITINTOLERANZ
BESSER LEBEN MIT SORBITUNVERTRÄGLICHKEIT – HINTERGRÜNDE, ANLEITUNGEN, ERNÄHRUNGSUMSTELLUNG, REZEPTE
EXPERTEN GRUPPE VERLAG
MIT 100% PRAXISWISSEN
LUTZ SCHNEIDER

Sorbitintoleranz –

Besser leben mit Sorbitunverträglichkeit – Hintergründe, Anleitungen, Ernährungsumstellung, Rezepte

Sorbitunverträglichkeit ist unter den vielen Lebensmittelunverträglichkeiten eine der am wenigsten bekannten. Und das, obwohl immer mehr Menschen Sorbit schlecht vertragen.

Wäre es nicht großartig, wenn du endlich herausfinden könntest, ob auch Du an Sorbitunverträglichkeit leidest? Und wie Du Dich trotz Sorbitunverträglichkeit weiterhin abwechslungsreich und lecker ernähren könntest?

Durch industriell hergestellte Nahrungsmittel mit oft hohen Sorbitwerten nehmen immer mehr Menschen eine Sorbitdosis im Körper auf, mit dem die Verdauung nicht mehr zurecht kommt. Das führt zu vielfältigen und anhaltenden Beschwerden, die schwer zuzuordnen sind.

In diesem Buch wirst Du eine einfache Anleitung zur Umstellung Deiner Ernährung und alle wichtigen Infos rund um das Thema Sorbit entdecken.

Dieses Buch erhältst Du ebenfalls auf Amazon!

LUTZ SCHNEIDER
LITHIUM
UND
LITHIUMCARBONAT
MEDIKAMENT GEGEN DEPRESSION, ALZHEIMER UND
DEMENZ, ZUR STEIGERUNG DES WOHLBEFINDENS
UND ZUR STRESSBEWÄLTIGUNG
MIT 100%
PRAXISWISSEN
EXPERTEN
GRUPPE
VERLAG

Lithium und Lithiumcarbonat –

Medikament gegen Depression, Alzheimer und Demenz, zur Steigerung des Wohlbefindens und zur Stressbewältigung

Lithium ist uns hauptsächlich durch seinen Einsatz in Batterien bekannt. Dass es auch als Spurenelement in unserem Körper vorkommt, ist den meisten Menschen nicht bewusst.

Wäre es nicht großartig, wenn Du mit etwas mehr Lithium in Deinem Körper sowohl Krankheiten wie Depression oder Alzheimer bekämpfen könntest, als auch Dein alltägliches Wohlbefinden verbessern könntest? Wenn Du dazu nichts weiter tun müsstest, als genug Lithium zu Dir zu nehmen?

Lithium ist für jeden von uns ein wichtiger Baustein einer gesunden und nachhaltigen Lebensweise. Klinische Studien und wissenschaftliche Artikel sprechen hier eine sehr eindeutige Sprache. Und doch fristet Lithium noch immer ein Nischendasein, von großen Teilen der pharmazeutischen Wissenschaft und der breiten Bevölkerung kaum wahrgenommen.

Dabei liegen die Vorteile gerade im Bereich der Psyche und der mentalen Gesundheit auf der Hand. Und dazu ist es für jeden leicht erhältlich und anzuwenden. In diesem Buch wirst Du die Vorteile und die Wirkungsweise von Lithium auf Deinen Körper und Deine Psyche entdecken.

Dieses Buch erhältst Du ebenfalls auf Amazon!

IMPRESSUM

1. Auflage

 Herausgeber: GbR, Martin Seidel und Corinna Krupp, Bachstraße 37, 53498 Bad Breisig, email: info@expertengruppeverlag.de, Coverfoto: www.depositphoto.com. Sämtliche hier dargestellten Inhalte dienen ausschließlich der neutralen Information. Sie stellen keinerlei Empfehlung oder Bewerbung der beschriebenen oder erwähnten Methoden dar. Dieses Buch erhebt weder einen Anspruch auf Vollständigkeit, noch kann die Aktualität und Richtigkeit der hier dargebotenen Informationen garantiert werden. Dieses Buch ersetzt keinesfalls die fachliche Beratung und Betreuung durch einen Arzt. Der Autor und die Herausgeber übernehmen keine Haftung für Unannehmlichkeiten oder Schäden, die sich aus der Anwendung der hier dargestellten Information ergeben.

Printed in Poland
by Amazon Fulfillment
Poland Sp. z o.o., Wrocław

18780111R00115